KB271820

대한민국을 움직이는
자치단체 CEO

대한민국을 움직이는
자치단체 CEO

자치단체 CEO

정문섭 지음

이른아침

성공한 지자체엔 반드시
남다른 비밀과 노력이 있다

1995년 민선 지방자치제가 본격적으로 시행되고 나서 어느덧 14년이 흘렀다. 그동안 전국의 230개 기초자치단체장들은 저마다 해당 지역 발전을 위해 고군분투해 왔다. 하지만 자타가 인정할 만큼 고속성장을 거듭하고 있는 자치단체들은 그리 많지 않다. 이러한 때에 누군가가 나서서 지방자치 발전에 획기적인 업적을 남긴 단체장들을 연속 조명하여 다른 자치단체들이 충분히 활용할 수 있는 정보를 제공한다면 얼마나 좋을까?

처음에는 점點 수준에 머물렀던 이러한 생각들이 일선 현장을 취재하는 동안 선線으로 이어졌고, 지방행정을 공부하면서 마침내 면面이라는 형태로 밑그림이 그려졌다. 지방일간지에서 지방행정 현장을 직접 취재했던 기자로서, 대학에서 지방행정 박사과정을 밟고 있는 만학도로서, 지방자치를 연구하는 연구소장으로서, 한국의 지방자치가 한 단계 도약하는 데 밑거름이 되어야겠다는 사명감과 소명의식도 한몫을 했다. 이에 '우연한 성공은 없다' 시리즈를 통해 성공한 사람들을 만나 그들이 살아온 과정을 교훈적인 스토리로 담아냈던 경험을 토대로, 이번에는 성공한 자치단체장들을 찾아나서는 대장정大長征을 시작했다.

나는 인터뷰하고 분석하는 과정을 통해 단체장들의 삶 속에서 지방자치의 현주소를 돌아보고 '성공한 지자체엔 반드시 남다른 비밀과 노력이 있다'는 점을 독자들에게 알려주고 싶었다. 나아가 우리나라 전체의 올바른 균형 발전을 위해서는 반드시 지방을 살려야 하며, '지방이야말로 희망의 원천'이며 '지방만이 희망'이라는 점을 강조하고 싶었다.

여기에 수록한 내용들은 한국의 지방자치를 선두에서 이끌어가는 우리 시대 리더들의 이야기다. 나는 이들이 어떤 과정을 거쳐 단체장에 출마하게 되었고, 지역의 미래 비전을 어떻게 제시하면서 어떠한 리더십으로 지역을 이끌어왔는지 구체적으로 파악하여 보여주고자 했다. 또한 그들이 겪어온 삶과 소신, 철학, 원칙을 담아내고자 나름대로 최선을 다했다.

기초단체장들은 하루 24시간이 모자랄 정도로 바쁜 사람들이다. 이들을 만나려고 전국을 돌아다니는 일도 녹록지 않았지만, 그들과 인터뷰를 하겠다고 많은 시간을 할애받는 일은 더더욱 어려웠다. 그러나 이런 어려움이 있음에도 한국의 지방자치가 보다 빠르게 정상궤도에 오르고 정착되도록 해야 한다는 사명감을 갖고 있었기에 느린 소걸음이었지만 한 단계 두 단계 내디딜 수 있었다. 이제야 지난 2008년부터 시작했던 릴레이 인터뷰의 첫 산물을 한 권의 책으로 엮어 내놓는다.

이 책에는 '한국정신문화의 수도, 안동'을 추구해 온 김휘동 안동시장, 새만금 사업의 산증인인 문동신 군산시장, 제천 국제한방바이오엑스포 준비에 여념이 없는 엄태영 제천시장, 나비 축제를 대한민국 최고 축제의 반석에 올려놓은 이석형 함평군수, 산천어 축제를 통해 강원도 산골짜기에 100만 명이 넘는 관광 인파를 불러들인 정갑철 화천군수 등 다섯 개 지역 수장의 이야기들을 담았다.

나는 이 책이 현재의 자치단체장들은 물론 미래의 자치단체장을 꿈꾸는 후보들과 지방자치에 관여하는 모든 사람들, 그리고 이를 연구하는 사람들과 자치단체에 소속된 공무원 모두에게 도움이 되기를 바란다.

또한 단체장들의 삶을 조명하고 그 속에서 교훈을 찾아내는 일은 이 시대를 살아가는 이들에게도 와 닿는 일이다. 그렇기에 성공을 꿈꾸는 모든 독자들에게도 살아 있는 인생의 교과서이자 감동으로 이 책이 다가설 것으로 확신한다.

성공하는 사람들에게 나타나는 DNA에는 '학습'이라는 공통인자가 반드시 있다. 이들은 자기 분야의 1인자를 대상으로 발 빠른 벤치마킹을 시도한 뒤에 창조적 시각으로 새로운 상상의 나래를 편다는 공통점을 갖고 있다.

지금은 지방의 발전이 곧 국가의 발전이 되는 지방화 시대이다. 이런 지방화 시대에 지방이 희망이 되려면 성공한 자치단체들이 더 많이 탄생해야 한다.

맹자는 "천시불여지리天時不如地利요, 지리불여인화地利不如人和"라는 말을 남겼다. '하늘의 때는 땅의 이로움만 못하고, 땅의 이로움은 사람 간의 화합만 못하다'는 뜻이다. 이를 오늘날 자치단체에 적용한다면 중앙정부의 지원과 같은 외부적 도움이 지방의 입지적 조건을 포함한 내부적 여건만 못하며, 내부적 여건 역시 이를 극복해 나가는 구성원들의 화합만 못하다는 의미로 해석할 수 있겠다.

'천연자원도 관광자원도 산업자원도 없다'는 3무無의 고장에서 '하면 된다'는 군민 화합의 분위기를 조성한 뒤에 '나비'라는 무형의 자산을 토대로 나비 축제를 개최하여 국내 최고의 축제로 만들어낸 함평군이 가장 대표적인 사례라 할 수 있다.

'한 사람이 꿈을 꾸면 꿈으로 끝날지 모르지만 만인이 꿈을 꾸면 현실이 된다' 는 유목민의 속담처럼 자치단체장이 구성원들과 미래 비전을 공유하면서 지역 발전을 위해 함께 전진해 나아간다면 이루지 못할 것이 없다. 물론 지방이 희망이 되려면 지방을 이끌어나가는 단체장이 먼저 희망의 등불이 되어야 한다. 그러나 이에 못지않게 중요한 것은 구성원들이 서로 화합하여 지역의 열세를 극복하겠다는 실천적 의지와 긍정적 자세를 갖추는 일이다.

끝으로 필자가 단체장들을 인터뷰하고 각종 자료를 토대로 글을 정리했음에도 불구하고 마치 단체장들이 직접 쓴 글인 양 1인칭 화법을 동원한 것은 글에 생동감을 주면서 독자들이 보다 쉽게 이 글에 몰입할 수 있도록 하기 위한 장치임을 밝혀둔다. 이 점에 대해 독자들이나 인터뷰 주인공들 모두 오해하지 않으시기를 바란다.

다시 한 번 인터뷰에 응해주신 다섯 분의 자치단체장 모두에게 감사의 말씀을 드린다. 뜨거운 가슴과 냉철한 머리로 '지방이 희망'임을 보여주기 위해 오늘도 혼신의 노력을 다하고 있을 성공한 자치단체장들을 대상으로 한 릴레이 인터뷰는 앞으로도 계속 이어질 것이다.

2009년 10월
문담門潭 정문섭

차 례

천년의 꿈을 그리며
한국정신문화의 수도를 가꾼다

안동 국제탈춤페스티벌 공연장을 가득 메운 관람자들.
6년 연속 최우수 축제로 선정된 안동 국제탈춤페스티벌은 대한민국을 대표하는 축제로 자리매김했다.

꿈을 먹으며 희망을 키우며

내 고향은 두 곳이다. 내가 태어나서 어린 시절을 보낸 첫 번째 고향은 안동시 남선면 갈라산 자락이다. 갈라산은 그 옛날 안동부사가 기우제를 올리던 명산으로 지금은 안동 시민들이 즐겨 찾는 등산 코스가 되었다.

또 하나의 고향은 꿈을 키우며 청소년기를 보내던 길안면 금곡리 미천이라는 동네다. 학교에 가려면 낙동강 지류 두 곳을 건너고 10리쯤 되는 오솔길을 걸어야 했던 곳이다. 비가 많이 내리는 여름철이면 불어난 강물 때문에 이러지도 저러지도 못하고 애태우던 날이 많았다. 그럴 때면 강물이 줄어들기만을 기다렸다. 그런 다음에 고기도 잡고 목욕도 하면서 집으로 가다 보면 두세 시간이나 걸렸다. 강물이 많이 불어났을 때는 물에 휩쓸려 1~2km씩 떠내려가기도 했다. 그러다가 붙잡을 것이 보이면 그걸 잡고 물 밖으로 나와 나무열매로 허기를 채우며 집으로 돌아왔다.

가을에는 종아리가 빨갛게 터져도 바를 약이 없어서 기름을 바르고 온종일 쏘다녔다. 겨울에는 난로에 불을 지필 나무를 책보자기에 챙겨 넣고 학교에 가기도 했다. 돌이켜보면 그때 그 시절은 몹시도 힘겨운 나날이었지만 이제는 그마저도 아름다운 추억으로 남아 있다.

중학교 진학을 위해 보충과외를 지도하던 담임 김수한 선생님은 어찌나 혹독하게 공부를 시켰는지 과제물을 제대로 하지 않으면 험준한 산골짜기 길을 가야 하는데 날이 저물어도 집에 보내줄 생각을 하지 않았다.

개교한 지 몇 해 안 되는 경덕중학교에 다닐 때에는 학교에서 허드렛일들을 많이 했다. 체육시간, 실업시간에는 곡괭이를 들고 강당을 짓는 데 필요한 흙을 퍼 나르기에 바빴고, 운동장을 넓히고 다지는 일에 많은 시간을 보내야 했다.

그럼에도 불구하고 이제 와서 생각해 보면 시골에서 보낸 내 어린 시절은 삼라만상의 오묘한 이치를 터득하고 자연에 순응하는 법칙을 배우며 인생을 살아가는 자양분을 제공받던 시기였다.

안동고등학교를 졸업한 뒤 어려운 가정환경 때문에 비록 대학에는 진학하지 못했으나 4H 활동을 통해 농촌과 농업에 대한 애정을 키웠다. 그 뒤 군 복무를 마치고 학비를 벌어서 뒤늦게나마 대학에 갈 수 있었다.

공무원이 되어 지방행정을 추진할 때에는 시골 출신이어서 오히려 덕을 많이 보았다. 경북도청과 중앙정부, 청와대에서 근무하는 동안 시골에서 배운 삼라만상을 지배하는 원리와 질서 속에서 정치와 행정을 운영하는 원칙을 찾을 수 있었다.

이후 나는 도시 학부모들을 만날 때마다 아이들을 시골에 데리고 가서 감자도 캐고 메뚜기와 물고기도 잡으면서 농촌 체험을 하라고 적극 권한다. 학부모들에게는 장 자크 루소가 쓴 『에밀』을 읽으며 오묘한 자연 질서를 배울 것을 추천한다.

위대한 지도자들일수록 시골에서 자라난 사람들이 많은 것은 자연 속에서 참된 지도자의 품성을 기를 수 있기 때문이라고 나는 믿고 있다.

가장 편안한 동쪽나라, 안어대동(安於大東)

안동은 대쪽같이 곧은 절개로 학문과 풍류를 즐겼던 옛 선비의 생활과 정신이 그대로 배어 있는 곳이다. 일찍이 김수온은 「관풍루기」에서 "인물과 토산품에 있어서 다른 고을들은 안동과 비교할 바가 못 된다"고 했고, 이중환은 『택리지』에서 "강가에 살기 좋은 곳은 평양이요, 계승의 제일은 안동의 도산과 하회"라고 했다.

이처럼 안동은 2,000년의 긴 역사 속에서도 가장 찬란한 전통문화 유산을 고스란히 간직해 오고 있는 도시이다. 안동은 또한 동방의 주자로 칭송되던 퇴계 이황을 비롯하여 서애 유성룡 등 많은 학자를 배출해 내어 '추로지향鄒魯之鄕'이라고도 불리는 곳이다. 추로지향은 공자의 77대 종손인 공덕성 박사가 1980년 도산서원 원장으로 있을 때 안동을 공자와 맹자의 고향인 노나라와 추나라에 비유하여 붙여준 별칭이다.

안동은 또 고려와 조선조를 거치면서 전국에 몇 안 되는 대도호부의 위용을 갖추었고, 갑오경장 때는 경북 동북부 17개 군을 관할하던 관찰부가 설치되었던 자존심 높은 곳이다. 지금도 안동시청 현관에는 1361년 12월 고려시대 공민왕이 홍건적의 난을 피해 전 왕실을 옮긴 뒤 70여 일 머무는 동안 힘찬 필체로 쓴 '안동웅부安東雄府'라는 현판이 걸려 있다.

안동은 또 중부내륙고속도로와 중앙고속도로가 통과하는 중부 내륙의 물류와 교통 중심지이며, 전국 지방자치단체 가운데에서 면적이 가장 넓은 도시이기도 하다. 여기에 22개의 박물관이 자리하고 있어 그야말로 시 전체가 '지붕 없는 야외 박물관 도시'다. 특히 서원, 종택, 정자 등 목조문화재들이 곳곳에 널려 있다.

그러나 안동은 산악지대에 위치하여 농토가 부족했기에 사람들은 늘 골짜기를 찾아 새로운 땅을 개간해야만 했다. 이런 연유로 968개에 달하는 우리나라 최대의 자연 부락이 안동에 존재하는데, 그 가운데 제일 작은 마을로는 다섯 가구가 사는 곳도 있다.

이렇게 산이 많고 먹을 것이 부족했던 안동에서는 바닷가에서 가져온 해산물을 썩지 않게 보존하려고 소금을 쳐서 저장하는 음식문화가 발달했다. 그 결과 간고등어가 안동의 명물로 자리매김했고, 지금은 미국과 호주에까지 이 간고등어를 수출하고 있다.

행정예술작품을 남기기 위한 민선 시장 출마

공무원으로 1970년 사회에 첫발을 내디딘 나는 지금까지 행정에 파묻혀 살아왔다. 군, 시, 도, 중앙정부, 청와대, 이북5도청 등 거의 모든 행정기관에서 골고루 순환 근무를 했고, 대학에서도 행정학을 전공하여 석사와 박사 학위를 취득했다.

사람들은 "공무원으로 30여 년 근무하고 고향에서 관선 군수까지 한 사람이 무엇이 아쉬워서 또 민선 시장에 출마했느냐?"고 이따금 내게 묻는다. 그러면 나는 "화가가 고향에서 인생을 마무리하는 작품전을 열고, 음악가가 고향에서 고별음악회를 열듯이, 나도 지금까지 터득한 행정 경험을 살려 고향 안동에 머릿속으로 그려오던 행정예술작품을 남기고 싶어서"라고 대답한다.

민선 단체장에 출마하는 후보자들은 선거 기간 동안 저마다 지역이 가야 할 방향을 제시하는 공약들을 쏟아놓으며 표심을 유혹한다. 그러나 당선되고 나면 그뿐, 공약公約을 '공약空約'으로 돌린다는 혹독한 비판을 받기 일쑤다. 나는 시장에 당선되면 공약들을 반드시 실천해서 안동 시민들에게 공약의 진정한 의미를 되새겨주고 싶었다.

2001년 공무원 잔여 임기를 4년 앞두고 명예퇴임을 신청한 뒤 시장 선거에 뛰어들었다. 그리고 민선 3기 시장에 당선되자마자 발표했던 8대 분야 72개의 공약을 분류하여 하나하나 실천해 나갔다. 분기마다 공약을 점검하고, 임기 말에는 한국경제연구원에 용역을 의뢰해 '공약이행

대차대조 평가표'를 받아 시민들에게 제시했다.

민선 4기 선거 때에 이르러 '매니페스토 manifesto, 참공약'라는 용어와 함께 새로운 시민단체가 탄생했다. 2006년 5월 31일 지방선거를 앞두고 대대적으로 전개했던 이 매니페스토 운동은 지역주의나 연고주의에서 벗어나 한 단계 높은 선거문화를 발전시키는 계기가 되었다. 나는 이 매니페스토 운동이 사회적 이슈로 부각되기 4년 전부터 안동 시민들에게 참공약을 제시하고 이를 충실히 이행해 왔다고 자부한다.

덕분에 매니페스토실천본부와 중앙일보, SBS가 공동 주최한 2007년 민선 4기 '기초지방자치단체장 공약 이행 점검 및 매니페스토 경진대회'에서 '매니페스토를 지역 발전의 동력으로'라는 주제로 사례를 발표하며 가장 모범적인 공약 이행 사례로 선정되어 최우수상도 받았다.

시장은 시민들에게 신뢰와 믿음을 주어야 한다. 그들에게 미래 비전을 제시하고, 의지를 가지고 노력한다면 공약 이행은 시기가 문제일 뿐 그렇게 힘든 것이 아니다. 내 경우 공약은 4년 만에 해결한 것도 있고 5년 만에 실천한 것도 있다. 앞으로도 두드리고 또 두드리고 한 걸음 한 걸음 나아가면서 약속한 공약들을 이행할 것이다.

천년의 꿈을 그리며 백년의 주춧돌을 놓다!

2006년 민선 4기 지방선거에 출마했을 때 안동 시민들에게 '안동의 미래, 천년의 꿈을 그리며 백년의 주춧돌을 놓겠다!'라는 슬로건을 내걸었다. 천년으로 이어질 수 있는 가치를 창출하겠다는 시정 목표를 제시한 것이었다.

미래학자들은 '다가올 21세기는 도덕이 지배하는 정신적 가치 우선의 시대가 될 것'이라고 전망했다. 이는 지식 기반 사회를 실질적으로 이끄는 것은 단순한 기술이 아니며, 이를 활용할 줄 아는 '지식'과 정신적 가치가 더 소중하다는 것을 뜻한다.

21세기를 준비할 새로운 정신을 찾고, 이를 삶의 근간으로 삼으려면 안동이 새 시대의 정신적 수도 역할을 해야 한다는 생각에 오랫동안 준비해 왔던 '한국정신문화의 수도 안동'을 특허청에 등록했다. 그리고 2006년 7월 4일, 안동을 대표 브랜드로 가꾸겠다는 '한국정신문화의 수도 안동' 선포식을 열고 이를 대내외에 천명했다.

오랜 세월 동안 우리의 물리적 수도는 개성과 한양에 있었지만 정신적인 수도 역할은 안동에서 해왔다. 고려 때 불교국가의 통치 이념이 된 의상대사의 화엄사상은 안동에서 찬란한 꽃을 피웠고, 조선시대 유교사상의 중심 이념인 성리학도 안동을 중심으로 활발하게 전개되었다. 그런가 하면 일제 치하의 안동은 독립운동의 발상지였다. 서울이나 대구보다 더 많은 독립 운동가들이 이곳에서 배출되었다는 것은 안동이 우리나라의 정신적인 수도 역할을 충실히 해왔음을 보여준다.

선비는 조정에 나아가 명성을 드높이는 관리가 되기보다 자기가 있는 곳에서 도덕적으로 당당해질 때 더 높은 가치를 인정받는다. 선비정신

'한국정신문화의 수도 안동' 선포식 3주년을 기념한 행사에서 연설하는 김휘동 안동시장

을 이어받는다는 것은 조상을 자랑하자는 것이 아니라 스스로 우리의 삶을 떳떳하게 만들어가자는 것이다.

그러기 위해서는 과거에 머무를 게 아니라 현재에 열심히 배우고 미래를 대비해야 한다. 지금 우리는 만연한 물질주의에 종속되어 정신적 가치를 등한시하는 혼탁한 풍조 속에서 살아가고 있다. 다행히도 안동은 그런 가운데서도 정통성과 함께 유교 본향의 기본 틀을 간직하고 있기에 한국정신문화의 수도로서 조금도 부족함이 없다고 본다.

정신문화와 경제문화 사이에는 균형이 맞아야 한다. 정신적 가치를 추구하려면 경제적 부가 뒷받침되어야 하고, 경제적인 부가 이루어지려면 반드시 정신문화가 선도를 해야 한다.

과거에는 정신문화에만 집중한 나머지 경제적 가치를 등한시했다. 반면에 최근 40년 동안은 경제적 부에 너무 집착하다 보니 정신문화가 퇴락하고 있다. 정신적 가치와 경제적 가치는 균형을 유지해야 한다.

미국의 미래학자 허먼 칸 Herman Kahn은 한국인을 가리켜 "세계에서 가장 부지런하고 교육열이 매우 높으며, 관리 능력과 생산 기술이 가장 뛰어난 국민"이라고 말했다. 허먼 칸은 그의 저서 『미래의 체험』에서 100가지를 예측했는데 그중 95가지가 적중했다고 한다. 그런 그의 예측 가운데 하나가 "21세기에 자본주의는 몰락하지만 유교적 자본주의는 꽃을 피운다"는 것이다. 이는 소위 이윤 추구를 목적으로 한 자본주의는 퇴조하고 정신적 자본주의가 융성한다는 것을 의미한다.

2008년 말 미국 금융가에서 촉발된 세계 경제의 몰락과 침체도 이런 물질만능 자본주의의 퇴조를 의미하는 것과 다르지 않다. 금융 부문의 무자비한 투자와 무리한 관행들이 세계의 금융 시스템을 마비시킨 주요 원인이 되었다. 여기에 '모럴 해저드 Moral hazard, 도덕적 해이'라는 비난이 쏟아지는 건 너무나 당연한 일이었다. 정신적 가치가 배제된 이런 물질만능의 자본주의는 이제 그 퇴조가 점점 명백해지고 있다. 이를 대체할 자본주의가 인간에 대한 애정과 정신적 가치를 우선시하는 자본주의, 다시 말해 유교적 자본주의다.

그렇다면 안동이 미래 천년을 내다보고, 자본주의에 정신적 가치라는 자양분을 지속적으로 공급하는 정신문화의 수도가 되기 위해서 필요한 것은 무엇일까? 나는 우선 정신적인 교육을 지속적으로 시행할 수 있는 프로그램이 있어야 한다고 생각했다. 그런 생각에서 2002년과 2007년에 도산서원 선비문화수련원과 국학진흥원 등 연수 시설의 문을 열었다.

한편 올바른 정신문화의 발현은 가족 단위에서부터 출발할 수밖에 없다고 생각했다. 그래서 2008년 7월 4일에 '한국정신문화의 수도 안동' 선포 2주년을 맞아 가정의 문화를 꽃피우는 가족노래자랑대회, 가족사진전, 가훈전, 가족자랑글짓기대회와 가족음악회를 열었다. 그 밖에도 정신문화의 바탕이 될 시민사회의 평생 학습 프로그램들을 진행하고 있으며, 여러 분야에 걸쳐 가정과 사회 공동체에서 미래지향적이고 희망과 꿈을 심어주는 교육을 계속해서 추진하고 있다. 안동시는 앞으로도 이런 행사를 지속적으로 개최할 계획이며, 이왕이면 행사를 오후 늦은 시간에 열어 온 가족이 다 함께 참여하는 문화 행사로 정착시키려 한다.

‘한국정신문화의 수도 안동’ 선포식을 가진 이유는 정체성의 혼란이 빚어지는 가운데서도 안동만은 흔들리지 않고 중심을 잡고 있었음을 후세 사람들에게 인정받고 싶어서였다. 이러한 시점에서 경상북도가 미래 천년의 도읍지를 안동·예천으로 결정한 것은 매우 의미 있는 일이 아닐 수 없다.

미래 천년의 도읍지

2008년 6월 8일, 안동시와 예천군이 경북도청으로 확정된 감격적인 순간을 나는 지금도 잊을 수 없다.

1981년 대구가 광역시로 승격되면서 27년 동안 다른 자치단체의 관할 구역에 있던 경북도청을 이전해야 한다는 것은 300만 경북도민의 염원이자 숙원 사업이었다. 안동은 1995년 민간 용역기관에 의뢰한 도청 이전 후보지 조사에서 1위를 차지하고도 정치 논리와 지역 이기주의에 밀려 여러 번 무산되는 아픔을 겪었다.

도청 이전은 경북의 23개 시군이 모두 원하던 사업이었다. 이전 사업 계획이 발표되자 열한 군데의 경상북도 산하 자치단체들이 서로 자기 지역으로 도청 소재지를 유치하기 위해 불꽃 튀는 경쟁을 벌였다.

안동시도 인근 예천군과 손을 잡고 두 시군의 접경 지역을 도청 이전 후보지로 공동 신청했다. 이웃마을에 사는 처녀 총각은 누가 먼저 손을 잡았는지도 모르게 사랑에 빠진다. 예천과 안동도 이심전심으로 자연스럽게 합의가 된 상태에서 경북도청을 유치하려고 막후교섭을 벌여왔다.

공동 신청 효과를 극대화하기 위해 신청 마감 이틀 전인 2008년 5월 13일 안동과 예천 경계 지역에서 예천군수, 안동시장, 국회의원, 도의원, 시민단체들이 모인 가운데 전격적인 협약식도 가졌다.

11개 후보 지역 가운데 유일하게 안동과 예천 두 자치단체가 서로 손을 잡고 도청을 유치하겠다고 발표하자 지역 상생의 모범이라는 상징성을 높게 평가받았고, 공동 신청을 했다는 소식이 언론을 통해 알려지면서 도민들도 신선한 충격을 받았다.

마감 전날 예천군수와 안동시장이 두 손을 잡고 있는 모습은 극적인 효과를 불러일으켰고, 마침내 경북도청 소재지가 안동과 예천으로 확정되는 기쁨을 안겨주었다.

새로 결정된 도청 소재지의 지형지세를 둘러본 평가원들도 "이렇게 좋은 적지가 있었느냐?"고 감탄하며 "천혜의 길지吉地 중 길지"라는 평가를 내렸다. 풍수지리학자들도 현장을 둘러보면서 입이 마르도록 칭찬했고, 조선일보는 2009년 2월호로 발간한 잡지《산》에서 경상북도의 새로운 도읍지는 그야말로 '대 명당'이라고 극찬했다. 이렇게 안동과 예천이 합의하고, 평가위원이 공감하고, 전 도민이 인정한 경북도청의 새 도읍지는 경북의 미래, 천년의 미래를 향한 힘찬 발걸음을 내딛고 있다.

2009년 도청 이전을 위한 국비 100억 원이 확보되면서 도청지원단이 구성되었고, 도시 계획과 도청 소재지의 용역이 이루어지는 등 모든 행정적 재정적 지원이 시작되었다. 경북의 새로운 도청 소재지가 확정되면서 내리막길을 걷던 부동산 가격도 큰 폭으로 올라갔고 아파트 가격도 20~30% 올랐다.

최근에는 경기침체의 여파로 다소 주춤해졌으나 경기가 회복되면 도청 소재지 이전 효과는 안동 외에 예천, 상주, 문경, 영주, 봉화, 청송, 영양, 울진, 영덕 지역까지 아우르며 가치가 높아질 것으로 전망하고 있다.

도청 이전 예산이 확보되면 수천억 원대에 이르는 보상금이 예천과 안동 주변에 풀리면서 경기 활성화에 한 몫을 할 것이고, 360만 평의 부지에 새로운 도시가 건설되면 향후 10년 이상은 토목, 건축, 조경 등 연관 사업의 활황이 예상되면서 일자리도 그만큼 늘어날 것이다.

따라서 2013년에 도청 청사가 입주하고, 2017년에 도 단위 모든 기관과 단체가 새 도시에 들어서면 2027년쯤 안동 주변에는 인구 10만 정도의 새로운 도시가 탄생하게 된다. 신도시가 형성되면 주변 배후 지역의 급격한 성장과 함께 기존 도심과 신시가지가 서로 연결되고 광역화가 된다. 그렇게 되면 안동시는 의성, 문경, 영주, 봉화 등 주변 도시들과 시가지를 연결하는 중추적인 연담도시聯擔都市의 핵으로 부상하게 될 것이다.

하회마을에서 열린 엘리자베스 여왕의 생일잔치

'하회河回'란 낙동강 줄기의 강물이 돌아가는 곳이란 뜻으로 순 우리말로는 '물돌이 동'이라고 한다. 하회마을 전경을 제대로 보려면 부용대로 올라가 마을을 얼싸안은 채 S자 모양으로 휘감아 돌아가는 강물의 모습을 보아야 한다.

엘리자베스 영국 여왕이 1999년 4월 22일 안동시를 방문했다. 영국 여왕은 연방 국가를 제외하고는 1년에 외국을 한 곳만 순방한다. 그런 여왕이 안동 하회마을에서 73번째 생일상을 받고 하회탈춤을 관람했다는 사실은 중요한 의미가 있다. 영국 여왕이 한국을 방문할 확률은 100년에 한 번 정도다. 영국 왕실은 순방 국가와 지역을 결정하기에 앞서 2~3년 전부터 실사와 장고를 거듭한다.

전통과 역사를 소중히 여기는 영국의 대표적인 건축문화가 석조문화라면, 하회마을은 풍산 유씨들에 의해 가계를 이어가는 600년 목조문화를 중심으로 한다. 예컨대 병산서원屛山書院에 가보면 감탄사가 절로 나올 정도로 운치가 있다. 병풍을 두른 듯하여 '병산'이라고 불리는데, 주위를 둘러싼 낮은 산자락과 그림 같은 백사장을 돌아 흐르는 낙동강 줄기가 어우러져 마치 한 폭의 한국화를 연상시킨다.

엘리자베스 여왕이 전통문화가 잘 어우러진 하회마을을 방문하여 아름다운 경관에 크게 감탄하고 돌아간 뒤 미국의 전 대통령이었던 부시 부자父子가 찾아오는 등 해외에서까지 유명세를 타더니 2008년 8월 하회마을은 마침내 방문관광객 1,000만 명을 넘겼다. 요즘은 한류스타 류시원의 생가인 '담연재'가 일반에 공개되면서 하회마을을 찾는 일본인 팬들도 부쩍 늘어났다.

하회별신굿 탈놀이 공연 관람 후 연기자들과 만난 엘리자베스 영국 여왕

안동 하회마을은 경주 양동마을과 함께 유네스코의 세계문화유산 등재를 위해 2009년 2월 외교통상부를 통해 신청서를 제출했다. 금년 중 현장실사를 마치면 2010년 7월 개최될 세계유산 총회에서 결과를 통보받게 된다.

하회마을이 앞으로도 지속적으로 전통을 보존하고 계승하려면 이곳에서 주민들의 실제 생업이 이루어져야 한다고 생각한다. 이에 안동시는 하회마을에서 태어나서 하회마을에서 자라고 하회마을에서 생업에 종사하면서 사는 것을 영광으로 생각하는 주민들이 스스로 마을을 관리하고 운영하는 시스템을 기획하고 있다. 이런 사업의 일환으로 우선 마을 안에 섞여 있어서 관광객들의 눈살을 찌푸리게 했던 30여 곳의 음식점들을 2007년 동구 밖의 시설지구로 모두 내보냈다. 앞으로는 의전, 안전, 환경에 몰두하면서 하회마을을 관리하는 데에만 집중할 생각이다.

대한민국의 대표 축제, 안동 국제탈춤페스티벌

사람이 탈을 쓰면 남녀의 구분도, 연령의 구분도, 인종의 구분도 사라진다. 해학적이고 익살스러운 탈은 구경꾼들에게 즐거움을 선사한다.

안동은 양반만 사는 고장이 아니다. '안동' 하면 떠오르는 하회탈춤(하회별신굿)은 양반과 평민의 타협이 이루어낸 작품이다. 탈을 쓴 평민은 마음껏 양반을 풍자하고 조롱한다. 하회탈춤은 서민들이 양반의 잘못을 비꼬고 꼬집는 해학과 풍자를 담고 있지만 마지막에는 서로의 존재를 인정하면서 결국 상생을 이루는 모습을 연출한다.

이러한 반상班常의 적절한 타협이 오늘날 하회탈춤이라는 세계적 문화유산을 남긴 것이다. 6년 연속 최우수 축제로 선정된 안동 국제탈춤페스티벌은 열흘 동안 100만 명이 찾아오면서 2008년부터 대한민국의 대표 축제로 자리매김했다.

안동 국제탈춤페스티벌은 단지 먹고 즐기는 축제가 아니다. 가족과 친구들이 모여 탈을 직접 그려서 만들어 쓰고 평등과 소통을 직접 느껴보는 체험 축제이다.

2006년 9월 27일, 탈 문화를 보유하고 있는 세계 40여 국가들은 '세계 탈 문화예술연맹(IMACO)'을 창설하고 초대 회장에 안동시장인 나를 선출한 뒤 해마다 국제학술대회를 열고 있다. 2009년 11월 12일부터 14일까지는 태국에서 제2차 총회를 연다. 앞으로 유네스코 산하의 NGO 단체로 등록하고, 최종적으로는 100개 회원국을 확보하여 유엔 산하의 NGO 단체로 등록할 야심찬 계획을 추진하고 있다.

안동이 추진하는 탈 문화의 세계화는 자치단체가 국가를 대변한다는 긍정적 측면도 지니고 있다. 안동 양반탈은 한국을 대표하는 하나의 아이콘이면서, 대한민국을 대변하는 캐릭터나 로고로도 손색이 없다.

많은 사람들이 해외에 나갈 때 크고 작은 안동 탈을 사서 선물을 하고 있으며, 그것을 받아든 세계인들은 '한국인의 미소'에 매우 만족스러운 표정을 짓고 있다.

안동 국제탈춤페스티벌 퍼레이드 행사. 안동 국제탈춤페스티벌은 단지 먹고 즐기는 축제가 아니다. 가족과 친구들이 모여 탈을 직접 그려서 만들어 쓰고 평등과 소통을 직접 느껴보는 체험 축제이다.

탈을 쓰고 신명나게 춤을 추다 보면 세계 67억의 인구는 흥에 겨워 하나가 된다. 과거의 탈은 상층문화와 하층문화로 대변되는 이분법적인 개념을 나타냈다. 그러나 세계화한 세상에서의 탈은 인류 평등과 평화에도 크게 기여하고 있으며, 어느새 안동 탈도 한국을 대표하는 상징으로 자리매김하고 있다.

한국의 멋, 4한(韓, HAN) 브랜드

'견오백 지천년絹五百 紙千年'이란, 비단의 수명이 500년이라면 종이의 수명은 1,000년이나 된다는 뜻이다. 닥나무 껍질을 원료로 하여 만든 전통 한지는 그만큼 보존성이 뛰어나다.

2007년 7월 안동 보광사 관세음보살상 복장에서 발견된 '보협인다라니경'은 우리나라의 전통 한지인 닥지에 인쇄한 것인데, 1,002년이 넘은 지금까지도 형체가 그대로 보전되어 있다. 그래서 이웃나라 중국도 우리의 한지를 보고 '희기는 백설 같고, 결은 비단 같으며, 질기기는 가죽과 같다'며 그 우수성을 격찬했다.

비석이나 돌에 새긴 글도 1,000년이 지나면 낡아서 판독이 힘들게 된다. 그러나 한지로 만든 것은 1,300년이 지난 지금도 원본의 손상 없이 보존되고 있다.

안동 한지로는 만들지 못하는 것이 없다고 할 정도로 활용 용도도 다양해졌다. 웨딩드레스와 한복은 물론 핸드백, 카드, 스카프, 그리고 장신구와 공예품까지도 한지로 만든다. 안동 한지 체험 프로그램은 한 달에 4만 명이 참가할 정도로 각광을 받고 있다.

안동시가 중점적으로 추진하는 것 중에는 한옥·한복·한식·한지의 네 가지 한류 브랜드 특성화 사업이 있다. 특히 한류 브랜드 특성화 사업은 한국의 정체성을 확립하고 세계와 차별화하겠다는 이명박 정부의 한류 사업 전략과 맞아 떨어지면서 더욱 탄력을 받고 있다.

안동 사람들은 한복을 좋아한다. 나 역시 한복 두루마기를 즐겨 입는다. 세계의 많은 지도자들이 우리의 한복에 대해 알고 있고, 그 멋에 대해서도 알고 있다. 4년 전 그리스에서 열린 국제민간문화예술교류협회(IOV) 세계총회에 참석하려 할 때에 그들은 내게 "반드시 두루마기를 입고 와달라"고 요청하기도 했다. 덕분에 그리스 고대 정치의 의사당인 아크로폴리스 광장에서 나는 감물 들인 두루마기를 입고 개막 연설을 한 적이 있다. 안동 사람들은 꽃잎이나 나뭇잎, 혹은 풀잎 같은 재료로 자연스러운 천연염색을 하여 옷을 만들어 입기를 좋아한다.

2008년 9월에는 서울 운현궁에서 '종손·종부 서울 나들이'라는 이름으로 안동 전통한복패션쇼가 안동시 주최로 열렸다. 서애 유성룡 선생의 14대 종손인 류영하 가족과 퇴계 이황 선생의 17대 주손인 이치억 부부 등이 모델이 되어 무대 위에 올랐는데, 나는 이때에 한지로 만든 두루마기를 입고 무대에 올라 서울 시민들을 놀라게 했다.

안동에는 자연염색으로 만든 한복이 날로 많아지면서 가치를 인정받고 있고, 자연염색을 좋아하는 사람들도 점점 늘어나고 있다.

또 안동에는 강촌과 산촌이 어우러진 그림 같은 정경을 간직한 한옥들이 많다. 우리나라의 고택 중 30%가 안동에 있으며, 일반인들이 체험을 할 수 있는 고택만 해도 40여 군데가 넘는다. 2008년 12월에는 김형오 국회의장이 농암 이현보 선생의 고택에서 하룻밤을 자고 간 뒤 『길 위에서 띄운 희망편지』라는 수필집에 "한지 두루마기를 맞춰 입었다"는 소식과 함께 소감을 남겼다.

그 뒤로 국무총리와 재벌총수들이 연이어 묵고 갈 정도로 고택 체험은 보편화되고 있다. 안동에는 서원 27곳, 한옥 종택 47곳이 있는데 안동시가 추구하는 한옥 브랜드는 전 세계 어디에 내놓아도 손색이 없을 정도로 브랜드 가치가 높다.

특히 병산서원은 국내 건축학도들 사이에서는 이곳에서 하룻밤을 자지 않으면 건축학도로 인정받지 못한다는 말이 나올 정도로 빼어난 목조건축물로 유명하다.

안동에는 또 독창적인 지역 음식, 세계화할 수 있는 한식들도 많다. 제사를 지내고 나서 먹는 음식이 맛있다 하여 평상시에도 만들어 먹는 헛제사밥을 비롯하여 안동 국수, 안동 찜닭, 안동 갈비, 안동 간고등어, 안동 식혜 등이 대표적이다. 모두 이 지역만의 고유한 특성을 갖춘 지역 음식이자 우리의 대표적인 전통 음식이다.

안동은 450년이나 된 『수운잡방』을 비롯하여 『음식디미방』, 『온주법』 등 국내에서 가장 오래된 조리책자들도 보유하고 있다. 이러한 역사적

바탕이 있기에 서울에서 식품 전시회를 하면 안동 음식들이 관객들의 시선을 가장 많이 사로잡는다. 2008년 10월 3일에는 '안동 음식문화대전'을 개최하기도 했다. 최근에는 농림수산식품부가 한식을 세계 5대 음식 산업에 진입시키겠다는 전략을 발표하면서 안동시의 한식 브랜드 세계화 전략도 더욱 탄력을 받고 있다.

이처럼 한 브랜드화는 한국 문화의 르네상스를 가져올 안동 지역 문화 발전의 터전이자 기본적인 토대가 되고 있다.

국내 최초의 콘텐츠 박물관

안동은 전국의 자치단체 중에서 면적도 가장 넓지만 가장 다양한 문화재를 가지고 있다. 민선 4기 시장에 출마하면서 이처럼 다양한 안동 문화를 콘텐츠화하겠다는 공약을 제시했을 때 많은 사람들이 현실성 없는 '뜬구름 잡기' 식 공약이라고 비난했다.

나는 재선이 되자마자 문화재 한 점이 한 고을 전체를 차지할 정도로 큰 규모의 종택 문화재를 비롯하여 역사와 문화에 얽힌 신화, 설화, 전통 놀이 등을 최첨단 IT에 접목시켜 영상화하는 것이 필요하다는 평소의 구상을 곧바로 실천에 옮기기 시작했다. 그 결과 마침내 2007년 7월 14일 문화관광부와 경상북도의 지원을 받아 국내 최초로 유물遺物 하나 없는 전통문화 콘텐츠 박물관을 개관하기에 이르렀다.

국내 최초의 유물 없는 박물관, 전통문화 콘텐츠 박물관

콘텐츠 박물관에 가면 안동의 지리, 역사, 인물, 세시풍속 등 관련 자료 2,200여 점을 최첨단 IT기술로 콘텐츠화한 한두 시간짜리 영상물을 관람할 수 있다. 4D(4차원) 영상으로 애니메이션화하여 컬러 콘텐츠로 만든 '태조 왕건 최후격전지 고창전투'(고창은 안동의 옛 지명)도 영상관에서 상영하고 있다.

2008년 12월 5일 세계에서 가장 오랜 박물관 역사를 갖고 있는 러시아의 '표트르대제 인류학·민족지학 박물관'의 키릴로비치 치스또프 관장이 우리나라를 찾아왔다가 안동의 콘텐츠 박물관을 둘러보고 "이런 것은 러시아에도 없다"면서 놀라움을 금치 못했다.

전통문화콘텐츠진흥원(KOCCA)도 안동의 콘텐츠 박물관을 격찬하면서 양해각서(MOU)를 체결한 뒤에 안동 자료를 이용하면서 장비도 지원해주겠다고 약속했다.

콘텐츠 박물관이 개관하자 박물관의 역사를 다시 써야 한다고 할 정도로 박물관 학계에서도 높이 평가해 주었으며, 박물관을 찾는 시민, 학생, 관광객들의 발길도 끊이지 않고 있다. 이러한 가운데 2008년 2월 25일 이명박 대통령이 취임사에서 "문화는 콘텐츠 산업"이라는 용어를 쓰면서 콘텐츠 박물관은 더욱 탄력을 받기 시작했고, 문화관광부의 많은 공직자들이 벤치마킹하기 위해 안동에 다녀갔다.

안동은 앞으로도 영상미디어센터와 다큐영상센터를 짓고 문화산업진흥지구 지정을 추진하며 새로운 콘텐츠 문화를 주도해 나갈 것이다.

신비의 콩, 생명의 콩

음식은 오래 두면 부패한다. 그러나 유일하게 부패하지 않고 발효가 되는 것이 있으니, 이것이 바로 콩이다. 콩이 발효되면 된장을 담그거나 청국장의 재료로 활용된다.

최근에는 당뇨 환자나 성인병 환자에게 콩밥, 콩죽, 청국장이 가장 효능이 있는 것으로 알려지면서 콩 수요는 날로 증가하고 있다. 콩은 우리의 건강을 지켜준다. 콩을 심은 밭은 산성화된 지력을 향상시켜서 다른 작물이 성장하는 데에도 도움을 준다.

콩나물로 국을 끓이면 시원한 '아스파라긴'이 나와서 알코올을 해독시켜 주고, 겨울에 콩나물을 먹으면 각기병을 예방해 준다. 그래서 우리 선조들은 된장, 두부, 콩가루, 콩나물 등 콩을 활용한 음식들을 즐겨 먹었다.

콩을 흔히들 '밭에서 나는 소고기'라고 부른다. 내륙에 위치한 안동은 바다와 접할 기회가 없어서 생선이 귀하다. 그래서 영양을 보충하려다 보니 자연스럽게 콩을 활용한 음식문화가 발달했다. 콩가루 국, 콩가루 부침개, 콩가루 찜, 콩가루 계란찜, 콩가루 고추찜 등이 있고, 콩가루를 진하게 갈아 넣어서 만드는 콩국수는 여름철 보양식으로 최고다.

안동 처녀와 결혼한 외지 신랑이 모처럼 처가를 방문했는데 상에 오른 음식이 콩가루를 재료로 만든 것들뿐이었다. 그러자 신랑이 "이 집은 원래 콩가루 집안이냐?"고 하여 폭소가 터졌다는 우스개가 있을 정도다.

안동은 임하댐과 안동댐이 있기 때문에 밤낮의 기온 차가 크고 땅으로부터 빨아들이는 자양분이 많아 특유 작물을 재배하기에도 안성맞춤이다.

우리나라는 콩 자급률이 8%밖에 안 된다. 최근 식품에 대한 원산지 단속이 강화되면서 국산 콩을 구하기 힘들어지자 가격도 천정부지로 치솟고 있다. 그래서 안동 콩만 전량 수매하기 위해 혈안이 된 식품회사들도 있다.

안동의 하회두부나 콩은 FTA에 대응할 수 있는 유일한 대응 작물로, 우리의 영양을 지켜주고 지력을 증진시켜 주는 1석3조의 역할을 한다. 안동 농업기술센터와 국립밀양작물시험장이 합작으로 만든 '청자 콩'은 항암 효과가 뛰어나 '생명의 콩'이라 불린다.

안동의 하회두부나 햇삽(HACCP) 시설을 갖춘 안동농협 두부 공장은 안동 콩만을 사용하며, 하회된장 공장은 세계에서 가장 큰 4,000여 개의 된장 항아리를 갖고 있다.

자치단체 최초의 외국인 공무원 채용

"안동시 최초의 외국인 공무원이라는 사실에 자부심을 느낍니다. 이제부터는 한국의 며느리로서 한국과 일본 두 나라를 잇는 가교 역할을 하고 싶어요."

안동시청에 외국인 공무원으로 채용되어 일본어 통역 등을 맡아왔던 오가타 게이코(여, 32) 씨는 2009년 5월 16일 안동시청 정보통신실에 근무하는 동갑내기 김희준 씨와 국제결혼을 하면서 영원한 안동 사람이 되었다.

안동에는 외국 관광객들이 많이 찾아든다. 그런 외국인들을 볼 때마다 '이들이 효율적으로 관광할 수 있도록 도와주고 안동 시정을 적극적으로 홍보할 외국인 공무원이 있다면 얼마나 좋을까!' 하고 생각했었다. 하지만 외국인을 공무원으로 채용하는 방법을 검토하다 보니 몇 가지 문제점이 나타났다.

첫째 국가보안에 해당되는 행정 조직 현황이 외국인에게 노출될 수 있고, 둘째 외국인을 고용하면 국내 고용 환경에 다소 영향을 미칠 수 있으며, 셋째는 공직에도 문화적 영향이 있지 않을까 하는 우려들이었다.

그러나 실보다는 득이 더 많을 것 같았다. 국정원과 출입국관리사무소, 노동부 등의 자문을 받아 결격 사유가 없는 외국인을 엄격한 채용과정을 거쳐 공무원으로 선발하기로 하고 2003년 외국인 모집공고를 통해 일본인, 중국인, 미국인을 각각 한 명씩 채용했다.

안동이 전국 지자체 가운데 최초로 외국인 공무원을 채용하자 채용된 외국인 공무원들은 지역신문을 비롯하여 지역방송과 중앙방송, 그리고 아리랑방송에까지 자주 소개되면서 탤런트가 되다시피 할 정도로 유명 인사가 되었다.

그 가운데에도 한국외국어대학교에서 공부하다가 안동시 공무원(6급

계약직)이 된 구마모토 출신의 오가타 게이코 씨는 일본 요미우리신문에 정기적으로 '한국통신'이라는 기고문을 게재해 한국문화를 일본에 알리는 전도사 역할을 톡톡히 해왔다.

2008년 안동시와 5년 동안 장기계약을 다시 맺었던 그녀는 이번에 시청 공무원과 국제결혼을 함으로써 영원히 안동시를 홍보할 수 있게 되었다.

애주가들을 매료시킨 바이오주

1987년 경북의 무형문화재로 지정된 안동소주는 전통 증류 방식으로 빚은 안동의 대표적인 민속주이다. 오랫동안 숙성된 안동소주는 알코올 도수가 45도나 되는데도 은은한 향취와 감칠맛이 살아 있다.

민간에서는 안동소주를 때로는 상처 부위에 바르거나 배앓이, 식욕부진, 소화불량이 있을 때 응급조치 용도로 사용하기도 한다.

고향 술을 애용하는 나는 언제부터인가 맥주에 안동소주를 섞어서 마시는 습성이 생겼다. 이렇게 술을 마시면 뒤끝이 좋고 다음날도 개운했던 경험 때문에 서울과 대구, 경북도에 근무할 때 술자리가 있으면 으레 칵테일 술을 돌리곤 했다.

안동시장에 취임한 뒤부터는 '바이오BIO'라는 용어를 처음 사용하여 산업단지와 바이오연구원을 개원한 것을 기념해 안동소주와 맥주를 섞어 마시는 술을 '바이오주BIO酒'라고 명명했다. 그리고 이 술을 제조해서 내가 먼저 마시고 다른 사람들에게도 권해서 ‘주주객반主酒客飯’이라고 했는데, 지금은 시장이 만들었다고 해서 ‘시장주市長酒’라고도 부른다.

바이오주는 맥주 7부 능선에 안동소주 반 잔을 섞어 제조하면 완벽한 배합이 이루어진다. 이렇게 만든 바이오주 한 잔을 죽 들이키면 술잔에 거품이 남지 않고, 마시고 난 뒤에도 향긋한 뒷맛이 한동안 혀끝을 맴돈다. 바이오주를 마시면 빨리 취하므로 술 마시는 시간이 짧아져 시간도 절약되고, 다음날 일어나도 뒤끝이 개운하다.

양주 가운데 가장 인기 있다는 발렌타인 30년산과 안동소주를 가지고 ‘폭탄주’와 바이오주를 제조해 놓으면 안동 사람들은 열 명 가운데 아홉 명은 바이오주를 선택한다. 바이오주를 마시면 외화도 절약되고 쌀 소비도 촉진시킨다. 실제로 쌀밥 한 그릇으로 술을 빚으면 안동소주 한 잔 분량이 나온다. 이는 바이오주 한 잔을 마시면 밥 한 그릇을 먹는 것과 같다는 이야기가 된다. 따라서 애주가들이 하루에 곡주 세 잔 마시기 운동을 전개한다면 쌀 소비는 문제될 것이 없다. 최근 쌀 재고가 쌓여 정부에서 골머리를 앓고 있으나 “안동은 쌀 재고량이 제로Zero”라고 연일 매스컴에서 보도하고 있다.

그래서 나는 술자리에 참석하면 첫 잔은 농민을 위해, 두 번째 잔은 농촌을 위해, 마지막 한 잔은 농업을 위해 건배하자고 제의한다. 틈이 날 때마다 바이오주를 권했더니 이를 마셔본 사람들은 다시 안동을 찾게 되었을 때 바이오주를 대접하지 않으면 섭섭하다고 할 정도가 되었다.

안동 사람들도 앉았다 하면 바이오주를 한 잔 하는 것이 주당들의 유행이 되다시피 되었다.

바이오주를 마셔본 사람들은 대부분 바이오주의 예찬론자가 된다. 유명인 중에는 KBS 〈전국노래자랑〉의 사회자가 대표적인 바이오주 애호가이며, 바이오주에 대해서는 지역신문인 매일신문에도 두 차례에 걸쳐 보도된 적이 있다.

바이오주는 멀리 서울에까지 소문이 나는 바람에 서울의 5대 신문사 술을 잘 마시는 논설위원들의 요청으로 63빌딩에서 바이오주를 직접 제조해서 시음 행사를 통해 선보인 적도 있다. 바이오주는 또 외국에까지 소문이 퍼져 일본의 5대 신문사 술 잘 마시는 기자단들이 한국에 와서 바이오주를 한 잔씩 하고 갔고, 해외동포 기자단 60명이 안동의 바이오주를 마시기 위해 한국에 온 적도 있다. 덕분에 바이오주는 한국을 뛰어넘어 세계적 명주로 부상하고 있어 별도의 특허 등록을 준비하고 있다.

인간의 의지는 인류사를 지배하는 원동력

인류의 역사를 지배하는 원동력은 인간의 의지이다. 가정, 지역사회, 국가를 막론하고 개인이나 조직의 성장과 발전을 가져오는 것은 자원이나 자본의 크기가 아니라 인간이 가진 의지인 것이다. 이는 개인에게는 개인의 의지이지만, 지역사회나 국가의 입장에서 보았을 때에는 합일된 의지, 단합된 의지가 바로 역사 발전을 창조하는 원동력이 된다는 의미이다.

우리 속담에 '마음만 있으면 태산도 움직일 수 있다'고 했다. 1970년대 한국을 변화시킨 '하면 된다'는 새마을 정신도 결과적으로 인간의 의지가 중요함을 강조한 말이다.

사람은 죽을 때까지 자기가 발휘할 수 있는 역량의 20%를 쓰지 못한다고 한다. 1968년 서울 반도조선 아케이드에서 화재가 발생했을 때의 일이다. 금은방에서 금괴를 꺼내려면 다섯 사람이 운반해서 넣었기 때문에 다섯 사람이 있어야 바깥으로 들어낼 수 있는 상황이었다. 새벽에 불이 난데다 다섯 사람을 불러 모을 시간이 없었으니 당연히 금괴는 불에 다 녹아내렸어야 했다. 그런데 어찌된 일인지 금괴는 밖으로 나와 있었다. 나중에 알고 보니 주인 혼자서 그 금괴를 들어낸 것이었다. 인간은 이처럼 극한 상황에 처하면 자신도 모르는 사이 초인적인 힘을 발휘한다. 차력도 그러한 원리에 의해 인간이 초능력을 발휘하는 것이다.

지역구가 경북인 모 국회의원은 사법고시에 합격했고, 국회에서 법사위원장까지 했다. 초등학교 졸업이 학력의 전부인 그가 사법고시에 합격하고 내로라하는 율사들이 모두 모인 곳에서 법사위원장을 했다는 것은 초능력을 발휘한 결과다.

이처럼 인간은 자기 역량을 가지고 있으며, 마음만 먹으면 무슨 일이든지 할 수 있다. 고교를 졸업한 나는 형편이 어려워 4H 활동을 하면서 농사를 짓다가 군대를 마치고 뒤늦게 대학에 다녔다. 그 뒤로 공무원 생활을 하면서 연세대 행정대학원에 입학했을 때 스스로 실력의 한계에 도전해 보기로 했다. 당시 내무부에서 대학원에 입학한 사람은 나밖에 없었고, 대학원을 졸업한 사람도 내무부 전체에서 세 사람뿐일 때였다.

입학한 54명 가운데에서 45명이 졸업했는데 지금도 집 책장에는 74년과 75년에 받았던 최우수 성적 상패들이 자랑스럽게 들어 있다. 이는 내 능력을 측정해 보고자 노력한 결과의 산물이었다. 리포트를 제출해도 리본으로 포장하는 등 최선의 노력을 다한 결과였다. 덕분에 한 과목을 제외하고는 모두 A학점을 받았고, 여세를 몰아 박사에 도전해서 논문을 직접 쓰고 올 A학점을 받으면서 경북도 산하 전 공무원 가운데 박사 1호가 되었다.

돈이 없다거나 가정환경이 어렵다는 것은 핑계에 불과하다. 인간은 누구나 확고한 의지만 있다면 어떠한 장애물도 극복할 수 있음을 경험을 통해 깨우칠 수 있었다.

선거는 주민과 지역을 이해하는 새로운 계기

선거는 지역을 이끌어갈 일꾼을 뽑는 것이다. 일꾼이 되려면 지역 구석구석을 돌아다니며 유권자들을 만나야 한다.

안동은 전국의 기초·광역단체 82개 시市 가운데에서 그 지역이 가장 넓은 자치단체로 다섯 가구, 일곱 가구가 있는 마을까지 포함해서 모두 968개나 되는 자연마을이 있다. 따라서 그 많은 자연마을을 빠짐없이 돌아보기란 쉽지 않다.

그러나 선거에서 승리하려면 포기할 수 없다. 출마자들은 선거 기간에 많은 것을 깨우친다. 첫 번째가 표의 등가성等價性이다. 선거를 해보면 출마자들은 누구나 사람의 가치가 동일하고 인간의 존엄성이 동일하다는 '등가성의 원칙'을 배운다. 이는 그 지위가 높거나 낮거나, 돈이 있는 사람이나 없는 사람이나, 나이가 많든 적든, 할머니도 아가씨도, 각자가 가진 표는 동일한 한 표라는 사실이다.

한 번은 5일장에 들러서 명함을 돌리고 있을 때의 일이었다. 팔순이 된 할머니가 파를 다듬고 있기에 주기도 그렇고 해서 한 바퀴를 다 돈 뒤에 나오다가 할머니와 눈길이 마주쳤다. 미안한 마음에 "제가 아까 명함을 안 드렸죠?"하고 묻자 할머니는 "와? 나는 사람 아이가?" 하고 아주 기분이 나쁘다는 표정으로 쏘아붙이는 것이었다.

선거 때에는 명함을 주더라도 똑같이 나눠주어야 한다. 출마자 입장에서 선거는, 인간은 모두 동일하고 똑같이 존엄하다는 것을 배우는 일종의 훈련 과정이다.

두 번째는 지역 실정을 소상하게 파악하는 계기가 된다. 안동시장에 출마하려면 968개 마을을 다 다녀야 한다. 후보자들은 이 과정에서 골목이 좁고 포장되지 않은 곳, 보안등이나 하수구가 없고 교량이 낡아 위험한 곳 등 지역 실정을 소상히 이해하고 애로사항을 파악하게 된다.

따라서 선거가 끝나면 지역의 현안들이 머릿속에 정리되고, 해야 할 많은 일들을 파악하게 된다. 이처럼 출마자들은 선거를 통해서 지역 특성을 이해하게 되고 그로 인해 시정을 관리 경영하는 훈련을 하게 되는 것이다.

정책 결정과 여론조사

사람은 모두 각양각색의 색깔을 지녔다. 100명이 모여 있어도 똑같은 옷을 입은 사람은 한 사람도 없다. 100명이 갖고 있는 사물에 대한 생각도 백양백색으로 다르다. 이때 빨간색 옷은 빨간색 계통으로 파란색 옷은 파란색 계통으로 그룹화시키다 보면, 성향이 짙은, 다시 말해 색깔 짙은 모델들이 대표적인 것이 되고, 이들이 강한 색깔을 갖고 있다는 것을 알 수 있다. 나는 이것이 바로 행정의 중요한 역할이라고 본다.

공무원들이 정책 결정을 하는 과정에서 오류에 빠지기 쉬운 것 가운데 하나가 소수의 사회지도층 인사들이나 특정 시위집단에 휘둘려 그들의 생각이 전부인 양 받아들이는 것이다. 이는 시나 군에서 정책을 결정할 때 범할 수 있는 가장 큰 오류의 사례이며, 이 경우 다수의 국민이 공감하지 않는 정책이 나올 수 있으므로 특히 신중을 기해야 한다.

올바른 정책을 결정하려면 주민들이 바라는 합의점을 이끌어내야 하고, 이를 그룹화하는 것이 매우 중요하다. 해답은 여론조사 기법을 통해서 찾는 것이 가장 바람직하다.

안동시도 연말이면 정기적으로 실·과·읍·면·동의 시책에 관한 여론조사를 실시한다. 한 번은 대형마트인 이마트가 지역에 진출하는 문제를 놓고 상인들이 시장 퇴진 운동을 전개했다. 이마트가 들어오면 지역 상권이 무너지고 소비자들에게도 도움이 되지 않는데, 시장이 이를 방치하고 있다는 것이 그들의 논리적 근거였다.

여론조사를 했더니 주민의 3분의 2는 대형마트가 들어오는 것을 오히려 찬성했고 3분의 1만 반대했다. 결국 다수의 소비자들이 의견을 밝히지 않았기에 소수의 절대 표출자로 인하여 반대가 더 많은 것으로 외부에 비쳐졌던 것이다.

이러한 경우에는 자의적으로 판단하거나 이해집단에 휘둘릴 것이 아니라 공인된 조사기관에 의뢰해서 다수 주민의 정확한 뜻을 파악한 뒤에 정책을 결정해야 한다.

낙동강 70리 생태공원 조성 사업을 시작할 때도 처음에는 반대가 많아서 추진하는 데 어려움이 있었다. 그러나 여론조사를 하자 첫 번째 조사에서는 87%가 지지했고, 두 번째는 92%, 세 번째는 91%나 지지한다는 결과가 나왔다. 여론조사에서 90%가 찬성했음은 절대적 지지를 보내는 것과 마찬가지이어서 자신감을 가지고 낙동강 70리 생태공원 조성 사업을 추진했다. 이 사업은 3년 뒤인 2006년 경상북도의 낙동강 프로젝트 사업과 연계되었고, 2008년 말 정부의 4대 강 살리기 사업 선도지구가 되기도 했다.

　정책 결정을 하려면 시민의 최대공약수를 찾아내야 한다. 특히 중요한 정책을 결정할 때는 한두 전문가의 의견에 따를 것이 아니라 여론조사를 통해 시민의 정확한 의중을 파악하는 데 최선을 다해야 한다.

관선이 바람직한가? 민선이 바람직한가?

　"민선 단체장들이 표나 의식하고 자기 낯이나 내려는 일에만 혈안이 되어 있으니 이래서야 지방자치가 어디 제대로 되겠습니까?"

　선거의 폐단을 지적하는 사람들 가운데에는 표만 의식한 민선 단체장들의 볼썽사나운 행동이 보기 싫어서 관선 체제로 돌아가야 한다고 과격한 주장을 하는 사람들이 있다.

　얼마 전 오찬장에서 만난 지역의 한 유지도 도지사가 있는 자리에서 이런 논리를 편 적이 있었다. 내게도 "민선이 바람직한지 관선이 바람직한지 궁금하다"면서 이따금 의견을 물어보는 사람들이 있다.

　"관선 군수와 민선 시장 두 가지를 다 경험해 보았으니 장단점을 정확히 알고 있을 것 아니냐?"며 이런 질문을 던지는 것이다. 나는 1992년 고향 안동에서 관선 군수를 역임한 바 있고, 그 뒤 10년이 지난 2002년부터 민선 시장이 되어 현재까지 안동시장을 하고 있다.

관선 시절 군수의 권위란 외형적인 모습일 뿐이고 내막을 들여다보면 하루 종일 상부의 지시를 받는다고 해도 과언이 아니었다. 내무부로부터의 공문 지시, 행정 지시, 도로부터는 도지사를 비롯하여 부지사, 내무국장, 지방과장까지 수많은 지시들이 내려온다. 정치권으로부터는 협조성 지시도 내려온다. 이런 수많은 지시들을 받아 저녁에 참모들이 회의를 하고, 다음날 아침에는 지시사항 전달 회의를 한다.

지시는 군수만 받는 것이 아니다. 부군수도 받고 내무과장도 받는다. 이렇게 받은 지시사항은 대통령카드, 장관카드, 도지사카드 등으로 분류해 놓고, 지시를 이행한 것은 매일 정리해서 상부에 보고했다.

관선 행정의 틀은 상부로부터의 지시사항을 실천하는 데 급급한 것이 기본속성이다. 거기다가 관선 단체장은 내무부 장관의 추천에 의해서 대통령이 임명하고, 단체장의 전보는 도지사 추천에 의해 내무부 장관이 발령한다. 이처럼 관선 단체장의 승진과 전보는 상부기관이 쥐고 있어서 단체장들은 위만 쳐다보고 상부의 지시만 성실히 수행해도 입신양명할 수 있었다.

민선 시대가 열리자 상황은 180도 달라졌다. 민선 단체장에게 상부로부터 걸려오는 지시 전화는 없다. 상급기관인 행정안전부로부터는 더욱 없고 청와대로부터의 전화는 아예 없다. 오히려 민선 단체장이 도에 전화를 걸면 상대방이 "무슨 일로 전화했느냐?"며 의아해한다. 그래서 "지역에 신경을 많이 써줘서 고마운 마음에 전화를 드렸다. 앞으로도 많은 지도편달을 바란다"고 자세를 낮추면 "알아서 잘하시는데 뭘……" 하면서 어색한 침묵이 흐르다 전화가 끊어지고 만다.

민선 단체장들은 지역 주민에 의해 당선되었기 때문에 주민들의 욕구를 실현해야 할 책임과 의무가 있다. 그러므로 단체장들은 지역 주민들의 요구사항을 들어주기 위해 상급기관인 도나 중앙정부에 재정적 지원을 요청하거나 지역 현안을 해결할 수 있도록 시책을 추진해 달라고 끊임없이 부탁한다.

반면 중앙정부는 국가의 통합성과 통일성을 유지하기 위해 집권자의 통치 이념과 정책 이념을 실현하려고 하지만 자치단체장들은 이에 별 관심이 없다.

그래서 나온 방법이 경쟁적 관계를 유도해서 자치단체의 역량을 높이는 동시에 중앙정부의 의중을 파악하고 도움을 요청하는 것으로, 이런 패턴으로 행정 체제가 점차 바뀌어가고 있다. 이런 과정에서 자치단체 간의 치열한 경쟁이 시작되면서 '용역'이라는 분야가 활성화되고 있다. 타 자치단체와의 경쟁에서 이기려면 자체적인 한계를 극복하기 위해 용역의 힘을 빌리지 않을 수 없는 것이다. 경북만 해도 23개 시군과의 경쟁에서 우위를 확보하려면 사업 내용도 좋아야 하지만 서류를 올리면서 주변 사람들에게 협조 요청도 잘해야 한다. 중앙정부에 올라가서도 첫째는 실력이 있어야 하지만 중앙정부의 인맥도 동원해야 하고 때에 따라서는 장관에게 읍소泣訴도 해야 한다.

결론적으로 관선 체제가 상부에서 내려오는 정책이나 지시를 실천하는 데 급급했다면 민선 자치는 지방과 주민의 욕구를 충족시키기 위해

도나 중앙정부에 도움을 요청하는 데 중점을 두고 있다는 점이 다르다고 할 수 있다.

그렇다면 어느 것이 더 바람직한 것일까? 민선 단체장을 뽑는 선거에는 다소의 폐단이 있을 수 있다. 그러나 행정의 목적이 주민들의 삶의 질을 향상시키는 데 있다면 주민의 가려운 곳을 긁어주고 주민 자치를 실현하는 민선 자치를 통해 지금은 풀뿌리 민주주의의 찬란한 꽃을 피워야 할 때라고 본다.

중앙정부와 자치단체, 그리고 구심력과 원심력

롤러코스터를 타면 높이 올라간 열차는 레일을 따라 나선형으로 빙글빙글 돌다가 거꾸로도 한 바퀴씩 돌곤 한다. 그런데 사람이 거꾸로 매달려 있는데도 아래로 떨어지지 않고 밖으로도 튕겨나가지 않는 것은 구심력求心力과 원심력遠心力의 원리가 작용하기 때문이다. 구심력은 중심을 향하는 힘을, 원심력은 중심에서 멀어지려는 힘을 일컫는 말이다.

이 같은 원리는 조직에도 적용된다. 중앙정부나 지자체에도 각각의 중심이 있고, 그 중심을 기준으로 조직의 활동이 이루어진다. 조직의 활동은 구심력과 원심력이 절묘하게 조화를 이루면서 중앙정부와 지자체 사이의 상생관계를 형성한다.

중앙정부가 가지고 있는 구심력과 지방자치단체가 가지고 있는 원심력은 상호작용을 한다. 이때에 구심력과 원심력이 원을 그리면서 조화를 이루면 모양새가 좋아진다. 그러나 자치단체의 튀어나가려는 원심력이 너무 강하면 궤도를 이탈해 파행으로 치닫게 되고, 반대로 중앙정부의 구심력이 너무 강하면 하나로 통합이 된다.

구심력과 원심력은 국제 정세와도 밀접한 상관관계가 있다. 평화가 아닌 '전시 체제' 등의 국가 위기가 오면 중앙집권은 강화되고 지방자치는 약화된다.

국가 간의 전쟁이 벌어지는 전시 상태가 되면 지방자치와 지방의회의 기능은 약화된다. 이때에는 힘의 논리가 지배하기 때문에 남성 중심의 사회가 된다. 반면에 평화 상태가 유지되면 중앙정부보다 지방자치와 지방의회의 기능이 강화되면서 지방의 목소리가 커지고, 여성의 목소리도 커지게 된다.

북한의 위협이 상존하고 있는 가운데에도 한반도 평화가 60년이나 지속되고 있다는 것은 불행 중 다행이 아닐 수 없다. 덕분에 한국은 경제발전도 이루면서 지방자치도 활짝 꽃을 피우고 있다.

중앙정부와 지방자치의 역할은 엄연히 다르다. 주민의 삶이나 지역에 관련된 일들은 현장에서 이루어져야 한다. 따라서 지방자치는 빠르고 신속하게 주민의 욕구를 충족시켜 주어야 하고, 중앙정부는 국방, 외교, 안보 등 국가의 건강과 환경, 위해 요소 제거, 안전 관리에 중점을 두어야 한다.

이렇듯 국제 정세와 국가 안보가 안정이 되면 주민 직선에 의해 대표자를 선출하는 것이 바람직하다. 반면에 국제 정세와 국가 안보가 불안해지면 지방자치는 근본적으로 재검토가 되어야 한다.

구심력과 원심력의 순서가 뒤바뀌면 사회 질서도 무너진다. 구심력과 원심력의 조화는 조직을 위한 조화이자 모두 함께 살기 위한 상생 相生의 방책이기도 하다.

자치단체장은 CEO인가 아닌가?

CEOChief Executive Officer란 회사나 단체, 정부 부처의 총체적인 경영을 책임지는 가장 높은 위치에 있는 경영자를 일컫는 말이다.

CEO는 옳고 그른 것 중에서 하나를 선택을 하는 자리가 아니다. CEO는 옳고 옳은 것 가운데에서 최선의 해법을 찾아야 하는 외로운 자리이다. 그런데 이런 CEO의 개념을 우리나라에서는 잘못 이해하고 있는 것이 아닌가 하는 생각이 들 때가 종종 있다.

기업인들은 CEO라는 용어를 자랑스럽게 즐겨 쓰는 반면, 정부 관료나 행정가들은 CEO라는 표현을 잘 쓰지 않고 있다. CEO의 개념도 어색하거나 맞지 않는 것처럼 생각하는 경향이 있다. 나 역시도 예외는 아니었다.

그런데 2007년 호주에서 열린 세계역사도시총회에 참석했다가 이에 대한 의문을 풀 수 있었다. 호주에 가면 가는 곳마다 부시장실 앞에 CEO

라고 써 붙여 놓았는데 이는 '공적으로 수행하는 사람의 우두머리'라는 의미로 사용되고 있었다.

한 번은 호주의 한 행사장에 갔더니 시장과 부시장이 나란히 참석했는데 시장이 의례적인 인사를 한 뒤 "지금부터 우리 시의 CEO인 부시장이 설명할 것"이라고 부시장을 소개하는 것이었다.

이처럼 외국에서는 행정가들도 CEO라는 말을 즐겨 쓴다. 그런데 한국에서는 기업 경영의 이익을 창출하는 기업인 대표에게만 사용하는 것으로만 이해하고 있다. 지역의 살림살이를 맡은 최고 책임자는 그 지역의 자원, 환경, 인재를 총괄하는 종합예술성을 다 갖춘 CEO인 것이다.

그러나 이제는 CEO 시대가 퇴조하고 CLO Chief Learning Officer 시대가 열리고 있다. 즉, 누가 더 많은 새로운 정보를 학습하고 체득하느냐가 관건인 관리자 자질 시대가 시작되었다는 의미이다. 이제 자치단체장들은 한 송이 꽃을 피우기 위해서 힘과 노력과 자원을 총괄할 수 있는 종합행정의 예술성을 갖춰야 한다. 아울러 이 꽃은 1년 살이 꽃이나 10년 살이 꽃이 아닌, 적어도 1,000년을 내다볼 수 있는 꽃이어야 한다. 1,000년 뒤에 후손들에게 잘 길러놓은 꽃을 보여주려면 먹고살아야 할 경제적 가치인 100년의 주춧돌을 놓고, 정신적 가치인 미래 1,000년의 꿈을 그릴 수 있어야 한다.

그러기 위해서는 땅이 있어야 하고, 거름이 있어야 하고, 가꾸는 정성이라는 세 박자를 구비해야 한다.

공무원은 균형 감각을 길러야

행정공무원으로 사회에 첫발을 내디딘 이래 나는 군, 시, 도, 중앙정부, 청와대, 이북 5도청까지 전 행정을 섭렵했다. 이렇게 시군에서부터 청와대에 이르기까지 골고루 다 근무를 해보니 행정 조직의 속성들을 전체적으로 파악할 수 있게 되었다.

그와 동시에 내가 하는 일들이 옳은지, 옳지 않은지에 대한 가치 판단도 수월해졌고, 사안이 발생할 때마다 행정의 맥도 정확하게 짚을 수 있게 되었다.

2002년 태풍 '루사'와 2003년 태풍 '매미'가 한반도를 강타했을 때 안동에서도 시뻘건 흙탕물이 내려오는 등 난리가 났었다. 그 무렵 댐을 짓는 일은 건설교통부에서 하고 물을 관리하는 일은 환경부가 맡아 했다.

그런데 흙탕물이 상상을 초월할 정도로 심하게 내려오자 이것이 건설교통부 책임이냐, 환경부 책임이냐를 놓고 설전이 벌어졌다. 중앙정부를 찾아가면 환경부는 건설교통부에게, 건설교통부는 환경부에게 서로 책임을 전가했다.

제주도 세미나 현장에서 나는 당시 건설부 장관과 30분 동안 논쟁을 하면서 "지역에서는 똥물을 먹고 있는데 중앙정부의 최고 결정권자인 장관이 현장에 와보지도 않고 앉아서 지시만 내린다"며 화를 내는 바람에 동석했던 건설교통국장이 좌불안석이 된 적이 있었다.

이 일이 있은 직후 나는 중앙부처의 실무담당자들을 찾아가 물 관리 대책 비용으로 2,331억 원을 지원받아 취수장 사업에 145억 원을 사용하는 등 지금도 안동 지역의 물 관리 대책 비용으로 요긴하게 활용하고 있다. 이렇게 많은 물 관리 대책 비용을 받을 수 있었던 것은 시군에서부터 청와대에 이르기까지 골고루 근무를 해보아서 어느 부서와 이야기를 하면 되는지 정확히 맥을 짚을 수 있었던 덕분이었다.

대기업은 창업 2세들에게 경영 수업을 할 때 먼저 현장에서 세일즈를 통해 고객 심리를 파악하도록 한다. 두 번째로는 창고 관리를 맡겨 물건이 나가고 들어오는 재고를 파악시킨다. 그런 다음 기획조정실에 근무하는 훈련 과정을 거치고 있다.

이와 마찬가지로 공무원들도 골고루 근무를 해보아야 균형 감각이 생기면서 중앙정부의 정책 의지와 지방정부의 실상을 이해하게 된다. 이렇게 정책 결정자는 지역에서 근무를 해보고 지방의 실정을 알아야 하며, 반대로 지방의 책임자도 정책 형성 과정을 알아야 할 필요가 있다. 다시 말해서 중앙은 지방의 실정을 알아야 하고, 지방은 중앙정부의 실정을 알아야 하는 것이다.

고시에 합격한 공무원에게 첫 보직으로 부읍장을 주었다가, 동장을 해보게 하고, 시군 과장 두 군데에서 경험을 쌓게 한 뒤에 도청으로 발령을 내면 읍·면·동 실정을 알고, 시·군 실정도 잘 아는 공직자가 된다.

그중 가장 유능한 사람을 중앙정부에 앉히면 읍·면·동, 시·군·도의 실정을 모두 파악하고 있으니 정책의 오류도 없어지게 되는 것이다. 이런 맥락에서 나는 지방고시제도 도입의 필요성을 강조하며 주역을 맡은 일도 있었다.

바쁜 모내기 철에 '매주 수요일은 체력 건강의 날'이라면서 등산 지시를 하거나, 이재민 대책을 세워야 하는데 테니스를 치라고 공문을 내려보내는 것은 균형 감각이 없기 때문에 벌어지는 해프닝들이다.

중앙정부의 획일적인 발상은 대단히 위험하다. 판사가 재판을 해도 정황과 사정을 고려해야 하는 것처럼 중앙정부도 정책을 입안하려면 그 지역만이 갖고 있는 특색과 지역 실정을 정확히 알아야 한다. 각 분야를 골고루 경험한 공무원이 중앙정부의 정책을 입안하는 자리에 앉고, 지방은 나름대로 중앙의 정책 의지를 이해할 수 있을 때, 중앙과 지방은 구심력과 원심력이 작용하는 가운데 올바른 통합 시책을 추진할 수 있을 것이다.

공무원의 길, 선거의 길

민선 자치가 시작된 뒤로 공무원 출신이 자치단체장에 도전하는 사례가 많아지고 있다. 나 역시 공무원 출신이어서 선거에는 문외한이었다. 막상 도전해 보니 공무원의 길과 선거의 길은 전혀 다르다는 사실을 새삼 절감했다.

공직자들, 특히 고위 공직에 있었던 공무원들은 자신들의 권위가 표로 이어질 것이라 생각하고 도전하는 경우가 많다. 그러나 이는 대단히 위험한 생각이다. 실제로 경북 지역에서는 국무총리까지 하신 분이 국회의원에 도전했다가 제자였던 변호사에게 무너지고, 대통령 비서실장과 법무장관까지 지낸 분이 검찰 사무관에게 낙마한 일도 있다. 이는 유권자들이 후보자들의 권위를 그대로 인정하지 않는다는 것을 보여주는 사례이다.

자동차 운전면허를 취득한 뒤에 운전을 해보면 평소에 걸어 다니던 길도 모두 새롭게 보이므로 자동차 길을 하나하나 새로 익혀야 한다. 선거에 출마하는 공직자들은 지역 주민과 동고동락하겠다는 마음가짐으로 정신무장을 해야 한다. 이런 자세를 갖추지 않는다면 득표 전략은 한계에 부딪칠 수밖에 없다.

선거에 처음 도전하는 공무원이라면 선출직 선배 공직자들에게 자문을 구하는 것이 가장 좋다. 선거자금의 경우, 갑부가 아니면 차라리 돈이 하나도 없는 편이 낫다. 어정쩡하게 돈을 가지고 있으면 돈도 잃고 위험한 상황에 빠지기 쉽다. 반면에 가진 게 없으면 잃을 것이 없으니 발품을 팔아가며 표밭 다지기에만 전념할 수 있다. 앞으로의 모든 선거에는 돈을 쓰지 않겠다고 다짐하는 사람들만이 참여해야 하며, 선거는 그런 후보들이 실력과 비전을 겨루는 장이 되어야 한다.

"그 누가 불러도 갈 수 없어요"

안동 시민들은 누구든 매월 14일 안동시청에 들어와서 면담을 신청하면 시장과 대화를 나눌 수 있다. 나는 매월 14일은 무슨 일이 있어도 시장실을 비우지 않는다. 결재도 하지 않는다. 이날은 오로지 민원인들만 만난다. 그 누가 오라고 해도 이날은 자리를 뜰 수 없다.

민원인들은 이날 나를 만나 살아가면서 어려웠던 일, 억울했던 일, 그리고 지역의 생활민원, 제도 개선을 비롯해서 이루 말할 수 없는 이야기들을 하염없이 쏟아낸다.

내가 특정 날짜를 정해놓고 주민들과 직접 대화를 하게 된 동기는 이렇다. 민선 시장으로 취임하고 6개월쯤 지나자 만나자는 사람들이 너무 많아 요청을 모두 들어줄 수가 없었다. 나를 만나겠다는 사람들이 헛걸음하는 것을 보면서 이래서는 안 되겠다는 생각이 들어 한 달에 하루 아예 날을 잡아서 민원인을 만나기로 했다.

서양에서 14일이 연인들의 기념일로 되어 있는 것에 착안해 날짜를 14일로 정했다. 여성이 좋아하는 남성에게 초콜릿을 주는 밸런타인데이(2월 14일)나, 초콜릿을 받은 남성이 보답으로 여성에게 선물을 주는 화이트데이(3월 14일)는 꽤나 유명하다. 이외에 블랙데이(4월 14일)와 로즈데이(5월 14일) 등 다양한 데이 Day도 14일에 잡혀 있다.

이에 시민의 고민과 고충을 해소하는 날을 만들자는 생각을 하게 되었다. 매월 14일을 안동 시민과의 대화의 날로 설정하고 안동시 달력에 표

시민과의 대화의 날, 민원인들을 만나 이야기를 귀담아 듣는 김휘동 안동시장

시까지 해놓았기에 주민들도 이날은 시장을 만나는 날로 알고 있다.

매달 14일이 되면 시장실 앞은 시장을 만나려는 시민들로 북적인다. 이들은 은행이나 약국에서 기다리는 것처럼 번호표를 받고 순서를 기다린다. 그러면 실무진들은 효율적인 대화를 위해 민원성이 있는 것은 미리미리 내용을 듣고 정리 요약해서 내게 전해준다.

하지만 제도라는 것은 항상 장단점이 있기 마련이다. 민원인과의 대화만 해도 그렇다. 억지스러운 민원을 참을성 있게 듣고 있자면 나 역시 괴로울 때가 한두 번이 아니다. 2007년 8월 14일에는 너무나 많은 집단성 민원에 시달렸다. 그날 밤은 잠을 이룰 수 없을 정도로 왼쪽 눈알이 아파오고 앞이 보이지 않았다. 다음날 안과에 갔더니 급성 녹내장으로 실명 직전이라는 진단을 받아 응급수술을 받기까지 했다.

민원인과의 대화의 날을 운영하면서 나는 내가 미처 느끼지 못했던, 민초民草들의 아픔과 애환을 접한다. 때로는 자세히 들어줄 수 없는, 누구에게 호소할 길 없는 개인적인 일들도 그분들에게는 하나하나가 아픔이고 중요한 삶의 일부라는 생각에 끝까지 듣고, 매듭을 풀고, 고통을 해소해 주려고 노력하고 있다.

2003년 2월부터 시민과의 대화의 날을 운영하기 시작해서 지금까지 한 번도 빠지지 않고 78차례에 걸쳐 시민들을 만나왔다. 2009년 9월 말 현재까지 모두 4,701명의 시민들을 만나서 대화를 나눴고, 이들로부터 접수한 민원 1,533건 중 1,046건을 처리했으며, 341건은 검토 중에 있다.

시민과의 대화의 날 운영은 내가 시도한 제도 중에서 가장 좋은 시책 가운데 하나라고 확신한다. 나는 시장을 만나겠다는 사람은 모두 만나는 것이 시장이 해야 할 근본적인 의무라고 생각한다.

내가 생각하는 바람직한 공무원

어떻게 하면 공직생활을 잘할 수 있을까. 30년 넘게 공직에 있으면서 나는 10여 기관에서 30여 부서의 보직을 거치면서 실무자 역할도 해보고, 책임자로서도 근무해 보았다.

바람직한 공무원의 자세가 무엇이냐고 내게 묻는다면, 첫 번째로 남보다 30분 먼저 출근하고 30분 늦게 퇴근하는 성실성을 꼽고 싶다.

공무원으로서 가장 기본적인 이런 습관을 생활화하다 보면 이것이 그 사람의 이미지로 정착되고, 주변 사람들에게는 성실한 사람으로 각인된다. 이를 뒤집어서 해석하면 그만큼 조직을 위해 희생할 줄 아는 사람으로 상사들의 인정을 받게 된다.

둘째, 남보다 빨리 정보를 습득해야 한다. 가장 빠른 정보는 신문에서 찾아야 한다. 아울러 적어도 한 달에 월간지나 신간 한두 권 정도는 반드시 읽는 습관을 들여야 한다. 최소한 중앙에서 발행되는 월간지 한 권은 반드시 정독을 하고, 신간으로 나오는 책들은 서점에 들러 서문과 결론 정도는 훑어보아야 번뜩이는 참신한 아이디어를 찾아낼 수 있다. 남들이 써먹지 않는 용어를 활용하면 아이디어가 많다는 인상을 주게 되고,

이는 곧 자신의 주특기가 될 수 있다.

셋째, '인사는 최선보다 차선을 선택하는 사람이 되라'고 당부하고 싶다. 인사를 하다 보면 최선을 선택하는 사람은 항상 적이 많고, 많은 사람들로부터 경계의 대상이 된다. 당장은 빨리 승진되었다고 좋아할지 모르나 더 어려움에 부딪칠 수 있다는 이야기다. 반면에 차선을 선택하면 사람들의 박수를 받고, 조직의 신망을 얻게 된다. 개인적으로 보았을 때에도 길게 보면 그것이 인생을 살아가는 데 도움이 되기 때문에 공직 사회에서도 큰 힘을 발휘하게 된다.

공직의 길은 무엇보다도 정도正道와 청빈淸貧의 길을 걸어야 하는 처절한 자기와의 싸움이므로 때에 따라서는 수많은 유혹과 덫을 물리치는 초인적인 힘도 발휘해야 한다.

행정용어를 스토리텔링하라

스토리텔링Storytelling이란 이야기를 통해 원하는 정보를 효율적으로 전달하는 것이다. 마케팅 기법의 한 형태인 스토리텔링이란 용어는 최근에 사회 각 분야에서 자연스럽게 쓰이면서 널리 확대되는 양상을 보이고 있다.

지금은 정보를 갖고 있다는 것만으로는 차별화가 되지 않는다. 정보에 생명력을 불어넣어야 차별화가 되고, 재미있는 이야깃거리를 만들어야 날개를 펴고 날아다닐 수 있다. 이 점은 행정도 마찬가지다.

종전에 관행처럼 쓰던 행정용어들도 부르기 쉽고 알기 쉬운 용어로 바꾸어야 주민과 공감대를 형성해 나갈 수 있다. 옛날에 모 정부 관료가 소득의 승수 효과를 '복차소득'이라 표현하고, '창조'라고 써야 할 것을 '창발'이라는 말을 써서 웃음의 대상이 된 적이 있다. 주민을 위해 일하는 공무원들은 구태의연한 과거의 행정용어에 집착하지 말고, 새로운 용어를 창출하기 위해 끊임없이 노력해야 한다.

나는 행정기관에 근무하는 동안 행정용어를 쉬운 말로 많이 바꾸어 사용했다. 경북도청에서 농정국장으로 근무하던 시절에는 'M9사과', 또는 '신 경북형사과'라는 명칭이 너무 어렵다는 생각이 들어서 '키 작은 사과나무'라고 이름을 바꿔서 부르도록 했는데 그것이 선풍적인 인기를 얻었으며 지금도 그렇게 부르고 있다.

벼농사에서 제일 어려운 과정은 못자리다. 나는 모 싹을 틔우는 방법을 온실 속에서 실용화하는 데 몰두하여 성공한 뒤에 그 명칭을 '벼 육묘 공장'이라고 부르도록 했다.

'내수면사업소'도 그 명칭의 뜻을 이해하기가 힘들어 사람들은 그곳에서 무엇을 하는지조차도 몰랐다. 그런데 이를 '민물고기 연구센터'로 바꾸자고 제안하여 명칭을 바꾼 뒤로 초등학교와 중학교 학생들이 이곳을 견학하려고 구름같이 몰려들었다. 지금은 '민물고기 생태체험센터'로 명칭이 또 바뀌었다.

'복합화력발전소'라는 말도 "뜨겁고 무시무시한 느낌을 주니 차라리

‘천연가스발전소’라고 하면 어떻겠느냐?”고 건의하여 남부발전소 산하 발전소 이름을 모두 ‘천연가스발전소’로 바꾼 적이 있다.

이름이나 명칭은 부르기 쉽고 와 닿는 편안한 것으로 정해야 한다. 안동에서 추진하는 국책 사업도 처음에는 ‘생물건강산업화사업’으로 정했었다. 이 명칭이 어려워 ‘바이오 산업’으로 바꾸자고 제안했는데 그 후 바이오 산업, 바이오 산업단지, 바이오 벤처플라자로 확대되었고, 이것이 국책 사업으로 인정받으면서 지역 성장 산업의 주축이 되고 경북의 브랜드화 된 시책 사업으로 자리 잡는 데 결정적 계기가 되었다.

이처럼 키 작은 사과나무, 민물고기 연구센터, 벼 육묘 공장, 바이오 산업, 천연가스발전소, ‘사이버 안동장터’ 등은 모두 내가 제안해서 새롭게 바꾼 명칭들로, 이것이 시책과 맞아떨어지고 대중성을 확보하면서 용어들은 한층 더 빛을 발할 수 있었다.

안동의 시정 슬로건도 처음에는 ‘꿈과 희망과 미래의 도시 안동’으로 정했지만 별 의미가 없다는 생각이 들었다. 그래서 안동이 갖고 있는 정체성을 문득 떠올리다 ‘한국정신문화의 수도 안동’으로 정하고 공감대 형성을 유도했다. 결국 안동 시민들이 자랑스럽게 생각하고, 자긍심을 갖게 된 시정 슬로건으로 정착될 수 있었다.

소나무처럼 푸르게, 바위처럼 변함없이

내 좌우명은 '송심암성松心岩性'이다. 나는 농촌에서 태어나 농촌에서 농사를 지으면서 학교에 다녔고, 마을을 둘러싼 산과 소나무, 그리고 바위와 숲을 보면서 어린 시절을 보냈다. 제대한 뒤에는 뒤늦게 대학에 입학해서 배고픔과 추위를 견디며 독학했다. 사회에 진출해서는 행정공무원이 되어 다양한 실무를 경험하고 행정의 노하우를 터득했다.

사회생활을 하다 보면 누구나 많은 고충과 어려움을 겪는다. 나는 그때마다 고향을 지켜주던 푸른 소나무와 우뚝 솟아 있는 바위의 변함없는 기개를 떠올렸다. 그리고 힘들고 어려울 때마다 고향을 지켜주던 푸른 소나무와 높은 산 위에 있던 바위를 떠올리면서 소나무처럼 푸르게, 바위처럼 변함없이 역경을 딛고 살아가겠노라 다짐했다.

나는 아호雅號도 앞의 첫 글자를 따서 '송암松岩'으로 정하고, 자연의 질서를 따르며 어떠한 악조건에서도 늘 푸른 소나무처럼, 변함없는 바위처럼 초지일관初志一貫하겠다는 의지를 다지고 또 다졌다.

한겨울 높은 산 위에 서 있는 눈 덮인 소나무를 바라보노라면 자연의 오묘함이 느껴졌고, 뭇 인간들에게 무한한 희열과 기쁨을 주는 소나무의 끈질긴 생명력과 자태야말로 이 세상 무엇과도 비길 수 없는 모습이 아닐까 생각했다.

소나무에 매료된 나는 1994년 한국일보 문화센터 제1기 사진과정을 이수한 뒤 카메라를 메고 산꼭대기의 바위에 있는 소나무를 찍기 위해 전국의 명산을 순회하기도 했다. 지금은 공직에 있기에 시간을 내기가 여의치 않다. 게다가 디지털 카메라가 등장하면서 아날로그 장비가 퇴색이 되자 덩달아 마음까지 퇴색되어 버린 느낌이다. 소나무 작품전은 하고 싶은데 시간은 없고, 결국 시도해 보지도 못하고 동경만 하다가 인생을 마치게 되는 것은 아닐까. 이를 하나의 숙명으로 받아들여야 하는 것은 아닐까.

비록 그렇다 하더라도 안동 시민에게 공약했던 약속만큼은 반드시 지켜나갈 생각이다. 사시사철 변함없이 늘 푸른 소나무처럼…….

김휘동 안동시장

1944년 10월 5일 출생(경상북도 안동)

학 력

1957.	안동 길송초등학교
1960.	경덕중학교
1963.	안동고등학교
1973.	명지대학교 행정학과(행정학학사)
1976.	연세대학교 행정대학원(행정학석사)
2000.	대구대학교 대학원 행정학과(행정학박사)

경 력

1992~1993.	경상북도 안동군 군수
1993~1994.	대통령비서실 행정관
1994~1996.	내무부 지방교부세과장, 사회진흥과장
1996~1997.	경상북도 경산시 부시장
1997~1999.	경상북도 농정국 국장(부이사관)
1999~2000.	경상북도 농정 · 농수산 · 자치행정국장
2000~2001.	경상북도 경제통상실 실장
2001.	경상북도의회 사무처장(부이사관)
2002~2006.	경상북도 안동시 시장
2006~	경상북도 안동시 시장
2006~	세계 탈 문화예술연맹 초대 회장
2006~	제3기 국가균형발전위원회 민간위원
2008.11~	대통령 소속 지방분권촉진위원회 위원

* 2001. 11. 6. 공무원 1급(지방관리관) 명예퇴직

상 훈

1980.	총무처 정부창안상
1980.	총무처 모범공무원
1986.	내무부장관상
1991.	녹조근정훈장
2001.	황조근정훈장
2005.	제5회 경북과학기술대상 진흥상
2006.	제2회 장한 한국인상 정치부문 수상

적극성으로 키워낸 새만금의 도시, 드림 허브 군산

개발을 통해 관광과 항만, 첨단과학이 어우러지는 21세기 최첨단 꿈의 공간으로 변모될 새만금

새만금 사업은 국민 삶의 질을 높여주기 위한
국가 백년대계의 정책적 사업이며, 지역 균형 발전을 위한 국책 사업이다.
무려 4대 정권을 거치며 19년 동안 엄청난 시련과 검토를 거쳐서 진행되어
온 간척(干拓) 역사의 파노라마이자 결정판이라고 할 수 있다.

군대에서 배운 두 가지 교훈

나는 4남 4녀 가운데 장남으로 태어났다. 누님 네 분이 있었지만 장남으로 태어났기에 부모님의 총애를 한껏 받으며 어린 시절을 보냈다. 우리 집은 곤궁한 편은 아니어서 어려운 시절에도 쌀밥은 먹고 지냈다. 그렇다고 부농도 아니어서 8남매의 학비를 충분히 다 댈 만큼 넉넉한 상황은 아니었다.

아버지는 한학을 공부하신 분이었다. 머리가 비상했던 아버지는 농사를 지으면서도 공부를 많이 하셨던 것 같다. 아버지께서 남기신 일기장을 펼치면 무학자無學者치고는 놀라울 정도로 박학다식함을 보여주는 글들을 접할 수 있다. 중학교 때 내 성적은 전교 4등을 할 만큼 좋았다. 그런데 고등학교 2학년 때 아버지께서 갑자기 세상을 떠나셨다. 나는 한동안 공황 상태에 빠져들었고, 마음의 공백이 컸던 탓에 많은 나날을 헛되이 보냈다.

그때부터 어머니는 홀로 8남매를 기르셨다. 일자리가 없었던 어머니는 날마다 채소를 내다 팔아 자식들의 학비를 보태셨다. 어머니는 내가 고등학교를 마칠 때까지 채소 행상을 계속 하셨는데 자식을 사랑하는 헌신적인 마음이 없었다면 하기 힘든 일이었을 것이다.

한창 공부에 전념해야 할 시기에 아버지께서 돌아가시자 나는 집중을 하지 못해 성적도 전체에서 중간 이상으로 올라서지를 못했다. 그땐 과외는 생각도 해볼 수 없던 시절이었다. 그런데 나에게 수학을 배웠던 친구 가운데 한 명은 첫해에 서울대에 합격했다. 반면에 나는 이듬해까지 두 번에 걸쳐 도전했으나 모두 실패했다.

그 뒤로 자진해서 입대했고, 부산으로 자대 배치를 받았다. 거기서 박정희 대통령 시절 문화공보부 장관까지 지냈던 홍종철 씨를 상사로 만났다. 훗날 그는 낚시터에서 실종되는 비운을 겪지만 나의 삶에는 많은 도움을 주셨다. 간부후보생 모집이 있을 때 장교 시험을 보라고 권유한 것도 그였다. 나의 공병장교 임관은 내 인생에서 첫 번째 전환점이었고, 장교생활을 하면서 터득한 여러 가지 건설 현장 실무는 그 뒤의 내 삶에 실질적인 보탬이 되었다.

성격도 매우 긍정적으로 바뀌었다. 장교생활을 하는 동안 소중한 것을 깨우쳤는데 첫째는 성실이고, 둘째는 책임의식이었다. 그리고 이 두 가지는 내 삶의 방향을 지탱해 주는 기초적인 습관으로 자리매김했다. 그 뒤로 어떤 역경이 닥쳐도 모든 것을 앞장서서 해결하려고 했지 뒤로 물러서 본 일이 없다. 이는 장교생활이 내게 가르쳐준 가장 큰 교훈이었다.

모든 것은 만나면 해결된다

제대 무렵인 67년부터 3년 동안 전라남도에는 극심한 가뭄이 닥쳤다. 사태가 심각해지자 청와대는 직속으로 지하수개발단을 설치했고, 나도 군복을 입은 채 참여했다.

한해旱害복구 사업이 어느 정도 마무리되었을 때 지하수개발단이 해체되고 지하수개발공사로 개편이 되었다. 한해복구 조직이 국영기업으로 새롭게 태동하는 순간이었다. 나도 동참하는 문제로 고민하다가 공병장교생활을 마무리하고 뒤늦게 지하수개발공사에 합류했다.

그 뒤 지하수개발공사는 농업진흥공사, 농어촌진흥공사로 변경이 되었고, 농지개량조합, 농지개량조합연합회, 농어촌진흥공사 등 세 기관이 농업기반공사로 통합되었다가 한국농촌공사를 거쳐 오늘날 명칭이 한국농어촌공사로 바뀌었다.

80년 2월 제주도 지역에 감사반장으로 출장을 갔을 때의 일이다. 토요일인지라 반원들이 모두 업무를 일찍 끝내고 뭍으로 빠져나가는 바람에 혼자만 남게 되었다. 딱히 할 일도 없어서 제주도에서 알게 된 사람과 바람도 쒤 겸 '어승생' 부근에 있는 오래된 고찰을 찾아 나섰다. 그곳에서 만난 스님은 아무 말 없이 한동안 나를 보더니 '인연지사因緣之事'라는 휘호揮毫를 써주는 것이었다.

'모든 문제는 만나야 해결이 된다. 인연은 만나야 이루어진다'는 뜻이 담긴 말이었다. 부처가 전생, 이승, 그리고 저승 등 삼세三世에 대한 가르

문동신 군산시장의 삶에 적극성을 가져다준 '인연지사' 휘호가 쓰인 족자

침을 주지 않았다면 인연이란 말은 어쩌면 무의미했을지도 모를 일이다. 인연이 없었다면 나를 낳아준 부모나 형제자매, 그리고 이웃들도 없었을 것이라고 생각하니 부처님의 가르침에 저절로 고개가 숙여졌다. 사실 생각해 보면 살아가는 동안 내가 보다 적극적인 사고를 갖게 된 것도 이 휘호를 받고부터였던 것 같다.

한때 나는 '시골이장'이라는 놀림을 받은 적이 있다. 그런데 '1980년 2월 16일' 날짜가 선명하게 찍힌, 새카맣고 색이 바랠대로 다 바랜 '인연지사'라는 족자의 글씨를 볼 때마다 모든 면에서 적극적으로 살려고 노력했다. 그런 면에서 인연지사는 내 인생에 있어서 두 번째로 전환점을 가져다준 의미 있는 휘호다. 인간이 서로의 존재와 가치를 평가하고 논의하며 대화를 나누는 만남의 공간은 모두 인연지사라고 할 수 있다.

그 뒤로 나는 어려움이 있을 때마다 사람을 직접 만나서 해결하는 습관을 갖게 되었다. 또한 아무리 위급한 상황이 닥쳐도 먼저 현장에 도착하여 사태를 해결하려고 했지 직원들만 내보내지 않았다.

내 삶에 있어서 한 획을 그었던 '직도 사격장' 허가 문제를 처리할 때

에도 그랬고, '화옹지구'나 '새만금 사업'을 추진할 때에도 마찬가지였
다. 누구보다도 먼저 현장으로 나가 뒤로 물러서지 않고 당당하게 행동
할 수 있었던 것도 인연지사의 교훈을 깨우친 덕분이었다.

농어촌공사 직원에서 사장이 되기까지

나는 한 직장에서 한 우물을 판 사람이다. 공기업의 평직원에서 시작
해 한 단계 한 단계 승진을 거듭하여 사장까지 올라간 것도 처음일 것이
고, 두 분의 대통령을 모시면서 사장을 두 번씩 한 것도 처음일 것이다.

나는 기획실장, 이사, 그리고 부사장을 거쳐 김영삼 정부 말기인 97년
7월 농업기반공사 사장으로 임명되었고 김대중 정부 때에도 두 차례에
걸쳐 5년 반 동안 사장을 연임했다. 이 기간 동안 124개의 농지개량조
합, 농지개량조합연합회, 그리고 농어촌진흥공사 등 세 기관을 농업기
반공사로 통합하고, 노동조합도 통합시켰다. 이러한 노력을 인정받아
우리나라 경영 관련 상賞도 거의 다 받다시피 했다.

사람들은 이런 내 모습을 보고 "경영의 노하우가 무척 많을 것 같다"
면서 비결을 물어보곤 한다. 딱히 내세울 것은 없지만 굳이 든다면 군에
서 배운 성실성과 내가 맡은 일은 반드시 책임진다는 정신을 생활화한
것이 좋은 결과를 가져온 것 같다.

여기에 덧붙인다면 나는 직장을 다니는 동안 '경상도, 충청도, 전라

도'라는 도(道)간 파벌에 휘말려본 일이 없고, CEO가 된 이후에도 파벌인 사를 하지 않았는데 이것이 사장에까지 오른 비결일 수도 있다.

나는 지역세를 키운 적이 없다. 물론 순간순간에 있었을지는 모르겠다. 그러나 내가 이에 주도적으로 개입한다든가 좌고우면한 적은 결단코 없었다. 내가 가장 싫어하는 두 가지는 금전수수와 파벌을 조성하는 행위다. 사람은 능력에 따라 일을 잘할 수 있고 못할 수도 있다. 그러나 금전을 받았거나 파벌을 조성하는 행위가 발각되면 단호하게 대처했다. 이는 군산시장을 하고 있는 지금도 마찬가지이다.

이런 생각 때문에 시장에 취임했을 때에도 업무상 금전수수를 하는 행위는 용납하지 않았으며, 나를 도와준 참모들을 비서진으로 데려오지도 않았다. 개인이든 기업이든 국가 조직이든 개선(凱旋) 조직원들이 조직을 장악하면 기존 조직원들 사이에 위화감이 생기고, 이렇게 되면 직원들의 쓴소리를 듣기도 어렵게 된다.

외부에서 영입한 비서실장에게 '이거 좀 챙겨봐라' 하고 지시를 내리면 그는 어디로 연락해야 할지 몰라 헤맬 것이고 결국은 시정을 파악하는 데에만도 오랜 시간이 걸릴 수 있다. 농어촌공사에 있을 때에도 이런 경험을 해보았기에 군산시장이 된 뒤에도 본인들이 요구하기 전에는 비서실 직원을 바꿔본 일이 없다. 이는 행정의 연속성을 위해서도 바람직하다고 본다.

농민 학정의 대명사, 수세를 폐지하다

‘수세水稅’란 말 그대로 ‘물 값’이다. 이는 댐과 저수지, 수로 등 수리 시설 건설과 관리 유지, 그리고 조합 직원의 인건비를 해결하기 위한 세금이다. 과거에 일 년에 한 번 부과되었던 수세는 벼를 현물로 내는 것이 아니라 돈으로 환산해서 현금으로 냈다.

수세는 경작 면적에 따라 부과되었으므로 농가 부담이 컸다. 반면에 거둬들인 거액의 수세는 농민을 위해서 다 쓰이지 않아 농민들의 불만이 많았다. 당시 전국에서 거둬들인 수세는 연간 300억 원에 달했다.

녹두장군 전봉준도 동학혁명을 일으켰을 때 수세의 폐지를 요구했는데 돌아가신 김대중 대통령도 이와 비슷한 생각을 갖고 있었던 것 같다. 농업기반공사 사장 시절 김성훈 농림부 장관으로부터 대통령의 이 같은 의중을 전달받고 농민들에게 걷던 300억 원의 수세는 기획재정부에서 정부 지원을 받기로 하고 완전히 폐지시켰다.

지금 생각해 보면 수혜자 부담의 원리로 봤을 때 수도요금은 받으면서 수세를 받지 않는다는 것은 논리적으로 형평성의 문제가 있었다. 그러나 우리 농업 구조가 너무 취약했기 때문에 농민의 요구를 적극적으로 들어주었던 것이다.

농지개량조합, 농지개량조합연합회, 농어촌진흥공사 등 세 기관을 농업기반공사로 통합하는 과정에서 반발도 극심했었다. 농지개량조합장 124명과 해당 지역구 국회의원을 포함한 248명은 “통합입법을 추진하면 가만 두지 않겠다”면서 강력하게 반발했다. 그 바람에 국회의원들과 도 대립각을 세워야 했다.

'국민의 정부'를 표방한 김대중 대통령은 금융, 기업, 공공, 노동 부문 의 4대 개혁과제를 추진했는데 특히 공공부문의 개혁은 성공적이었다고 판단한다. 김대중 대통령은 농지개량조합들이 공사 입찰을 할 때 95% 이상 낙찰이 되는 것은 부조리 때문이라고 판단했고, 이것이 농지개량 조합을 통합한 중요한 배경이었다.

농업 인구는 줄어드는데 농업 조직은 늘어나는 불합리한 현상과 더불 어 수세를 받는 것도 통합을 자극한 요인이 되었다. 결국 관련 법안이 제 출되고 99년도에 해당 법이 통과되면서 나는 그해 가을 통합을 주도적 으로 이끌어나갔다. 입법에서 통합에 이르는 전 과정에 깊숙이 관여했 던 나로서는 그때가 직장생활을 하는 동안 가장 어렵고 힘든 시기였다.

통합을 하면서 직원들을 9,300명에서 7,000명으로 줄일 때에는 한국 노총과 민주노총까지 합세하여 격렬한 파업을 일으켰지만 역경을 극복 하며 추진한 결과, 통합을 성공적으로 이끌어낼 수 있었다.

태어나서 딱 두 번 눈물을 흘린 사연

미국 대통령들은 퇴직하면 현직 대통령에게 '감 놓아라, 배 놓아라' 하지 않는다. 그들은 퇴직한 뒤에도 훌륭한 일들을 많이 한다. 최근에는

클린턴 전 대통령이 방북 특사로 북한을 방문하면서 여기자 두 명을 석
방시켜서 미국 국민들의 자긍심을 높여주기도 했다.

반면 우리나라 역대 대통령들은 현직 대통령에게 불필요한 말과 행동
으로 간섭을 하여 국민들의 빈축을 사는 일이 잦다. 이런 기억 때문에 나
도 직장에서 퇴직하면 후배들에게 부담을 주는 일은 하지 않겠다고 다
짐하곤 했었다.

2002년 말 사장 임기가 만료되면서 정든 직장을 떠났다. 그러자 국내
업체 랭킹 50위권에 속하는 두 개의 1군 업체들이 내게 고문직 제의를
해왔다. 조건은 너무 좋았지만 나 하나 편하자고 후배들을 괴롭히기 싫
어서 '능력이 부족해 맡을 수 없다'는 핑계로 정중하게 거절했다.

새만금 사업이 중단되고 6년 동안 환경단체와 격론을 벌여 논쟁에서
이겼을 때에 군산대학이 내게 명예 경영학 박사학위를 수여한 일이 있
다. 여전히 배움에 대한 미련이 컸던 나는 사장직에서 물러난 뒤 제대로
공부를 해보려고 중앙대학교 대학원 경제학과 박사과정에 등록했다. 법
학에 이어 경영학 석사를 마치고 박사과정에서 경제학을 배우자 학문에
새로운 흥미를 느낄 수 있었고, 사물과 현상을 입체적으로 바라볼 수 있
는 눈이 생기는 것 같았다. 나는 현직에 있을 때에도 정부투자기관 최우
수 기관상과 최우수 CEO상을 많이 받았다. 박사과정 시작 3년 만에 혼
자의 힘으로 경제학 박사학위까지 따고 나니 삶에 활력이 생기고 자신
감도 솟구쳤다.

공직생활을 하면서 나는 딱 두 번 눈물을 흘린 적이 있다. 첫 번째는

2002년 말 사장 임기를 마치고 농촌진흥공사 교육원 강당에서 퇴임식을 할 때였다. 퇴임사를 하는 동안, 34년간 정들었던 직장을 떠나 후배들과 헤어져야 한다고 생각하니 지나간 일들이 주마등처럼 스쳐가면서 나도 모르게 눈물이 주루룩 쏟아졌다.

두 번째는 눈보라가 치던 날 화웅지구 개발 간척지에서 최종 물막이 공사를 하던 때이다. 화웅지구 간척 사업은 환경단체들이 새만금 사업에 이어 두 번째로 강력하게 반대를 했던 사업이었다.

화웅지구의 경우에는 방조제도 90% 이상 다 축조가 된 상태에서 환경단체들의 반대에 부딪쳤다. 나는 당시 경기도지사를 찾아가 간척 사업의 당위성을 설명하려고 지사 면담을 요청했다. 마침 동남아 순방 계획이 잡혀 있다고 하기에 내 프로필을 보낸 뒤 귀국 후에 만나줄 것을 요청했으나 지사는 그 뒤에도 일체 반응이 없더니 끝내 만나주지 않았다.

이로 인해 지사에게 인간적인 모멸감을 느꼈지만 포기할 수 없는 일이기에 대신 정무부지사를 만나 화웅지구 간척 사업의 당위성과 이를 하지 않을 경우 나타날 문제점들을 조목조목 설명했다. 전윤철 청와대 비서실장을 면담한 자리에서도 "경기 지역의 환경단체 인원은 250명 정도이나 간척 사업을 추진하면 수혜 농민은 9만여 명이 넘는다"면서 "간척 사업이 환경단체에 의해 좌우되어서는 안 된다"고 정당성을 누누이 역설했다.

이 과정에서 청와대와 신건 국정원장, 이수일 국정원 차장의 적극적인 도움에 힘입어 화웅지구 간척 사업을 재개할 수 있게 되었다. 드디어 하늘은 어두워지고 눈발은 흩날리는데 숱한 역경을 거쳐 간척 사업의 하이라이트인 물막이 공사가 시작되었다. 9km의 방조제를 막아오다가 마지막으로 100m 구간에 수백 대의 트럭이 양쪽에서 돌덩이를 싣고 와서 일시적으로 수천 톤의 돌을 쏟아 붓는 모습을 보는 순간, 내 볼에서도 감격의 뜨거운 눈물이 하염없이 흘러내렸다.

첫 자치단체장 도전

나는 애초부터 자치단체장을 하겠다고 생각해 본 적이 없었다. 그렇다고 농어촌공사에서 배운 지식을 건설업체를 위해 활용하는 것은 후배들을 욕되게 하는 일이어서 나 스스로 용납할 수 없었다.

우연한 기회에 평소 존경하던 김성훈 상지대 총장을 만나 "새로운 일을 하고 싶다"고 말했더니 군산시장 출마를 제의해 왔다. 그분의 제의에 자의 반 타의 반 동의해 놓고도 정서상 나는 선거 체질이 아닌 것 같아 잠시 캐나다에 있는 아들 집으로 잠적했다. 그러나 출마를 포기하려고 해도 마음이 불안하기는 마찬가지였다.

다시 귀국하자 김 총장은 "새만금 사업을 한결같이 추진해 온 사람이 군산시장에 출마해야 한다"면서 민주당 전략공천 추천을 약속했다. 이에 나는 측근들에게 도전 의사를 밝힌 뒤 5월 15일 민주당 공천을 받아 시장 선거 출마를 선언했다.

선거에는 학연, 혈연, 지연이 큰 영향을 미친다. 그러나 이에 못지않게 중요한 것은 후보자가 쌓아온 경력이다. 나는 선거를 일주일 앞둔 시점까지도 이를 전혀 실감하지 못했다. 그런데 군산에 사는 전체 9만 3,000세대 가운데 9만 세대의 유권자들에게 후보자들의 프로필이 발송된 뒤 선거 4~5일 전부터 내게도 느낌이 왔다. 유권자들의 손을 잡으면 "경력이 화려하시더군요" 하면서 표를 주겠다는 암시를 하는 것이었다.

민주당은 당시 전략공천과 후보 경선 문제를 놓고 판단이 서질 않자 설문조사를 여러 번 했었다. 그때에도 군산에서는 "경력자를 뽑겠다"는 응답자가 가장 많았는데 이는 나의 경력이 유권자들의 투표에 적지 않은 영향을 미쳤음을 의미한다. 나를 선택했다고 말하는 유권자들에게 표를 준 이유를 물어보면 "정부투자기관 사장을 역임했고 공기업 평가에서 1등을 한 경력을 높이 샀다"는 답변들을 지금도 종종 듣곤 한다. 덕분에 전국에서 가장 많은 열한 명이 후보로 출마하여 끝까지 경쟁한 군산시장 선거에서 나는 압도적인 표차로 시장에 당선되는 행운을 얻을 수 있었다.

찾아오는 군산을 만드는 세 가지 전략

"시장님! 경기가 안 풀려 힘들어 죽겠습니다."

2006년 7월 3일 군산시장에 취임한 뒤 시민들을 만날 때마다 모두들 죽겠다는 아우성뿐이었다. 택시회사도 죽겠다, 버스회사도 죽겠다, 식당도 죽겠다, 호텔도 죽겠다. 도대체 주변에서 잘 된다고 하는 사람들을 찾아볼 수 없었다.

절박한 소리를 듣기 위해 현장을 다니며 시민들과 많은 대화를 시도했다. 이유를 알 수 있을 것 같았다. 군산 시민들이 군산을 떠나고 있기 때문이었다. 사람이 떠나서 죽을 맛이라면 해법은 사람이 다시 군산으로 오도록 하는 방법밖에 없겠다는 생각이 들었다.

2006년 10월 설문조사를 실시했다. 군산 시민들에게 떠나는 이유를 물었더니 47%는 '직장을 구하기 위해서'라고 응답했고, 43%는 '교육 환경이 좋지 않아서', 나머지는 '미래 비전이 없고, 복지후생이 제대로 갖춰져 있지 않아서'라고 응답했다.

이에 시정방침을 '직장을 늘리고, 교육 환경을 개선하며, 떠나는 시민들이 찾아올 수 있는 대규모 체육 행사를 유치하자'는 세 가지 방향으로 정하고 먼저 기업 유치에 첫 시동을 걸었다. 새로운 기업을 유치하려면 기존에 입주한 기업들이 어떤 불편을 느끼고 있는지를 파악하는 일이 먼저였다. 나도 일선 현장을 직접 뛰면서 군산시청 102명 간부들에게도 1인당 회사를 두 곳씩 맡아 기업의 애로사항을 파악하도록 했다.

기업을 유치하려면 먼저 입주한 기업들이 만족을 느껴야 한다. 만일에 그들이 '오라고 해서 갔는데 도와주는 것도 없더라'는 평가를 내린다면 더 이상 진행은 어려워지고 만다.

또한 기업을 유치하려면 다른 시군과 차별화된 혜택을 제공해야 한다.

군산시는 새로 입주하는 기업들이 겪는 불편들을 동시에 해결하기 위해
즉각 TF팀을 구성했다.

그리고 한 군데 과에서 해결할 수 있는 민원은 해당 과에서 즉시 해결
하되, 여러 과가 함께 나서서 처리해야 하는 민원은 시장을 팀장으로 하
는 14명의 과장급으로 구성된 TF팀에서 협의하여 해결하도록 했다.

이 과정에서 현대중공업 유치를 담당한 실무자 등 고생한 공무원들에
게는 사무관으로 특진을 시키는 등 인센티브를 주고, 도나 중앙부처에
협의할 사항은 직접 시가 주관이 되어 추진해 나가도록 했다.

현대중공업은 아침에 신청한 건축 서류를 저녁 때 허가를 내준 케이스
이다. 현대중공업의 허가를 계기로 군산시에서는 기업 투자 관련 인허
가를 미루지 않고 접수 당일 처리하는 관례가 시작되었다.

또한 감사를 두려워하여 나서지 않는 무사안일의 근무 분위기를 바꾸
기 위해 열심히 하다 생긴 실수는 시장이 앞장서서 해결해 주었다.

입주 기업에 대한 인센티브 제공도 획기적으로 개선했다. 종전에는 투
자하면 50억 원까지 지원해 주던 지원금을 100억 원으로 늘리고, 확장
만 해도 50억 원을 지원해 주었다. 업체의 직원 가족이 주소를 이전하고
교육을 시키는 데에도 기업당 4억 원씩을 지원해 주었다. 이렇게 파격적
인 대우를 하자 2년여 남짓 사이에 300여 개가 넘는 기업들이 군산시로
입주해 왔고, 이들의 투자 금액도 6조 8,000억 원을 넘어서는 등 가시적
인 효과가 나타났다.

60고초려로 이루어낸 현대중공업 군산조선소 유치

하늘Sky, 땅Land, 바다Sea를 의미하는 SLS조선은 우리나라 8대 조선소 가운데 하나이다. 그런 조선소가 군산에 입주하기 위해 부지를 물색하다가 어떤 이유에서인지 모르나 포기한 일이 있었다.

그 뒤로 이번에는 덩치가 훨씬 더 큰 현대중공업이 군산 산업단지에 들어오려고 부지를 물색하고 있다는 정보를 듣게 되었다. 나중에 안 일이지만 현대중공업은 서산, 군산, 심지어 중국에서까지 부지를 물색하고 있었다.

확인 결과 현대중공업은 단일 부지 165만㎡와 배를 실어 나를 도크, 항만, 전력 시설 등을 원하고 있었다. 현대중공업을 반드시 유치해야 한다는 생각에 이들이 원하는 부지 54만 평을 LG그룹을 비롯한 토지 소유주들로부터 환수해 매입할 수 있도록 조치했다.

하지만 문제는 토지뿐만이 아니었다. 부두를 조성할 지역은 이미 구획 정리가 다 되어 있어서 도로 구조를 바꿔야 하는 등 할 일이 한두 가지가 아니었다. 지역에서 할 수 있는 일은 우리가 다 해결하고, 정부 부처나 중앙 등 정치권에서 할 일은 전북도 및 지역 국회의원들과 공조 체계를 이루며 하나하나 처리해 나갔다.

현대중공업과 일을 처음 시작한 초창기만 해도 군산시청 직원들은 현대중공업 사장을 직접 만나야 입주와 관련된 모든 것들이 결정되고 진행될 줄로 착각하고 있었다. 그런데 현대중공업은 담당 부장이 한두 달

60고초려라는 끈질긴 노력 끝에 마침내 군산 유치에 성공한 현대중공업 군산조선소

검토하여 결론을 내리면 일사천리로 진행되는 합리적인 의사 결정 시스템이 가동되고 있었다. 또한 모든 의사 결정이 시스템화되어 운영되는 것을 보면서 세계 제일의 기업은 역시 다르다는 것도 느꼈다. 이들은 투자 결정만 내려지면 공사도 매우 신속하게 진행했다. 기획을 하면 기획보다 빨리 진행되면 되었지, 늦어지는 일이 없었고, 업무 진척도 상상을 초월했다.

1년 반 동안 60여 차례가 넘도록 현대 관계자들을 만나 머리를 맞대면서 현안을 하나하나 해결한 덕분에 마침내 현대중공업 군산조선소를 유치할 수 있었다.

자동차 공업은 공정이 자동화되어 있어서 고용 창출 효과가 적다. 반면에 현대중공업 군산조선소는 투자 금액이 1조 1,000억 원이나 되는 노동집약적 산업이어서 고용 인원만도 1만 900명이 예상되는 알토란같은 기업이다. 현대중공업 군산조선소가 가동되면 직원들에게 지급하는 연간 인건비가 약 5,000억 원에 달하고 3만 5,000명의 인구 유입이 예상된다. 연간 매출액이 3조인 현대중공업 군산조선소에 대한 시민들의 기대가 확산되고, 협력사를 비롯한 관련 중소기업들이 잇따라 들어오면서 입주한 기업들도 어느새 300여 개를 넘어섰다.

현대중공업은 군산조선소의 기공으로 우리나라를 둘러싼 동해, 서해, 그리고 남해의 세 바다에 모두 조선소를 갖는 진기록을 세웠다. 현대중공업 군산조선소가 들어서면서 900명 이상의 군산 시민들이 이곳에 취업했고, 관련 협력 기업들이 속속 입주하여 지역경제에도 청신호가 켜

지고 있다. 덕분에 줄어만 가던 군산시 인구도 2008년부터 마침내 증가 세로 돌아섰다. 그 결과 산업단지 1,000여만 평은 분양을 모두 끝냈고, 군산시도 이제는 새만금 지역에 눈을 돌릴 수 있게 되었다.

군산시가 현대중공업을 유치하려고 해결사 겸 부동산 중개인, 로비스트, 때로는 거간꾼 역할까지 하는 등 도둑질 빼고는 다했다는 사실이 전국 일간지에 소개되면서 군산시 투자지원팀의 열정과 비즈니스 정신을 배우려는 타 자치단체의 벤치마킹 행렬이 줄을 이었다. 어떤 면에서 보면 기업을 유치하는 것은 힘든 일이 아니었다. 기업이 원하는 것을 찾아서 해주면 되고 그러면 기업들이 연이어 찾아왔기 때문이다.

현대중공업은 다른 자치단체에도 입주 의사를 타진한 일이 있었다. 그런데 이들이 군산시에 둥지를 틀기로 결정한 것은 군산시 산하 공무원들의 적극적인 유치 노력에 감동했기 때문으로 알고 있다.

당신들도 사람이냐?

OCI(구 동양제철화학)가 군산에 첫발을 들여놓은 것은 15년 전의 일이다. OCI는 화학제품만 생산하고 있어서 지역민들의 인식이 그리 좋지 못했다. 그러나 새로 들어설 OCI 공장에는 대한민국 최초로 태양광 전지인 폴리실리콘을 양산하는 시설들이 입주하게 된다.

2007년부터 2010년까지 약 2조 원이 투입되는 이 공장이 가동을 시작

15년 전에 군산에 처음 들어선 OCI(구 동양제철화학).
2010년에는 대한민국 최초로 태양광 전지인 폴리실리콘을 양산하는 시설들이 입주하게 된다.

하면 OCI가 지역에 미치는 투자 효과는 현대중공업 군산조선소에 버금가는 것이어서 시민들의 OCI에 대한 기존의 부정적 이미지도 새롭게 바뀔 것으로 보인다.

OCI가 폴리실리콘 공장을 짓겠다며 군산시에 매입할 수 있도록 도움을 요청한 4만 평의 부지는 조달청 비축기지가 들어선 곳이었다. 공교롭게도 '세아베스틸'이라는 기업이 군산에 입주하려고 했을 때 군산시가 사정을 해서 조달청 비축기지를 이곳에 옮기게 한 일이 있었다. 그런데 6개월 만에 이번에는 OCI를 위해 비축기지를 또 내놓고 다른 곳으로 이사해 달라고 사정을 해야 하는 상황이 벌어졌다.

'벼룩도 낯짝이 있다'고, 아무리 지역 발전을 위한다고 하지만 이사한 지 6개월밖에 안 된 조달청에게 OCI의 부지로 사용할 수 있도록 비축기지를 또다시 이전하라고 하기에는 뻔뻔스러운 면이 없지 않았다. 그럼에도 불구하고 공무원들이 다시 조달청을 찾아가서 비축기지를 다른 곳으로 한 번만 더 옮겨달라고 요청하자 조달청 관계자들은 기가 막혔는지 말없이 서로 쳐다보기만 했다. 바라보는 눈길이 마치 '당신들도 사람이냐?' 하는 것 같았다. 공문으로 협조를 요청해도 대답은 역시 마찬가지였다. "시의 요청으로 조달청 비축기지를 옮긴 지 6개월밖에 안 되었는데, 비축기지를 또다시 옮겨달라고 하는 것이 도대체 말이나 되느냐?"는 것이었다.

그렇다고 부가가치가 높은 OCI 폴리실리콘 공장 입주를 포기할 순 없었다. 하루는 내가 직접 조달청에 찾아갔다. 조달청장과 인사를 나누다가 그가 나보다 1년 먼저 중앙대에서 박사학위를 받은 사실을 알게 되었다. 박사 취득을 화제로 이런저런 대화를 나누다가 어느 정도 공감대가 형성되었을 때 "군산 시민들이 먹고사는 문제와 관련된 일인 만큼 조달청이 대승적 차원에서 한번만 더 양보해 달라"고 청장에게 간곡히 요청했다. 그러자 조달청장은 울며 겨자 먹기 식으로 다시 4만 평의 부지를 OCI에 양보한 뒤 제3의 장소로 비축기지를 옮기겠다는 용단을 내려주었다. 그 바람에 조달청은 비축기지를 1년에 두 번씩이나 이전하는 진기록을 세웠다.

이 일이 있은 이후 얼마 지나지 않아 이명박 대통령이 경제부처 장관들을 배석시킨 가운데 기업인들과 오찬을 나누는 행사가 열렸는데 이 자리에서 OCI 회장인 이수영 경총회장은 이 대통령에게 "기업을 수십 년 해보았지만 군산시 같은 곳은 처음 봤다"면서 OCI 부지를 확보해 주기 위해 군산시가 그간 벌인 추진 과정을 극구칭찬한 모양이었다. 하루는 정종환 국토해양부 장관으로부터 전화가 걸려왔다. 정 장관은 내가 농어촌공사 사장 시절에 철도청장을 해서 개인적으로 친분이 깊었는데 "오늘 이수영 경총회장이 대통령께 문 시장 이야기를 해주셔서 놀랐다"면서 축하 전화를 해주는 것이었다.

얼마 뒤 이러한 내용이 한국경제신문에 머리기사로 보도가 되었고, 이명박 대통령도 기업 유치를 위한 군산시의 '원스톱One-Stop' 행정 서비스의 모범 사례를 전국의 공무원들에게 교육시켰으면 좋겠다는 뜻을 내비쳤다.

전국의 지방자치단체 간부 공무원들에게 원스톱(One-Stop) 행정 서비스의
모범 사례에 관해 특강하고 있는 문동신 군산시장

이에 따라 나는 대전공무원교육원 등지에서 전국 지방자치단체 국장급 이상에게 '비즈니스 프렌들리 행정을 통한 투자 유치 사례'를 주제로 15차례에 걸쳐 투자 유치 전략 및 실행 방안, 공무원의 자세와 마인드를 실제 사례를 중심으로 설명하는 순회 강연을 했다.

교육이 중요한 이유

군산과 전주를 잇는 국도는 출퇴근 시간만 되면 정체가 극심해진다. 아침에는 전주에서 군산으로 출근하는 차량들이 많고 저녁에는 전주로 퇴근하는 차량들이 많은데, 이는 군산 사람들이 자녀 교육 문제로 거주지를 전주로 옮겼기 때문에 벌어지는 현상들이다. 학습 여건을 획기적으로 개선하지 않는 한, 아무리 많은 기업을 유치해도 군산시의 장기적 발전을 도모할 수 없을 것이라는 생각이 들었다.

먼저 시에 인재양성과를 신설하고 교육 환경을 개선하기 위해 교육발전진흥재단을 설립했다. 교육청에서 추진하는 교육 환경 개선 사업의 취약한 부분을 보완하기 위해서였다.

먼저 132억 원의 기금을 확보하여 초등학교와 중학교 학생 등 연간 3,000여 명을 대상으로 영어 연수를 할 수 있는 영어체험학습장을 만들었다. 여기에 20억 원을 지원해 기존 건물을 리모델링한 다음 영어교재와 학습도구까지 사서 운영권을 교육청에 넘겨주었다.

둘째, 실력이 우수한 학생들이 입학했으나 2년이 넘도록 방치된 군산외국어고등학교의 활성화를 시도했다. 교사들의 사기 진작을 위해 보조금을 지급하고 학생들의 교재비로 3억 원을 지원한 뒤 주말학습반을 운영하도록 했다. 주말학습반은 톱클래스의 유명 교사들이 학생들을 가르친다. 서울 유명 학원 강사들과 지역에서 가장 실력이 좋다는 국영수 교사와 논술 교사를 선발해서 수업을 진행시키는데 유명 학원 강사들은 전원 서울대 출신 최정예 전문가들로 구성되어 있다.

주말학습반은 3학년뿐만 아니라 1·2학년들도 운영하고 있는데 이제는 '여름이나 겨울 방학 때 서울이나 전주에 있는 학원으로 갈 필요가 없다'고 학부형들 사이에 입소문이 났을 정도로 잘 운영되고 있다. 2007년 7월부터 시작한 주말학습반에는 각 고등학교에서 추천한 학생 등 250명이 공부하고 있는데 95%가 참여하고 있고, 나머지 5%는 별도로 공동의 자습실을 만들어 운영하고 있다.

셋째, 각 고등학교에는 학교당 6,000~8,000만 원을 지원하여 각 교장의 책임하에 과외 교사에게 지원하도록 했다.

또한 우수한 중학교 학생들이 다른 지역으로 나가지 않도록 연합고사 성적이 1~20등인 학생에게는 800만 원을, 21등에서 50등까지는 350만 원을 장학금으로 주고 있다.

아울러 예체능계의 우수한 특기자들에게도 많게는 400만 원에서, 적게는 50만 원까지 장학금을 주는 등 학생들의 사기 진작에도 노력하고 있다.

그 결과 지난해 군산에서 다섯 명밖에 합격하지 못했던 서울대학교에 올해는 아홉 명이나 합격했는데, 이 가운데 여덟 명은 주말학습반에서 수업을 받은 학생들이다.

교육도 지역에 걸맞은 시스템으로 개편하는 작업이 중요하다. 군산고 등학교는 개방형 자율고로 바뀌고 군산기계공고는 '마이스터교'로 바뀌어 2010년부터 신입생을 모집하며, 군산대학과 군장대학에 조선학과와 조선계열을 각각 신설해 지역 인재를 현대중공업 등 지역 기업체에 공급할 수 있는 시스템으로 개편했다.

새만금의 도시

"새만금의 도시, 군산으로 여러분들을 초대합니다."

군산시가 2008년 4월 12일 '2008년 군산 방문의 해' 선포식을 갖고 국제관광도시를 향한 힘찬 시동을 걸었다.

군산 방문의 해를 일회성 이벤트에 그치지 않게 하기 위해 지속 가능한 사업을 발굴하고 관광도시 이미지 개선을 위한 여섯 개 분야 67개 사업을 활발히 추진했다.

이와 더불어 군산 관광 14개 코스를 개발하고 군산 사랑 기차여행, 군산 시티 투어버스 운영 등 새로운 사업 개발로 관광객 맞이에 나섰다.

기업 유치가 경제 활성화와 고용 증대를 도모하고, 교육 환경 개선이 사람들을 떠나지 않도록 하는 사업이라면, 다양한 체육 행사의 유치는 외지인들이 군산을 찾을 수 있도록 하는 효과가 있다.

군산시는 현재까지 다섯 군데에 인조 잔디 축구장을 조성한 뒤 2008년 한 해에만 일반 행사를 포함하여 50여 건의 전국 단위 체육 행사를 유치했다. 전국체전을 유치하려면 2만 5,000에서 3만 명을 수용할 수 있는 메인스타디움과 보조경기장의 천연 잔디 구장 시설을 갖추어야 하지만 기존의 메인스타디움은 7,000여 명밖에 수용할 수 없는 규모이다. 따라서 해수청의 협조를 받아 새만금에 61만 평의 부지를 협의하고 체육공원과 시민 휴식 공간을 조성할 계획을 추진하고 있다.

군산시를 50만 명의 국제관광기업도시로 만들려면 운동경기 시설뿐만 아니라 시민 의료비 절감 차원에서도 평소에 체력 단련을 할 수 있는 체육 공원이 필요하다.

새만금 사업에 대한 기대감이 시너지 효과로 작용하면서 평당 6~7만 원 하던 군산 지역의 땅값이 최소 20~30만 원으로 뛰는 등 전국에서도 부동산 가격이 가장 많이 올랐다. 땅값이 오른다는 것은 지역민들에게는 좋을 수 있지만 군산으로 이주하려는 사람들에게는 걸림돌로 작용하는 부정적 측면이 크다. 따라서 전라북도 및 국토해양부와 협의하여 5회에 걸쳐서 새만금 지역 중 37%의 면적을 토지거래 허가 지역으로 묶은 바 있다.

2008년 군산 방문의 해에는 핵심 사업으로 제3회 국제 자동차 엑스포를 개최하면서 전국 농업인 지도자 대회, 전국 가족대항 게임엑스포 등을 실시하고, 11월에는 세계철새 페스티벌 등을 열어 분위기를 높였다.

군산시는 2008년 4월 12일 '2008년 군산 방문의 해' 선포식을 갖고 국제관광도시를 향한 힘찬 시동을 걸었다.

이는 '땅값이 오르고 인구도 증가한다는데 실제로 군산에 한번 가보자, 가보니까 아! 다시 가고 싶더라. 살고 싶더라. 돈이 있으면 투자하고 싶더라'라는 느낌을 외지인들도 공유할 수 있도록 하기 위해서였다.

이 과정에서 숙박업도 잘 되고, 음식점과 운수업계가 호황을 이루면서 시민들의 기대도 점차 커지고 있다. 군산 방문의 해는 지역에 사람이 모이도록 하는 일이야말로 단체장이 해야 할 역할임을 다시 한 번 절감케 하는 계기가 되었다.

다이내믹한 조직을 만들라

행정에서도 전문성을 확보하려면 조직의 핵심 역량을 강화해야 한다. 나는 시장에 취임한 뒤로 군산시에 여섯 개 과를 신설했다. 군산시가 가고자 하는 동적인 조직의 기본 틀을 만들기 위해서였다.

군산시는 국제관광기업도시를 지향하고 있다. 그래서 기업을 유치하고 이들 기업이 일할 수 있는 최적의 여건을 마련하기 위해 투자지원과를 신설한 데 이어 관광의 발전을 위한 관광진흥과도 신설했다. 이어 토지정보과를 신설하고, 교육담당 업무를 6급 직원 혼자 담당하고 있어서 인재양성과도 선보였다. 항만 물류를 체계적으로 추진하기 위해 항만물류과를 신설하고, 농산물 유통을 담당할 농산물유통과를 만드는 등 모두 여섯 개 과를 신설했다.

공무원들은 한 부서에서 1년만 되면 다른 부서로 옮기려고 한다. 그래야 좋은 곳으로 가서 빨리 승진한다는 생각들을 하고 있다. 동료 시장 군수들을 만나서 이야기를 들어보아도 공무원들의 이러한 생각은 어디나 비슷한 것 같다. 그러나 이래서는 전문성을 확보할 수가 없다. 전문성이 없으니 책임감도 약하고, 창의성은 더더욱 기대할 수 없다. 나는 여섯 개 과를 신설하고 운영하면서 성적이 좋은 부서는 특진도 시켰다. 전문성을 갖고 인재 양성과 기업 유치를 잘하니까 특진도 잘 된다는 것을 보여주기 위해서였다.

공무원들도 전문성을 갖춰야 일 처리가 쉬워지고 효율성도 극대화된다. 아울러 표창을 하고 고과 점수를 높이는 등 인센티브를 제공하고, 인사 우대를 하면 공무원들은 보직 기간이 길어도 불만스러워하지 않는다.

지난 2007년 교육부로부터 평생학습도시로 지정받은 군산시는 에스파냐의 바르셀로나에 있는 국제교육도시연맹에도 가입했다. 국제교육도시연맹은 현재 세계 400여 개 시(市)의 회원사가 있는데 국내에서는 군산시가 창원, 순천에 이어 세 번째로 가입했다. 덕분에 군산시도 교육의 영역을 국내에서 세계로 돌리는 등, 인재양성과를 설치하면서 군산 교육의 시야도 점차 세계적인 시각으로 확대해 나가고 있다.

드림 허브 군산

산업정책연구원이 2006년 서울시를 포함한 시 단위 75개 지자체에 대한 미래 경쟁력을 평가했다. 82개의 도시 성장 잠재력 평가 항목 중 공직자 마인드, 개혁 의지, 성장 잠재력, 자원 등 크게 네 가지 기준을 토대로 분석했는데 안양시가 1위를, 군산시가 2위를 차지했다. 산업정책연구원은 군산시의 어떤 점들을 이토록 높게 평가한 것일까.

군산시의 성장 잠재력은 무엇보다도 새만금에서 찾을 수 있다. 한마디로 새만금을 빼놓고 군산의 성장 잠재력을 생각할 수 없다.

앞으로 개발할 1억 2,000여만 평의 새만금 부지 가운데 71%인 8,500만 평이 군산시의 영역이니 군산시는 무한한 자원을 확보하고 있는 셈이다. 게다가 새만금 앞바다에는 관광자원을 이루는 산자수명한 65개의 섬들이 몰려 있다.

둘째, 국내 1·2위를 다투는 1,000만 평 규모의 산업단지를 비롯하여 군산에는 근대 역사문화 자료들이 많다. 군산은 현대문학의 선구자인 채만식의 문화 유적이 있는 곳이며 시인 고은의 고향이기도 하다.

세 번째는 풍부한 자원을 들 수 있다.

군산시의 미래 비전은 '50만 국제관광기업도시, 주식회사 군산'을 건설하는 것이다. 시장이 주창하는 '주식회사 군산'은 물론 상법상의 군산을 만들자는 것은 아니다. 내가 강조하는 주식회사 군산은 크게 다음과 같은 세 가지 특징을 갖고 있다. 첫째, 시민의 마음과 환경이 깨끗한 도시다. 그래야 주민도 행복하고 기업과 관광객들이 몰려들 수 있다. 둘째, 긍정적이고 모두가 화합하는 사회로서의 군산시 건설이다. 그래야 장기적인 안목을 갖고 미래 비전을 지속적으로 추진할 수 있다. 셋째, 시민은 주식회사의 주주로, 시장은 경영자로서 공동 책임을 지는 개념의 군산을 만들어가자는 것이다. 그러기 위해서는 경영자만 노력해서는 안 된다. 주주들도 함께 공동 책임을 지고 직분에 상관없이 구성원 모두가 혼신의 힘을 쏟는 경영 형태의 주식회사 군산을 만들어가야 한다.

이런 내용을 담아 군산이 나아갈 방향을 설정한 캐치프레이즈가 '드림 허브 군산Dream Hub Gunsan'이다.

1899년에 개항한 군산은 110년 동안 국내 항만의 중심지였다. 23선석 규모였던 군산 신항이 이제 1,000만 평의 공업단지가 있으며, 270m의 배 33척이 동시에 접안할 수 있는 항구로 바뀌어가고 있다. 정부가 군산항 건설에 약 2조 5,000억 원을 투입하는 목적은 물류기지를 조성하기 위해서다. 군산은 땅과 바다, 하늘 모두 접근성이 좋아 모든 물류가 모이는 곳이다. 물류가 모이면 사람이 모이고, 사람이 모이면 연관된 산업이 모일 수 있기에 '드림 허브 군산'이라는 캐치프레이즈를 내건 것이다.

이를 추진하려면 내부에서 외부 조직에 이르기까지 공동으로 목표 달성을 추진하는 것이 중요하다. 나는 먼저 공무원들을 변화시키기 위해 취임 이후 일주일에 한 번씩 유명 강사들을 초청하여 직원들을 대상으로 변화와 개혁을 위한 특별 교육을 꾸준히 실시해 왔다.

또한 시민들이 모이는 곳이면 어디든 달려가서 '50만 국제관광기업도시 군산 건설'이라는 비전을 제시하며 시민들도 목표를 이해하고 공유하도록 했다.

내가 그리는 군산의 운영 모델은 인구 1인당 4만~5만 달러의 소득을 자랑하는 구미, 울산, 포항과 같은 형태의 기업도시이다.

지금은 군산시의 목표가 시민 사이에 공유되고 기업이 많이 유치되어 인구도 늘어나는 등 가시적인 성과들이 나타나고 있다. 그러자 시민들 중에는 "60~70만 명을 목표로 하지 왜 50만 명으로 잡았느냐?"면서 오히려 아쉽다는 표정을 짓는 사람들도 있다.

"새만금 사업을 하자고 한 이도 돈키호테, 중단하자고 한 이도 돈키호테"

서울에서 서해안고속도로를 따라가다 보면 대천과 서천을 지나 군산의 비응도에서 신시도와 변산반도로 이어지면서 세계에서 가장 길다는 새만금 방조제 도로가 나타난다. 33km나 되는 새만금 방조제 도로에서 하늘과 맞닿은 바다가 끝없이 펼쳐지는 새만금 벌판을 바라보노라면 형언할 수 없는 벅찬 감동을 느낀다. 새만금이라는 이름은 만경평야의 만萬 자와 김제평야의 한자 표기 금金에 '새'라는 접두어가 합쳐서 이루어진 말이다.

새만금은 대중가수 조미미가 애절한 목소리로 불렀던 '바다가 육지라면'이라는 노랫가락이 현실로 나타난 곳이다. 새만금 넓이는 서울의 3분의 2 크기이며, 여의도보다는 140배나 넓다.

새만금 사업이 처음 시작된 것은 지금으로부터 18년 전인 1991년 11월의 일이다. 원래 새만금 사업은 농업 중심으로 기획이 되어 농림부가 시행주가 되고 농어촌공사가 시행자가 되는 형태로 그 모습을 드러냈다. 그런데 95년부터 우리나라도 쌀이 남아도는 등 자급자족하게 되자 "새만금을 굳이 개발할 필요가 있느냐?"면서 환경단체들을 중심으로 반대 의견이 제기되었다. 1997년 초만 해도 농어촌공사 직원들은 환경단체 직원들과 같이 새만금 현장을 방문하곤 했다. 그때 함께 갔던 환경단체의 한 직원은 선상에서 새만금 사업에 대해 설명을 듣고 "이 사업을 하자고 한 사람도 돈키호테이지만 중단하자고 하는 사람들도 돈키호테"라는 명언을 남겼다.

그만큼 새만금 사업의 웅대함은 일반인들의 상상을 초월한다. 환경단체들은 97년부터 새만금 사업에 대해 공식적으로 반대 의사를 밝히기 시작했다. 정부도 각 분야별로 열 명씩 세 개 분야에서 30명의 대표자들을 선발하여 2년여에 걸쳐 사업을 재검토하는 과정에서 새만금 사업이 중단되었다.

당시의 전체적인 여론도 개발을 하지 말자는 쪽이 더 우세했다. 그러나 농어촌공사가 친환경적으로 개발을 하겠다고 논리적인 근거를 순차적으로 제시하면서 상황은 조금씩 반전되기 시작했다. 당시 농어촌공사에는 내로라하는 해외 석·박사들이 75명이나 포진되어 있었다. 이들은 환경단체들이 "새만금은 철새도래지이며 갯벌의 가치가 높아 훼손시키면 안된다"고 이의를 제기하면 빠르게 대안을 제시했고, 농지 가격과 갯벌의 가치비교를 문제 삼으면 그에 따른 대처 방안도 신속하게 내놓았다. 인터넷도 널리 보급되지 않았던 시절에 이들은 OECD는 물론 전 세계에 있는 각종 보고서와 논문 등의 고급 자료들을 신속하게 검색해서 대응 논리를 제시했기에 환경단체와의 논리 경쟁에서도 언제나 앞서갔다.

당시 한갑수 농림부 장관은 칭찬에 인색했던 분이었다. 그런 그가 저녁 8시에 퇴근하면서 아침 7시까지 자료를 준비해 달라고 요청하면 직원들은 밤새도록 인터넷 검색을 해서 찾은 해외 자료들을 한글로 분석 요약한 보고서를 신속하게 내놓았다. 그때마다 한 장관은 깜짝깜짝 놀라면서 "농어촌공사 직원들은 수재들만 모였다"고 입에 침이 마르도록 칭찬했다. 농어촌공사 조직의 성장 잠재력이 대단하다는 것을 나 역시 그때 실감했다. 2001년 5월 25일은 새만금 사업을 다시 재개할 수 있도록 정부가 결정을 해준 역사적인 날이다.

그러자 환경단체들은 '새만금 사업 7적賊'의 명단을 작성한 뒤에 서울 프레스센터 앞 이순신 장군 동상 밑에 타임캡슐로 만들어서 묻었다. 이 명단에 전라북도에서는 유종근 도지사와 내 이름이 포함되어 있다고 들었다.

환경단체를 포함한 3,300여 명은 새만금 사업 공사 중지 가처분신청 소송까지 냈다. 그러나 대법원은 2006년 3월 16일 새만금 사업은 정당하다고 최종적으로 우리의 손을 들어주었다. 이 판결이 내려짐에 따라 나도 비로소 손자 손녀들에게 "할아버지는 결코 역사에 부끄러운 일을 하지 않았다"고 떳떳하게 말할 수 있게 되었다.

새만금은 금강호와 고군산의 청정 지역이 연결되어 세계에서 유일하게 물 축제를 할 수 있는 여건이 조성된 곳이다. 요트, 수상스키, 카누, 위그선 등 수상 경기도 할 수 있다. 또한 신시배수갑문으로는 선박 160톤, 바지선 400톤급이 통과할 수 있다.

새만금을 군산의 황금 땅이라 부르는 이유는 세계적으로 가장 큰 호수와 토지를 갖고 있기 때문이다. 새만금은 최대의 간척지로서 특히 양쪽에 강과 바다를 모두 갖고 있다는 점이 다른 수변 지역과 다르다.

새만금 사업이 재개되자 환경단체들은 경기도 화성지구에 있는 화옹지구 간척 사업을 적극적으로 반대하고 나섰다. 그 바람에 화옹지구를 놓고 우리는 환경단체들과 3개월간 다시 열띤 논쟁을 벌여야 했다.

공직에 있는 동안 124개의 농지개량조합을 통합하고, 새만금과 화옹지구 간척 사업을 추진하면서 겪은 일들을 글로 적는다면 그 사연은 족히 1,000페이지도 넘을 것이다.

이 과정에서 조금도 흔들리지 않고 각종 난제들을 하나하나 풀어나갈 수 있었던 힘은 군에서 익힌 강인함과 성실성, 책임감, 그리고 어려운 일은 만나서 해결하라는 '인연지사'의 교훈에서 나왔다.

군산시장에 취임했을 때에는 직도 문제가 가장 심각한 현안이었다. 평택 시민들이 데모를 하여 폐쇄한 매향리 사격장을 군산 앞바다의 직도로 이전하려고 하자 군산 시민들이 강력하게 반발하고 나섰다. 나는 시민들에게 "어차피 사격장은 국가방위 사업인 만큼 직도에 들어올 수밖에 없다"고 설득한 뒤에 대신 사격장의 직도 이전을 받아들이는 대가로 정부로부터 열한 개 사업 3,167억 원의 공사비를 지원받아 군산 시민들에게 실질적인 이득을 되돌려주었다.

세계 최고의 간척지, 새만금

새만금 사업은 국민 삶의 질을 높여주기 위한 국가 백년대계의 정책적 사업이며, 지역 균형 발전을 위한 국책 사업이다. 몇몇 사람의 의견과 주장에 의해 좌우될 수 있는 사업이 아닌 것이다. 새만금 사업은 현 정부에 이르기까지 무려 4대 정권을 거치며 19년 동안 엄청난 시련과 검토를 거쳐서 진행되어 온 간척 역사의 파노라마이자 결정판이라고 할 수 있다.

나는 새만금 사업을 추진하기 위해 선진국의 성공한 간척지와 실패한 간척지를 수차례에 걸쳐 돌아보았다. 또 새만금 사업과 관련한 예산 편성에 2002년까지 열두 차례나 참여했고, 농어촌공사 시절에는 사장으로서 6년여 동안 새만금 사업에 깊이 관여했다.

44년의 공직생활 중 12년을 주도적으로 참여했기에 새만금 사업의 실질적인 내용을 나만큼 잘 아는 사람도 그리 많지 않을 것이라고 감히 자부한다.

환경단체들은 새만금에 대한 체계적인 연구와 논리 개발이 부족했다.

반면에 농어촌공사가 6년 동안 환경단체들의 반대 논리에 적극적으로 대응하면서 새만금이 가야 할 방향을 이로정연理路整然하게 제시할 수 있었던 것은 석·박사 학위를 가진 연구원들이 끊임없이 연구하고 노력한 결과였다.

이 과정에서 간척은 하루아침에 되는 사업이 아니라는 교훈도 깨우쳤다. 서해안은 세계 5대 갯벌 중 하나이며, 지금도 남아 있는 갯벌이 26만 여㏊나 있다. 서해안 갯벌은 막아놓으면 자연현상에 의해 또 다른 갯벌이 생성되는 특징이 있다. 새만금 사업은 1925년 일본 사람이 와서 처음으로 간척을 시작했고, 박정희 대통령 시절에는 부안의 계화도 3,600ha를 간척했다. 그런데 그 앞에 다시 2만 7,000ha의 갯벌이 생겨서 간척 사업을 하게 된 것이다. 상식적으로 볼 때 갯벌은 상류가 침식되면 밑에서 삼각지를 이루는 것으로 알고 있는데 서해안 갯벌은 그렇지가 않았다.

갯벌에는 빙하기 때 생성된 20m 이상의 펄이 쌓여 있는데 조수가 밀려들어 오거나 태풍이 불어 육지로 밀어붙이는 바람에 해안에 쌓인 것이라고 보는 학설이 지금까지의 정설이다. 육지에서 바다로 내려오는 갯벌은 불과 2~3%밖에 되지 않는다고 한다. 그러므로 국토가 좁은 우리는 한 평이라도 국토를 넓혀야 한다.

간척은 자연을 파괴하는 것이 아니라 갯벌이라는 환경을 인간이 살아가는 다른 환경으로 바꾸는 것이라고 긍정적으로 생각해야 한다. 전에는 간척 하나만 했지만 지금은 간척도 하고 습지 등 환경도 조성해야 한다. 또 간척을 할 때에는 자연을 훼손하는 측면이 있는지, 경제적 가치가 있는지 심도 있게 검토해야 한다.

국내에서 갯벌과 관련하여 기술한 논문 다섯 편 중에서 네 편은 갯벌로 두는 것보다 간척을 하는 것이 경제적 효과가 높다는 결론을 내리고 있어 '갯벌은 개발하는 것이 경제적으로 이득'이라는 주장에 힘을 실어주고 있다.

환경단체들은 개발 이야기만 나오면 일단 반대를 하는 경향이 있다. 그 때문에 무조건 반대 논리를 전개하다가 자기들도 왜 반대하는지 이유를 잘 몰라 자가당착에 빠지는 경우가 많다.

농어촌공사 사장 시절 새만금 간척 사업을 추진하면서 "나는 세계에서 가장 성공한 사례, 실패한 사례를 교훈 삼아 마지막 남은 지구상의 갯벌인 새만금을 가장 멋있게 만들어놓고 싶다"고 직원들에게 이야기하곤 했었다. 새만금은 군산과 전북 땅이지만 간척 사업을 통해 군산도 전북도 아닌, 대한민국과 세계 모두를 위한 간척지로 만들어야 한다.

2020년을 목표로 하는 새만금 사업은 전북도가 구상하는 기업도시 5~6개를 동시에 유치하는 효과 외에 연간 국내외 관광객 1~2,000만 명이 방문해서 3~4일간 체류할 수 있는 하드웨어와 소프트웨어들을 동시 다발적으로 갖춰나가야 한다.

새만금은 서해권 지역의 국토 거점 개발 사업이자 세계적인 대단위 다목적 사업을 통해 관광과 항만, 첨단과학이 어우러지는 21세기 최첨단 꿈의 공간으로 변모될 것이다.

성공 조직의 기본모델 세 가지

나는 시정을 추진할 때마다 직원들에게 늘 '전략적인 마인드'를 가져 달라고 주문한다. 전략적 마인드란 가고자 하는 목표를 정하면 외부와 내부의 여건 등을 분석해서 강점은 더 강하게, 약점은 보완해서 실행계획을 세우는 것을 말한다.

실행은 예산 계획이 수반되지 않으면 아무런 의미가 없다. 전략도 환경 변화에 따라 변하는 것이다. 경영학을 공부한 입장에서 본다면 2008년에 나타난 세계 금융 위기 사태도 미국이 정도正道로 가지 않았기 때문에 대가를 톡톡히 치르게 된 것이다.

금융사들이 비우량 주택을 담보로 과다 융자를 해주고, 단기 운용 자금을 빼서 장기 융자를 내주는 등 위험을 자초했기에 서브프라임이라는 미국의 경제 위기 사태가 빚어졌다고 할 수 있다.

나는 어려울수록 정도로 가야 하고, 어려운 문제일수록 직접 부딪쳐서 해결해야 한다고 주장하는 사람이다. 3년 전만 해도 직원들은 나의 시정 추진 방식을 잘 이해하지 못하는 분위기였다. 그런데 하라는 대로 하자 어려운 일들이 하나 둘 풀려나가는 것을 경험하면서 생각들이 달라지기 시작했다. 일부이긴 하지만 지금은 나보다도 앞서 나가는 직원들도 있다.

단체장의 역할은 공무원들의 사기를 높여주고 창의력을 길러주는 것이다. 성공하는 조직의 내부를 분석해 보면 몇 가지 특색이 있다. 그들은 유연하고 창의적인 발상으로 조직원들이 주변의 변화에 신속하게 대처하도록 해준다.

기업이든 정부 조직이든 성공하는 조직의 기본 모델은 세 박자를 갖춰야 한다.

첫째, 구성원들이 일할 수 있는 분위기를 만들어주어야 한다. 어려운 점은 해결해 주고, 격려해 주며, 창의력을 갖고 일할 수 있는 분위기를 만들어주는 것이 CEO가 갖추어야 할 첫 번째 덕목이다.

둘째, 고객의 니즈Needs, 요구를 파악해서 만족을 시켜야 한다. 상품 제조 회사라면 구매자인 고객의 욕구를 파악해서 만족시키면 된다. 군산시는 시민이 고객이니 시민의 욕구를 파악해서 만족을 시켜야 한다.

셋째, 투자의 효율성을 높여주어야 한다. 기업은 이윤을 목표로 하지만, 국가나 지방자치단체 조직은 이익이 안 되어도 사업을 할 수가 있다. 왜냐하면 국가나 자치단체의 궁극적인 목적은 복지사회를 구현하는 것이기 때문이다.

이 세 가지는 조직을 관리하는 CEO의 입장이라면 반드시 알아야 할 철칙이라고 할 수 있다.

배움은 스스로 볶는 습관을 가져야

단체장들은 공적인 업무를 보느라 항상 시간에 쫓긴다. 단체장도 인간인지라 점심을 먹고 나면 때로는 나른함을 느끼고 졸음이 몰려오기도 한다. 그러나 시장실 앞에 줄을 서서 면담을 기다리는 사람들을 보면 졸음은 어느새 달아나고 만다. 이처럼 내 시간은 거의 없을 정도로 바쁜 나날을 보내지만 일과 시간이 지나면 배움의 욕구를 채우기 위해 나 스스로를 들볶는다.

먼저 집으로 돌아오면 지역 소식 관련 스크랩을 훑어본다. 그러고는 YTN과 MBN, CNN, 지역방송을 들으며 세상 소식을 파악한다. CNN을 보기 시작한 것은 1년 전부터다. CNN 내용은 아직도 정확하게 들리진 않지만 세계 곳곳에서 일어나는 사건들을 실시간으로 파악할 수 있어서 좋다.

잠자리에 드는 시간은 10시 반에서 11시 사이이나 특별한 일이 없을 때에는 9시 뉴스만 보고 일찍 잠을 청하기도 한다. 대신에 아침형 인간인 나는 새벽 4시에서 4시 반이 되면 자동적으로 눈을 뜬다. 아침에 제일 먼저 하는 일은 신문 읽기와 스크랩이다. 지금도 일어나면 가장 먼저 하는 수십 년 된 습관이 영자신문과 경제신문, 일간신문 등 세 가지의 신문을 고정적으로 보는 일이다.

신문을 읽다가 직원 교육용으로 적당하거나 대화의 화제로 삼아야겠구나 하는 것들이 있으면 메모를 하거나 정리를 해놓는다. 경제신문은 88년부터 보기 시작했는데 좋은 글이 나오면 거의 다 스크랩을 하며, 일간신문은 논설과 칼럼 위주로 읽는다.

그리고 6시가 되면 예외 없이 밖으로 나가서 한두 게임 정도 테니스를 치며 몸을 푼 다음 하루의 일과를 시작한다.

　박사과정을 할 때에는 주변에서 누가 책을 한 권 읽었다고 하면 비슷한 책을 두세 권씩 사서 읽는 습관을 들였다. 경영 서평을 읽고 구입한 책도 93권이나 되는데 개중에는 목차만 읽은 것도 있지만 대부분은 정독을 한 편이다. 독서는 정신적인 식사나 마찬가지다. 세상의 지식과 지혜를 내 것으로 만들 수 있는 가장 효과적인 방법이 바로 독서다. 정리된 지식을 얻는 데에는 독서보다 더 좋은 방법은 없다고 생각한다.

　배움에는 끝이 없다. 21세기의 환경은 빠르게 변화하고 있는데 기존의 지식만으로 변화에 대처한다는 것은 한계가 있을 수밖에 없다. 특히 리더는 조직을 이끄는 데 필요한 전문지식과 상식을 습득하는 등 학습하는 모범을 보일 때 조직원들의 변화도 이끌어낼 수 있다.

시장과 시민의 올바른 관계

　나라를 경영하는 데 가장 중요한 것은 무엇일까? 공자는 자공子貢의 이러한 질문에 대해 첫 번째가 족식足食, 두 번째는 족병足兵, 세 번째는 민신지의民信之矣라고 대답했다. '식량을 비축하고, 병사를 기르고, 백성들의 신뢰를 얻어야 한다'는 말이다.

　자공이 "만부득이하여 이중에서 하나를 버려야 한다면 어느 것을 포기해야 하느냐?"고 묻자, "족병을 포기하라"고 말한다. "만부득이 또 하나를 더 버려야 한다면 어느 것을 포기해야 하느냐?”는 물음에 공자는 “족식을 포기하라”고 한다. 공자는 제자와의 이런 대화를 통해서 아무리 상황이 어려워도 지도자는 백성의 신뢰民信 만큼은 잃어서는 안 된다는 교훈을 던져주고 있다.

시장과 시민의 관계도 신뢰가 중요하므로 거짓말을 해서는 안 된다. 개인과 개인과의 관계에서도 마찬가지다. 인간관계에서는 신뢰를 잃어 버리면 모든 것이 무너지게 된다. 군산시를 이끌어가는 힘도 그렇고, 인 생을 살아가는 측면에서도 그렇고, 내가 강조하고 싶은 말이 있다면 ‘사 회 구성원들 간에 가장 중요한 것은 신뢰’라는 것이다.

사람은 특히 거짓말을 하지 말아야 한다. 한 번 거짓말을 하면 줄줄이 거짓말을 해야 한다. 농어촌공사 사장으로 있는 6년 동안 많은 소송을 했어도 나는 소송에서 한 번도 져본 일이 없다. 나는 문제가 발생하면 모 든 법무법인 고문들에게 똑같은 질문을 던지고 답변 자료를 요청한다. 이렇게 해서 취합한 것들을 정리해서 수임변호사에게 참고자료로 넘겨 주고 변호사를 믿고 따르겠다는 분명한 메시지를 남겼다. 그래서인지 몰라도 나는 지금까지 공적인 재판을 진행하면서 한 번도 소송에서 진 일이 없다.

또한 어려울수록 정도正道로 가려고 했다. 예를 들어 새만금이나 화옹 지구 개발에 대한 환경단체들의 반발에 부딪쳐도 절대 피하려고 하지 않았다. 이보다는 조금 늦더라도 가장 정확한 정보를 가지고 상대방에 게 설명을 해주고 설득하려 노력했다. 상대가 때린다고 해서 무턱대고

같이 때리는 우愚를 범하지도 않았다. 인간이기에 잘못도 있을 수 있다. 잘못이 있으면 있다고 털어놓고 이해를 구하면 된다. 그래야 상대도 나를 신뢰하게 된다.

민원 처리도 마찬가지다. 시민들의 인허가 문제도 직접 설명하고 '이건 어렵겠다', 아니면 '죄송합니다'라고 분명하게 입장을 밝히면 어떤 형태로든 해결책이 나온다. 그런데 서랍 속에 서류를 넣은 채 질질 끌면서 이도 저도 아닌 태도를 취하면 시민들로부터 신뢰만 잃게 된다.

인간의 능력은 종이 한 장 차이

나는 사람을 바꾸기보다 있는 사람을 키워서 활용하는 스타일이다. 인간의 능력은 종이 한 장 차이에 불과하다. 조직이라는 것은 여건만 갖춰지면 구성원들을 무한히 성장시킬 수 있는 잠재력을 가진다고 보기 때문이다.

사람들은 좋은 학교, 좋은 대학을 나오면 일도 무조건 잘할 것으로 믿는 경향이 있다. 그러나 나는 그렇게 생각하지 않는다. 사람이 아는 것보다 더 중요한 것은 얼마만큼 자기 직무에 열정을 갖고 상상력을 발휘하면서 창조해 나가느냐에 달려 있다.

아무리 머리가 좋은 사람도 긍정의 자세와 적극성이 결여되어 있으면 성과를 거두기가 어렵다. 농어촌공사 사장 시절 나는 직원들의 잠재력을 키워주기 위해 최선을 다했다. 군산시장이 된 뒤에는 공직자들의 마인드를 바꾸기 위해 의식 전환 교육을 1년 이상 집중적으로 실시했다.

농어촌공사 시절에 직원들의 학력은 거의 대졸 이상이었다. 반면에 군산시청에는 학력이 고졸이나 중졸인 직원들도 있다. 그렇다고 해서 업무에 대한 열정이나 질이 떨어진다는 것은 전혀 못 느끼고 있다. 일할 수 있는 분위기를 만들어주자 이들의 성취 능력도 학력과 무관하게 달라지는 것을 실감할 수 있었다.

모든 것은 마음가짐에 달려 있다. 노력하면 안 되는 것이 없다. 고등학교를 졸업했든 대학을 나왔든 사람이 세상을 깨우칠 만한 연령이 지나면 성과와 결과는 노력 여하에 달려 있는 것이지 머리만 가지고 되는 것이 아니다.

군산시장에 처음 취임했을 때에는 업무 추진에 다소 힘이 들었다. 그러나 의식 교육을 꾸준히 실시한 이후부터 공무원들은 내 의도를 빨리 파악하면서 성과를 내기 위해 최선의 노력을 다하고 있다. 그 결과 2006년 군산시의 세출 예산은 4,470억 원이었으나 2009년에는 7,757억 원으로 57.6%가 늘었다. 세출 예산이 해마다 20% 이상 증가했다는 것은 전국의 자치단체 중에서 거의 최고 수준인 셈이다.

지난해 공모 사업을 실시했을 때에도 군산시는 도와 중앙으로부터 14개 사업에 무려 340억 원의 사업비를 받아왔다. 이는 직원들이 창의력을 가지고 일을 열심히 추진한 결과였다. 노력하고 안 하고는 이렇게 차이가 난다. 이제 군산시청 직원들은 어떤 일이라도 할 수 있다는 자신감을 갖기 시작했다. 군산시는 세계 최고의 현대중공업을 포함해서 357개의 기업을 유치했고, 인구도 작년부터는 계속 늘어나면서 9월 말 현재 26만 6,190명을 넘어섰다.

통계적인 측면 외에 달라진 성과라면 시민들도 50만 '국제관광기업도시' 건설이라는 군산시의 비전을 이해하기 시작했다는 점이다. '시장이 하니까 되네, 우리도 하면 되겠네'라고 하는 변화를 느끼고, 하면 된다는 것을 공감하고 깨우치기 시작한 것이다. 군산시의 비전을 공유하고, 1,330여 명의 공무원과 27만 시민이 같은 목표를 향해 전진해 나간다는 것은 중대한 변화가 시작되었음을 보여준다. 나는 이것이 조직 관리 차원에서 거둔 최고의 결실이자 성과라고 생각한다.

긍정적이고 적극적인 사람이 되라

인간은 크게 네 종류로 분류할 수 있다. 첫째는 성선설에 의해 날 때부터 긍정적이고 적극적으로 생각하는 사람이다. 둘째는 성악설에 의해 태어날 때에는 죄를 짓고 나왔지만 그 이후에 학습을 통해서 긍정적으로 변한 사람이다. 셋째는 갈피를 잡지 못하고 좌고우면하는 사람, 넷째는 항상 부정적으로 생각하는 사람이다.

부정적인 사고를 하는 사람은 어느 조직이든 10% 정도는 있기 마련이다. 이런 사람들도 일단 설득은 해보지만 설득이 통하지 않는 경우도 있다. 업무를 추진하는 입장에서는 차라리 이 정도의 반대는 필연적으로 생기는 소수의견으로 돌리는 것이 나을 때도 있다.

공무원들은 대부분 한 자리에서 1~2년 정도 있으면 자리를 옮겨주기를 바라고 빨리 승진하기를 바란다. 그러나 한 자리에 오래 있지 않은 공무원은 전문가가 되기 어렵다. 그런 공무원에게는 새로운 아이디어를 기대하기도 힘들다. 책임의식이 있어야 창의적인 사고도 하고 적극적인 행동도 하는 법이다. 1~2년 정도 있다가 자리를 옮기겠다는 생각은 승진에 오히려 걸림돌로 작용할 수 있다.

승진할 자리는 하나인데 승진 대상자가 열 명이라면 전체 조직원의 만족도는 10분의 1밖에 되지 않는다. 이런 경우에는 누가 인사를 해도 10% 이상 만족시킬 수 없다.

그러나 준비된 자에게는 반드시 기회가 찾아오는 법이다. 기회주의적인 생각을 버리고 소신껏 창의적인 마인드로 묵묵히 자기 일을 추진하는 공무원들은 내 눈에도 자연스럽게 띈다. 이런 공무원들에게 인센티브를 더 주고 싶은 생각이 드는 것은 단체장이라면 누구나 인지상정일 것이다. 나는 공무원들의 파벌의식과 뇌물수수에 대해서는 절대로 용서하지 않지만 시장이 되어서 지금까지 불평등한 인사는 한 번도 해본 일이 없다.

공무원들은 무궁무진한 잠재 능력을 가진 사람들이다. 이들의 숨겨진 능력이 충분히 발휘되도록 하는 것은 단체장들의 능력에 달려 있다. 긍정적이고 적극적으로 노력하는 공무원에게 승진의 기회가 더 빨리 온다는 것은 변할 수 없는 세상불변의 법칙이 되어야 한다.

단체장은 지방자치 구성원의 거울

"실패를 해보지 않은 사람은 성공도 할 수 없다."

마이크로소프트사를 설립한 세계적인 부호 빌 게이츠가 남긴 말이다. 그의 명언이 아니더라도 21세기 경영 환경에서 성공하기를 원하는 사람이라면 실패에 대한 기존의 인식을 바꿀 필요가 있다. 나쁜 실패는 철저히 경계해야 할 대상이지만 좋은 실패는 기업에서도 적극적으로 권장하고 있기 때문이다. 빌 게이츠는 실패를 학습의 대상으로 생각했다. 그래서 안 좋은 소식을 접해도 그것을 부정적으로 받아들이지 않고 변화를 위한 필연적 수순으로 받아들이면 오히려 배우는 기회로 활용할 수 있다고 했다.

찰스 다윈이 『종種의 기원起原』을 발표한 지도 어느새 150년이 흘렀다. 다윈은 『종의 기원』에서 "살아남는 종은 강인한 종도, 지적 능력이 뛰어난 종도 아닌, 역경에 가장 잘 적응하는 종"이라고 설파했다. 이렇듯 모든 생물은 진화한다. 이 과정에서 환경에 잘 적응하는 적자適者는 살아남고 그렇지 못한 종이 도태되는 것은 자연의 법칙이다. 또한 살아남는 생물은 여러 세대를 거치며 새로운 종을 탄생시키기도 하는데 이것이 바로 진화進化이다. 인간도 적자생존의 과정에서 나타난 진화의 산물이지 처음부터 만물의 영장이 되었던 것은 아니다.

그렇다면 국가나 사회의 근간을 이루는 진화의 핵심은 무엇일까. 나는 이것이 위기를 극복하는 힘, 혁신의 힘이라고 생각한다. 당면한 경제 위기를 극복했을 때 국가가 발전하는 것이고, 이를 극복하도록 하는 힘이 바로 진화의 유전자라고 할 수 있다.

얼마 전에 중국에 갔다가 공자가 태어난 고향인 산동성의 곡부曲阜를 방문할 기회가 있었는데 거기서 두 가지 새로운 사실을 알게 되었다.

첫째, 공자는 부유한 집안 출신인 줄 알았는데 호적도 올리지 못하는 셋째 부인의 몸에서 태어나 어렵게 컸다는 사실이다.

둘째, 공자가 3,000명의 제자를 길러낸 것으로 알고 있었는데 그 제자들이 공자의 인품을 보고 스승으로 모시며 따랐다는 사실이다. 해설사로부터 이 이야기를 듣고 지도자의 진정성에 대해 다시 한 번 생각하게 되었다.

부모는 자식의 거울이듯이 지도자 역시 구성원의 거울이라고 할 수 있다. 공자라는 스승의 거울을 보고 3,000명의 제자들이 따랐던 것처럼, 자치단체의 구성원들도 단체장이라는 거울을 보면서 따르고자 할 것이다.

그런 면에서 볼 때 지방자치의 꽃을 피우기 위한 지도자의 역할과 바른 자세는 아무리 강조해도 지나치지 않다.

문동신 군산시장

1938년 5월 22일 출생(전라북도 군산)

학 력

1951.	군산 문창초등학교
1954.	군산남중학교
1957.	군산고등학교
1974.	단국대학교 법학과
1991.	연세대학교 경영대학원(경영학석사)
1988.	영국 옥스퍼드대학교 최고경영자과정 수료
2003.	서울대학교 행정대학원 국가정책과정 수료
2003.	군산대학교 명예경영학 박사 수여
2005.	중앙대학교 대학원 박사과정(경제학박사)

경 력

1960. 7. 23.	육군소위임관
1969. 2. 23.	육군대위예편
1969.3~1997. 6.	농어촌진흥공사 입사~부사장
1997.7~1999. 12.	농어촌진흥공사 사장
2000.1~2002. 12.	농업기반공사 사장
2000.10~2001. 10.	ICID(국제관개배수위원회)
2001.	서울대회조직위원장
2000.3~2002. 12.	민주당 21C 국정자문위원
2003.10~2005. 12.	군산중고등학교 총 동창회 회장

상훈

1998. 4. 28	훈장(산업포장 : 생산성 유공)
1998. 7.	정부투자기관 기관평가 1위(대통령 표창)
1998. 8.	문창대상(문창초등학교)
1998. 10. 21.	98경영혁신대상 최고경영자상(한국능률협회)
1999. 6.	98환경경영대상(환경부, 매일경제)
2000. 4.	정부투자기관 사장평가 1위(기획예산처)
2000.11. 21.	제26회 국가품질경영대회 석탑산업훈장
2000. 12.	제7회 기업혁신대회 국무총리상
2001. 7.	미래경영대상(산업자원부)
2002. 10.	자랑스런 군중고인 대상
2002. 11. 28.	제5회 한국전문경영대상(한국전문경영인협회)
2008. 3. 1.	장한 무궁화인상 대상

문화의 힘은 강하다!
밝고 건강한 도시, 제천

아시아 최초의 음악 영화제이자 국내 유일 휴양지 영화제로 많은 찬사를 받으면서 자리 잡은 제천 국제음악영화제

인생 상담을 하던 학창 시절

나는 어린 시절 반장도 한 번 해보지 못할 정도로 성격이 조용한 편이었다. 그렇지만 주위 친구들에게 상담을 많이 해주었던 기억으로 보아 내성적이지는 않았던 것 같다. 상담 활동은 고등학교 때까지 이어졌는데, 서울로 유학 갔던 친구들도 주말에 내려오면 내게 찾아와 집안 문제와 이성 문제, 진로 문제를 털어놓았고, 나는 그런 친구들에게 나름대로 성심을 다했다.

그때 해준 이야기들이 그들에게 도움이 되었는지는 알 수 없으나 그로 인해 사색하는 시간이 많아졌으며, 나는 나 혼자가 아니라는 사실을 알게 되었다. 무엇보다 남을 도와주는 일이 가슴 뿌듯했었던 기억이 난다.

초등학교 때에는 '바른생활' 교과서에 나오는 강재구 소령 이야기를 듣고 우국충정에 불타기도 했다. 중학교 때에는 상하이 훙커우 공원에서 일본군 수뇌부들에게 도시락 폭탄을 던졌던 윤봉길 의사에 대해서 배우고 국가와 민족을 위하여 목숨을 던져 일할 수 있는 기개를 지녀야 겠다고 다짐하곤 했다. 어찌 보면 대의大義를 위해서라면 내 몸 하나 초개같이 던질 각오가 되어 있다는 영웅 심리였는지 몰라도 아무튼 공명심 역시 대단했던 것 같다.

고등학교 1학년 때부터는 가톨릭에 심취했다. 중학교 3학년 때 친구가 성당에 같이 가자고 하기에 내키지 않아 "지금은 입시가 급하니 진학하고 나서 보자"고 에둘러댔다. 고등학교에 입학하자마자 친구는 기다리고 있었다는 듯이 찾아와 성당에 가자고 했다. 종교에는 관심이 없었지만 약속을 한지라 친구를 따라 성당에 갔다. 원래 우리 집안은 교회를 다니고 있었다. 어머니는 교회도 가지 않던 내가 성당에 간다고 하자 이를 허락해 주셨다. 그 뒤로 나는 한 번도 빠지지 않고 성당에 다니며 교리를 익혔다. 어렵사리 발을 들여놓았지만 교리 시간은 개근을 할 만큼 착실히 다녀 그해 크리스마스 전야에 영세를 받고, 한 달 뒤에는 지학순 주교님으로부터 견진성사도 받았다.

1973년 당시는 공안정국 시대였다. 내게 견진성사를 주셨던 지학순 주교님이 유럽으로 선교 활동을 다녀오실 때 김포공항에 도착하자마자 서빙고 분실로 끌려갔다는 소식을 접하고 성당에서 철야구국기도회를 열기도 했다.

내게 영세를 주신 안승길 신부님은 30대 초반의 아주 강직한 분이셨다. 그 분은 반바지 차림으로 우리와 함께 축구를 하실 정도로 개방적이었고, 소신과 철학도 뚜렷하셨다.

교리를 배우는 동안 신부가 되고픈 생각이 들었다. 어렵고 불쌍한 사람들 앞에서는 허리를 굽혀도 강자와 권력 앞에서는 당당했던 신부님의 모습은 동경의 대상이었다.

그런 신부님께서 내게 "신부가 되면 잘 어울릴 것 같다. 신부처럼 멋있는 직업이 없다"고 하시는 말씀을 듣고 한때는 신부가 되겠다는 마음으로 우쭐했던 적도 있었다. 그러나 어머님이 거세게 반대하셨기 때문에 그 꿈을 접어야 했다.

돌이켜 보면 그때의 경험 덕분에 나는 지금도 소외된 사람들을 먼저 찾아보고, 소외 지역을 둘러보는 습성과 겸손이 몸에 배어 있는 편이다.

리더십을 익히다

나는 대학에서 화학공학을 전공했다. 수학을 좋아해서 이과를 가게 되었는데, 그때 이과에서는 의대나 약대에 갈 실력이 아니면 모두들 공대로 몰렸기 때문이다. 나 역시도 예외는 아니었다.

학교에서는 충북대 수학교육과 원서를 써줬다. 접수를 하기에 앞서 수학 선생님이 된 미래의 내 모습을 떠올려보았다. 내 적성에 교사는 도저히 맞지 않을 것 같아 그 자리에서 진로를 공대로 바꾸기로 하고 비교적 유망해 보이는 화학공학과로 원서를 냈다.

그러나 기초공학인 화학공학에 별 흥미를 못 느껴 2학년만 마치고 입대했다. 동생이 대학에 가야 할 시점이었고, 집안의 경제적 부담도 덜어 주기 위해서였다. 제대하고 나서는 학과 학생회 활동을 열심히 했다. 그 때문인지 학기 초마다 선거를 하면 항상 학생회장 후보 영순위로 거론되었다. 3학년에 복학해서 졸업할 때까지 연달아 4학기 내리 학생회장을 맡다 보니 리더로서 갖춰야 할 덕목인 협의 조정 역할에 익숙해졌고, 자연스럽게 리더십을 익히게 되었다.

화학공학과는 재학생을 비롯하여 잠시 휴학했다가 복학한 학생, 군에서 제대한 복학생 등 76학번부터 80학번까지 다섯 개 학번이 섞여서 함께 공부했다. 학생회장을 하는 동안 학번 간의 선후배 관계를 더욱 돈독하게 하고, 교수와 학생 간의 가교 역할을 하면서 사람과 사람의 관계를 조정하고 중재하는 일에 제법 소질이 있다는 평을 들었다.

학생회장의 역할은 중요했다. 기업에서 취업 추천 의뢰서가 오면 해당 기업의 공장이 어디에 있는지, 어떤 학생들을 원하는지를 소상히 파악해서 가장 적합한 학생을 추천해야 했다. 그러려면 무엇보다도 사심이 없어야 했다.

그러나 남의 일만 신경을 쓰다 보니 졸업을 앞두고도 정작 내가 취직할 곳이 없었다. 그러던 터에 고향에 있는 시멘트 회사에서 추천 의뢰서가 들어오자 남기대 지도교수님께서 나를 추천하셨다. 고향에 가면 처세하기가 편치 않을 것 같아 "역경과 어려움이 닥쳐도 대도시로 가서 부딪치며 경험을 쌓고 싶다"며 이를 고사했다. 지도교수님도 내 심정을 이해하셨는지 더 이상 권하진 않으셨다. 그러나 여름이 지나 9월 추석이다가와도 취업이 안 되자 부모님을 뵐 면목이 없어졌다.

세상에 눈뜨게 한 도쿄 모터쇼 참관

명절을 앞두고 대우자동차에서 영업 관리직 사원을 모집했다. 대우그룹은 새한자동차를 인수해서 대우자동차로 이름을 바꾸었는데 그때까지 새한자동차 직원들이 회사를 꾸리다가 4년제 대학 출신 대우자동차 직원을 처음으로 공개 모집한 것이다.

대우그룹 본사에서 면접을 보는데 면접관들이 내 이력과 자기소개서를 훑어보고 몇 마디 묻더니 "당신은 관리보다 영업을 아주 잘할 것 같다"고 호평했다. 확고한 목표 의식과 다양한 학생회 활동 기록을 보고 그렇게 판단한 것 같았다. 합격통지서가 날아왔다. 우리 1기생들은 명절이 끝나기 무섭게 모두 덕평 청소년 수련원으로 입소했다. 10박 11일의 신입사원 연수가 시작된 것이다.

당시 막 도입한 극기훈련이라는 일명 '지옥훈련'이 진행되는 동안 야간에 단체 행군도 하고, 열두 고개 암기 코스 통과 시험에, 목이 쉬도록 판매용사의 노래도 부르고, 수원역 앞에 서서 고래고래 소리를 지르는 훈련 과정도 거쳤다.

그 이후 10여 년은 힘들 때마다 극기훈련 정신이 나를 이끌어주었다. 수습 기간이 끝나고 근무지 신청을 해야 하는데 대도시에서 부딪치며 경험을 쌓고 싶다던 꿈을 접고, 고향 제천으로 근무지를 신청하여 올 수밖에 없었다. 당시 7년째 교제하고 있던 지금의 아내가 제천여고로 첫 발령을 받았기 때문이었다. 덕분에 이듬해 우리는 결혼식을 올릴 수 있었다.

프로 세일즈맨 경력 5년차가 되던 1988년, 도쿄 모터쇼를 참관할 기회를 주는 판매왕 선발 캠페인이 있었다. 전국에서 6개월간 실적을 평가하여 우수한 대우자동차 직원 30명을 뽑아 일본 도쿄 모터쇼를 참관시키겠다는 내용이었다.

프로란 끈질긴 집념과 근성을 보이면서도 항상 반듯한 이미지, 깔끔한 매너를 유지해야 한다. 프로는 제품을 파는 것이 아니라 나 자신을 파는 것이기 때문이다. 이 기간 동안 프로 근성을 유감없이 발휘한 결과 그해 가을, 판매왕으로 선발되어 난생 처음 이국 땅 일본에서 도쿄 모터쇼를 참관하는 행운을 얻었다.

그리고 3박 4일 동안 낮에는 도쿄 모터쇼를 참관하고, 저녁에는 도쿄 밤거리를 삼삼오오 돌아다녔다. 신칸센 고속열차를 타보고, 백화점을 구경하고, 파출소 등 시내 곳곳을 둘러보는 동안 나는 엄청난 문화적 충격을 받았다. 선진국이 왜 선진국인지를 두 눈으로 똑똑히 보았던 것이다. 백화점에서 접한 일본인들은 너무나 정숙하고 친절했다. 편도 8차선, 왕복 16차선 도로에 차가 꽉 찬 상태에서 움직여도 경음기 소리 하나 들리지 않았다. 게다가 도쿄 시내 뒷골목 도랑에서 본 팔뚝만 한 잉어는 그만큼 환경 시설이 잘된 친환경 도시라는 사실을 생생하게 보여주고 있었다. 1평 남짓한 파출소에서 경찰봉을 차고 자전거로 순찰을 하는 경찰관에게서 시민을 위한 봉사자의 진정한 모습도 읽을 수 있었다. 지하철에서 조용히 책을 보며 독서삼매경에 빠져 있는 일본인들도 너무나 인상적이었다.

음식점 주인들은 언제 다시 올지도 모르는 한국의 젊은이들에게 문 앞까지 나와 90도로 인사하면서 연신 허리를 굽혔다. 그 순간 '우리 같은 뜨내기손님에게 저들이 지금 도대체 무슨 생각을 하고 저렇게 친절할까?' 하는 궁금증이 일었다. 투철한 프로의식과 철학이 없다면, 그리고 친절이 몸에 배지 않았다면 도저히 할 수 없는 행동들로 느껴졌다.

3박 4일의 꿈같은 일정이 어느덧 흘러가고 다시 김포공항으로 돌아왔다. 청량리에서 기차를 타고 밤 11시쯤 제천역에 도착했다. 역에서부터 가방을 둘러메고 집까지 천천히 걸어오는 동안 나는 자연스럽게 상념에 잠겼다.

어제까지만 해도 도쿄 시내에 있었는데, 희미한 가로등불이 깜빡깜빡 졸고 있는 한적한 제천 시내를 바라보면서 이곳이 대한민국, 내가 태어난 곳이고, 앞으로 내가 살아가야 할 고향이라고 생각하니 왠지 모를 답답함이 느껴졌다. 그러면서도 내 분야에서 일등도 해봤고, 덕분에 도쿄 모터쇼도 참관해 보았으니까, 이제는 뭔가 새로운 도전을 해보자고 스스로에게 다짐했다. 돌아보면 나의 삶에서 새로운 경험은 늘 새로운 도전을 잉태하곤 했다. 법정 스님이 "삶은 순간순간이 아름다운 마무리이자 새로운 출발이어야 한다"고 했듯이, 새로움은 늘 나를 설레게 했다.

나만의 로드맵을 설정하라

무엇인가에 도전하자는 생각으로 골몰하던 어느 날, 주간지 한 권이 눈에 가득 들어왔다. 《시사저널》이라는 잡지였다. 표지 전면에는 〈세계를 움직이는 100인〉이란 타이틀과 함께 영광스런 얼굴들이 특집으로 실려 있었다. 한국인으로는 유일하게 폐암의 세계적 권위자인 한용철 박사가 포함되어 있었다. 서울대학병원장, 대통령 주치의, 삼성의료원장 등 의사로서 명예로운 자리를 두루 거친 그는 폐결핵과 폐암 분야의 최고 권위자로서 평생을 폐암과 결핵 퇴치에 앞장서는 등 의술 수준을 높였을 뿐만 아니라 병원 경영자로서도 획기적 업적을 남긴 분이셨다. 한 박사는 그렇게 많은 일을 하고도 1999년 타계할 때에는 우리나라의 장례문화를 고치는 데 앞장서겠다면서 본인도 화장해 유골을 공원에 뿌리도록 유언하여 이를 실천했던 사람이기도 했다.

일본에 다녀온 뒤로 정신적 공황상태에 빠졌던 터라 한 박사를 보는 순간 '나는 세계는커녕 제천을 움직이는 100인에도 끼지 못하고 있다'는 사실에 자괴감이 들었고, 표지인물들을 보면서 새로운 도전을 하기로 결심했다.

우선 5년 안에 나도 제천을 움직이는 100인에 들어야겠다는 목표를 세운 뒤 어떤 분야로 100인 가운데 한 명으로 자리매김할지는 도전하면서 천천히 생각하기로 했다. 목표가 달성이 되면 10년 뒤에는 제천을 움직이는 10인에, 15년 뒤에는 제천을 움직이는 1인에 도전하고, 다시 5년 뒤에는 대한민국을 움직이는 100인에, 10년 뒤에는 대한민국을 움직이는 10인에, 15년 뒤에는 대한민국을 움직이는 1인에 도전하겠다는 목표를 세웠다. 나이 서른에 세운 목표였으니, 30년 뒤 회갑 때에는 어떤 분야든 대한민국을 움직이는 사람 가운데 한 사람으로 떳떳하게 설 것이라는 생각에 이르자 가슴이 뛰는 듯 했다.

그때부터 나는 마음이 통하는 사람과 만났다 헤어질 때마다 "정상에서 만나자"는 말을 입버릇처럼 되뇌었다. 그 정상이 무엇을 추구한 결과일지, 무엇을 위한 도전의 성취일지는 분명하지 않았지만, 최선을 다한 삶의 결과라는 사실에는 의심의 여지가 없었다. 산도 정상에 올라서면 봉우리끼리는 서로 마주 보는 법이다. 대통령이 되었든, 기업 총수가 되었든, 해당 분야의 정상에 올라선 사람들은 산봉우리처럼 서로 마주 볼 수밖에 없지 않겠는가?

이런 생각을 하며 새로운 도전을 꿈꾸고 있는데 1990년에 30년 만에 지방자치가 부활한다는 발표가 있었다. 그해 2월 초 나는 둘째 아이를 출산한 아내를 간병하고 새벽에 출근을 하다가 빙판길에 교통사고를 당해 어깨 골절 등의 부상을 입고 병원신세를 지게 되었다. 일주일쯤 지나고 통증이 어느 정도 가시자 장기 휴가를 받은 기분이 들었다. 입원실에서 신문, 주간지 등을 뒤적거리다가 《옵서버》 창간호 부록 〈지방의회 진출 가이드〉란 책자를 펼쳤다. 그 순간 제천시의회의원 선거에 도전하는 것이 나의 '운명'이 아닐까 하는 생각이 파도처럼 밀려왔다.

'젊은 사람 잘 뽑았다는 말씀을 꼭 듣고 싶습니다. 키워준 나무는 결코 은혜를 잊지 않습니다. 더욱 자라서 그늘이 되고 재목이 되어 늘 여러분 곁에 있겠습니다!'라는 선거 캐치프레이즈를 내걸고 도전한 결과, 선후 배들의 극진한 도움에 힘입어 '서른세 살에 충북 최연소 당선'이라는 신 문기사의 주인공이 될 수 있었다. 시의원 당선증서를 받는 순간 나도 제 천을 움직이는 100인에 포함되었다는 자부심에 뿌듯함이 밀려왔다. 그 뿌듯함은 제천 시민을 위해 일하겠다는, 제천의 발전을 도모하겠다는 시민과의 약속이기도 했다.

4년 뒤에는 제천시와 제천군이 통합되면서 기초, 광역의원 전체 합쳐 서 26명이 재도전했는데 이 가운데 재선된 사람은 아홉 명뿐이었다. 의 정 활동을 열심히 한 덕분인지 내 지역구에서는 아예 경쟁자가 없어서 무투표로 재선의 고지에 올라서면서 이제 10인에 포함되었다는 자긍심 에 혼자 위안을 했다.

젊은 나이에 시의원이 된 나를 보고 "정치에 뛰어들 줄은 꿈에도 몰랐 다"면서 의아하게 생각하는 친구들이 있다. 그러나 남몰래 키워왔던 공 명심과 도전 정신은 자신도 모르는 사이에 내 운명이 되었고, 지금도 나 는 그 운명을 실현해 가는 과정에 있다.

초대 시의원 선거를 앞두고 출마 예상자들이 거론될 때 아버지 세대인 지역 유지들만 하마평에 오르내리는 것이 왠지 싫었다. 보다 정확히 표 현한다면 젊은 세대에 주목하지 않는 분위기가 싫었고, 나와 같은 30대 는 출마 예상자조차 없다는 사실도 불만스러웠다. 30대에 정치판에 뛰 어든 이유는 청소년 시절 친구들의 고민을 상담해 주고, 대학 때 학생회장을 하면서 조정과 통합의 역할을 하던, 하느님께서 주신 나만의 달란트도 작용했다. 여기에 일본에 다녀온 뒤 내 고향을 위해 뭔가를 해야겠다는 의욕, 그리고 내 인생 전반에 깔려 있는 강렬한 도전 정신과 목표 의식도 복합적으로 작용했다.

첫 번째 좌절, 국회의원 낙선

‘제천을 움직이는 10인’ 도전에 성공한 뒤 나는 ‘제천을 움직이는 1인’에 도전하기 위해 목표를 제천시장과 국회의원 출마에 두고 새로운 행보에 나섰다.

먼저 시장에 직접 출마하기 위해 98년 정당 공천 경쟁에 뛰어들어 시내 한복판에 3층짜리 건물을 통째로 빌려 밥솥까지 걸어놓고 지지자들과 함께 도전 의지를 불태웠다. 그러나 당은 등록 3일 전까지 후보 발표를 미루다 뒤늦게 현직 시장의 손을 들어주었다. 화도 많이 났지만 결과에 깨끗이 승복하고 은인자중하고 있던 터에 2000년 16대 총선에 출마할 수 있는 기회가 왔다.

지역구 국회의원이 건강을 이유로 불출마를 선언한다는 정보가 들려온 것이다. 여의도 쪽에서 나를 적극적으로 지지했던 지인들은 내가 시장 공천 경쟁에서 탈락하자 허탈감과 안타까움을 갖고 있던 중에 이 같은 정보를 입수하고 도전을 제의해 왔다.

가까운 사람들과 상의하자 의견이 찬반양론으로 엇갈렸다. 집안에서는 "공천을 받는다는 보장도 없는데 쪽박 차려고 하느냐?"면서 극구 말리는 것이었다. 선거는 두 달 앞으로 다가와 있었다. 공천을 받는다는 전제하에 출마하겠다고 가족들과 주변을 설득하고 상경했다.

나 나름대로는 여의도에 믿는 구석이 있었다. 우여곡절 끝에 한나라당 공천을 받고, 가까스로 지구당 개편대회를 마치자 합동유세와 정당연설회, 4대 방송사 TV토론 출연 등 후보자 혼자서 소화해야 할 큰 행사 열 건이 기다리고 있었다.

돌이켜 보면 그땐 젊은 혈기 하나로 겁도 없이 총선에 뛰어든 것 같다. 정책 개발과 공약도 제대로 준비하지 못한 상태에서 총선이 시작되었다. 당시만 해도 선거는 조직이 움직일 때였고, 돈이 없으면 조직 자체가 아예 굴러가지 않았다.

전임 국회의원의 조직을 물려받고, 내 사조직을 포함해서 전체 조직을 모두 가동하려니 금전적 고통이 상상을 초월했다. 후보자 혼자서 치러야 하는 유세와 TV토론, 새벽부터 밤늦게까지 제천, 단양의 마을 구석구석을 찾아다니며 유권자들과 인사를 나누고, 길거리 유세를 해야 하는 일정도 버거웠다.

선거가 일주일 남았을 무렵부터는 당락을 떠나, 내일 당장 선거를 치렀으면 좋겠다는 생각이 들 만큼 하루하루가 너무도 힘들었다. 제1당의 공천을 받아 후보로 출마한 입장이어서 모든 공식 일정은 전부 소화해야 하는 상황이었다.

결국 선거에서는 차점자로 떨어졌다. 나는 무사히 선거를 치렀다는 것만으로도 큰 경험이 되었다고 스스로를 위안했다. 선거가 끝난 뒤 부족했던 것이 무엇이었고, 더 갖춰야 할 것들이 무엇인지를 나름대로 깊이 성찰해 보았다.

나는 삶 자체가 목표를 세우고 도전하는, 일련의 과정이라고 생각한다.

제천시장에 당선되다

누구라도 그러하듯이 나도 내 고향 제천 산하를 정말로 사랑한다.

시인 정호승은 그의 시 「눈물이 나면 기차를 타라」에서 "눈물이 나면 기차를 타고 선암사로 가라 / 선암사 해우소로 가서 실컷 울어라 / 해우소에 쭈그리고 앉아 울고 있으면 / 죽은 소나무 뿌리가 기어다니고 / 목어가 푸른 하늘을 날아다닌다 / 풀잎들이 손수건을 꺼내 눈물을 닦아주고 / 새들이 가슴속으로 날아와 종소리를 울린다 / 눈물이 나면 걸어서라도 선암사로 가라 / 선암사 해우소 앞 / 등 굽은 소나무에 기대어 통곡하라"라고 했다.

내게 있어서 고향 제천은 바로 정호승 시 속의 '선암사'와 같은 곳이다. 내가 기댔던, 그리고 나를 키워주고 반듯하게 꿈꿀 수 있게 해준 터전이기 때문이다.

특히 내 인생에 커다란 전환기가 된, 일본 도쿄 모터쇼를 참관하면서 가슴에 출렁였던 감흥 이후, 내가 태어나고 뼈를 묻을 고향 제천에 대한 애착은 더욱 강렬해져 갔다.

국회의원 선거에서 떨어진 뒤 원외 지구당 위원장으로 활동하면서 일본 구마모토 현 지사인 호소카와 모리히로와 시네마 현의 이즈모 시장을 역임한 이와쿠니 데쓴도가 공동으로 저술한 『지방의 논리』라는 책을 읽고 많은 생각을 하게 되었다. 그와 동시에 민선 자치는 본격적으로 시작되었으나 아직도 변화 없이 고착화된 하드웨어적 행정에 머물러 있는 제천시를 바라보노라면 마음이 답답해지고 가슴이 먹먹해졌다. 물론 당시 시장님도 많은 업적을 남기고 최선을 다해 제천을 이끌었지만, 내가 제천시의 변화를 주도해 보자는 생각과 도전 의식을 갖게 된 것은 이런 배경이 한몫했다. 시장이 된 지금도 '제천 시정을 추진하는 사이 그때 내가 느꼈던 그런 먹먹함을 누군가가 느낄지도 모른다'고 가정하면서 스스로를 경계하며 채찍질하고 있다.

지구당 위원장을 하는 동안에는 중앙 정치인들과 많은 교류를 했다. 부총재급 중진의원, 미래연대의 젊은 국회의원 20여 명과 함께 서울파크호텔에서 지구당후원회도 열고, 청풍호를 중심으로 수도권 상수원 보호구역에 관한 '미래연대' 토론회를 제천에서 주최하기도 했다. 이 토론회는 경기도 양평·가평 출신 정병국 의원이 주제 발표를 맡고, 여러 의원들과 함께 열띤 토론을 벌였는데 지역민들에게는 나도 지역 발전을 위해 시민들의 목소리를 대변할 수 있는 인물이라는 인식을 심어주었다. 덕분인지 그 뒤 내가 제천시장 선거를 앞두고 '지구당 후원의 밤' 행사를 열자 제천시가 생긴 이래 가장 많은 국회의원들이 제천을 방문해 주었다.

당시 박근혜 부총재를 비롯하여 강재섭 부총재, 박희태 부총재, 하순봉 부총재, 홍사덕 국회부의장, 이상득 사무총장 등 부총재급이 대거 참석했다. 원희룡 의원이 사회를 맡고, 김성조, 오세훈 의원을 포함하여 20여 명의 현역 국회의원들이 내려왔다. 그날에는 축사 순서를 어떻게 해야 할지 행복한 고민을 해야 했고, 축사를 하는 분들도 "원외 위원장이 겁(?)도 없이 중앙당 거물들을 대거 불러 내렸다"고 축사 도중에 농담을 하시는 등 분위기를 띄워주었다.

2002년 민선 3기 제천시장 선거가 본격화되자 변화에 대한 나의 의지와 열망을 시민들에게 집중적으로 부각시켰고, 이러한 노력은 결국 표로 연결되었다. 변화를 갈망하는 시민들의 기대가 나를 압도적으로 지지해 준 것이다. 물론 여기에는 2년 전 총선에 출마했다가 차점으로 낙선한 것을 안타깝게 여겼던 우리 유권자들의 동정표도 보태졌을 거라고 생각한다.

나는 30대 초반부터 공인생활을 하면서 공인으로서, 지도자로서 스스로 정한 덕목이 있다.

첫째, 공과 사를 구별할 줄 아는 분별력을 갖자. 둘째, 어느 한쪽으로 치우치지 않는 평형 감각과 사고의 유연성을 갖자. 셋째, 항상 10년, 20년 앞을 내다보며 역사를 두려워하는 죄인의식을 갖자. 이런 세 가지 덕목에 대해서는 지금도 초심을 잃지 않고 꼭 지키려고 늘 노력하고 있다.

나는 본당의 신부님으로부터 "사람은 돈, 명예, 권력 중 하나만 온전

히 얻으려고 노력해야지, 하나 얻었다고 다른 욕심을 부리면 다 잃는
다", "술잔에 7부 이상 차면 다 사라져버리는 계영배戒盈杯처럼, 항상 멀
리 보고 늘 주위를 살피라"는 말씀을 듣곤 하는데, 이는 힘들 때 나를 추
스르는 힘이 되고 있다.

변화를 이끄는 학습 경영

생각이 바뀌면 행동이 바뀌고, 행동이 바뀌면 습관이 바뀌며, 습관이
바뀌면 성품이 바뀌고, 성품이 바뀌면 운명도 바뀐다는 이야기가 있다.
세상을 바꾸는 것은 사람이지만 사람을 바꾸는 것은 교육의 힘이다. 따
라서 교육은 콩나물시루에 물 주듯 주기적이고 지속적으로 이루어져야
한다.

"콩나물시루에 물을 주면 밑 빠진 독에 그 물이 하릴없이 새나가는 것
같지만 흐르는 시간과 더불어 콩나물은 조금씩 자란다. 마찬가지로 사
람도 꾸준한 교육을 통해 서서히 성장하는 법이다."

장성 아카데미 프로그램을 운영해 전국적 명성을 날렸던 김흥식 장성
군수의 말처럼 새로운 지식과 정보를 습득하기 위해서는 교육만큼 좋은
방법이 없다. 나는 시장에 취임한 뒤로 교육에는 투자를 아끼지 않았다.
2002년 취임 첫해에 '창조적 혁신 과정' 교육을 민간 교육 전문기관인
현대인재개발원에 위탁하여 2박 3일 일정으로 시작했다. 일용직에서 시

장에 이르기까지, 전 직원과 지역 국회의원, NGO 대표까지 함께 참여하여 문제의식을 공유하고 해결방안을 모색해 보자는 취지로 의식 개혁, 민관 협력의 새로운 기틀을 마련하는 교육의 장이었다. 교육이라면 서로 가지 않으려 하던 공무원들도 예전의 공무원 연수와 전혀 다른, 혁신이 왜 필요한지 머리에 쏙쏙 들어오는 교육을 받자 강의를 듣는 태도가 달라졌다.

2003년에는 1단계 의식 개혁 교육에 이어 상반기에는 6급 이상에서 시장까지 전원을 민간 교육기관에 위탁하여 2박 3일간 '관리 능력 향상 과정'을 합숙하며 관리자로서의 리더십 구축, 조직 결속 방안, 중앙정부의 정책 방향 이해 등에 대해 함께 고민해 보는 시간도 가졌다. 하반기에는 7급 이하 전 직원을 대상으로 '조직 공동체 한마음 과정'이라는 조직 강화 교육을 실시했고, 2004년에는 신규 공무원 100여 명을 교육기관에 위탁하는 등 해마다 직급별 맞춤식 교육을 지속적으로 시행하고 있다.

이러한 교육은 신규로 임용된 공무원들이 조직과 업무에 적응하는 데 큰 도움을 주었으며, 제천시가 지향하는 새로운 비전과 가치를 전 직원이 공유하게 하여 새로운 환경 변화에 대처할 수 있는 개혁 마인드를 향상시켜 주었다. 또한 부서 간 원활한 정보 교류로 자율과 협동이 조화를 이룰 수 있도록 하는 데에도 지속적이고 체계적인 교육이 주된 역할을 했다.

이러한 교육 덕분에 제천시 공무원들의 마인드는 전국 어느 시군보다 앞서 있다고 자부한다. 나는 행정도 뭔가 '색깔 있는 패션 행정'을 추구해야 한다고 늘 강조한다. 또한 민간 위탁 교육을 통해 변화와 혁신을 추

푸른 제천 아카데미에 강사로 초청된 도올 김용옥 선생이 색소폰을 연주하는 모습.

구하면서 여러 가지 사업을 추진하고 싶다.

매주 목요일 시민과 함께하는 푸른 제천 아카데미, 논어·주역·풍수 등 고전을 강의하는 청풍선비대학, 환경지도자대학, 여성 아카데미 등 다양한 평생 학습 관련 프로그램도 지속적으로 개발하고 있다.

미래에는 삶의 질이 모든 가치에 우선할 것이며 삶의 질은 끊임없는 교육이 뒷받침되어야 가능할 것이라는 소신에는 변함이 없다. 때문에 교육은 평생 학습 차원으로 승화되어야 한다고 생각한다.

시민과 함께 극복한 님비 현상

지방자치단체마다 공통적으로 겪는 어려움 가운데 하나가 님비 현상이다. 쓰레기 매립장이나 소각장, 화장장, 납골당과 같은 혐오 시설은 지가 하락과 환경오염에 대한 우려 때문에 인근 지역 주민들의 반발이 거세, 입지 선정 과정에서부터 지자체와 주민 간 갈등이 심화되어 사업을 추진하기가 여간 곤혹스러운 것이 아니다. 특히 환경오염을 야기할 수 있는 사업은 정부에서 발주하는 대형 국책 사업들도 예외가 아닌데, 하물며 지방자치단체에서 추진하는 사업은 더욱 주민들의 반대에 직면할 수 있다.

님비 현상을 극복하는 가장 좋은 방법은 입지 선정에서부터 투명성을 확보하고 최적의 입지를 결정할 수 있도록 객관성과 공정성을 기하는 것이다.

2003년 나는 앞으로 50년 이상 사용하게 될 제천시 폐기물종합처리시설 설치를 성공적으로 추진하기 위해 TF팀을 구성한 뒤 정책 결정 과정에서부터 주민들과 함께 갈등을 풀어나가기로 했다. 당시 뜨거운 논란이 되었던 전북 부안군 위도 원전수거물관리센터 유치 문제에서 볼 수 있듯이, 입지 선정 과정에서부터 지역 주민과 사회적 협의나 합의 없이 사업을 추진하다 보면 강력한 저항에 직면할 수 있다. 주민들을 대상으로 홍보와 교육을 병행하여 쓰레기도 활용하면 자원이 된다는 발상의 전환을 꾀할 수 있도록 했다.

이와 함께 시정조정위원회의 의결을 거쳐 생활 쓰레기 매립, 소각, 음식물 쓰레기, 재활용품 선별 처리 등 4대 폐기물종합처리시설을 '제천시 자원관리센터'라는 친환경적 용어로 명칭부터 바꿨다.

혐오 시설 이미지를 바꾸기 위해 입지 선정 과정에서 시민과 이해관계에 있는 지역 주민 600여 명을 초청하여 구리시 자원회수시설 등 최첨단 환경 시설과 주민 편익 시설을 견학하게 하여 환경 피해에 따른 불안감을 덜어주었다.

시설이 들어서는 주변 지역에는 획기적인 인센티브를 제공했다. 이러한 과정을 거쳐 입지 후보지를 공개 모집한 결과, 놀랍게도 여섯 개 마을에서 응모하여 입지 선정 과정의 주민 반발을 원천적으로 줄일 수 있었다.

공모에 신청한 여섯 곳은 전문연구기관에 입지 타당성 조사를 의뢰하는 한편, 입지선정위원회를 구성하여 선정의 공정성을 확보했다. 위원장은 중립적이고 전문지식을 갖춘 대학교수로 선임했다. 위원들로는 여성단체 대표와 NGO 단체들도 참여시켰다.

이러한 사업 진행 과정은 시민들과 응모 지역 주민들에게 좋은 평가를 받았다. 입지 후보지 여섯 개 마을에 대한 현지 방문 주민설명회를 열고, 타당성 조사 결과를 공개하여 선정의 투명성을 높였다. 선정 이후에도 탈락한 다섯 개 마을에는 위로 차원에서 4,000만 원씩 상사업비를 배정하면서 내부 갈등을 마무리했다. 제천시의 자원관리센터 입지 선정 과정은 신문, 방송 등 언론의 집중적인 관심을 받았고, 혁신 사례 및 님비 극복 사례로 지금까지 전국에 많이 소개되고 있다.

시립 화장장과 납골당도 '영원한 쉼터'라는 이름으로 주민들과 협의 하에 설치가 결정되었음은 물론이다. 이러한 사업들을 하면서 지방자치는 단순히 '행정의 수단'이 아니라 '더불어 사는 생활양식의 구현'이라는 교훈도 깨우쳤다.

바꾸고 싶은 제천의 이미지

"서울 사람들에게 제천을 아느냐고 질문하면 그들은 어떻게 대답할까? 안다고 하면 제천을 어떤 이미지로 기억하고 있을까?"

얼마 전 서울에 있는 제천학사에서 후배들을 제천 한방바이오엑스포 홍보대사로 위촉하고 특강을 하면서 학생들에게 이 같은 질문을 던진 적이 있다. 서울 사람 중에는 제천시가 강원도에 있는지 충북에 있는지도 모르는 사람에, 아예 제천이라는 도시 이름을 못 들어봤다는 사람들도 있다. 나이가 드신 분들은 제천을 시멘트 공장이 많은 동네, 충주 옆에 있는 '울고 넘는 박달재' 산골동네로 기억하고 있었다. 과거 중앙선, 태백선, 충북선 등 세 개 국철이 제천을 통과해서 그런지, 철도 도시로 알고 있는 사람들도 꽤 많았는데, 이들조차도 제천의 이미지를 역 앞에 건달이 많고 지저분한, 드센 동네로 기억하고 있었다.

나는 제천의 이 같은 부정적인 이미지를 희망적이고 역동적인 이미지로 바꾸고 싶었다. 기적의 도서관 유치전에 뛰어들었던 것도 실은 그런 맥락의 하나였다. '책 읽는 사회문화재단'과 MBC 김영희 PD가 공동으로 추진했던 〈느낌표! 책! 책! 책을 읽읍시다. 기적의 도서관〉 유치는 당시 전국 시청자들에게 큰 이슈였다.

다행히 1호 순천에 이어 제천에 2호로 기적의 도서관이 준공되면서 제천에서 진행된 기적의 도서관 개관식도 TV로 전국에 중계되었다.

제천이 네 번씩이나 〈느낌표!〉 인기 프로에 소개가 된 후, 아들이 대학생이 되어 서울에 갔을 때의 일이다. 서울역 앞에서 중학생들이 단체로 표를 사달라고 부탁해서 도와주는 동안 "오빠, 어디에 살아요?" 하고 묻기에 "제천!"이라고 답했더니, "아! 그 기적의 도서관 있는 데?" 하면서 아주 반가워하더라는 것이었다. 이때 주고받은 이야기를 하면서 "아빠! 기적의 도서관이 성공했어요. 서울 아이들이 제천을 기적의 도서관이 있는 도시로 기억하고 있어요" 하고 자랑스럽게 말하는 것이었다.

한 번은 우리 지역 제천고등학교 학생들이 TV 방송에서 골든 벨을 울리는 것을 보고, 전 직원 월례조회 석상에서 "골든 벨을 울린 것이 제천시에 얼마 정도의 홍보 효과가 있었다고 생각하느냐?"고 물은 적이 있었다. 정확하게 따질 수는 없는 일이지만 적어도 내가 볼 때엔 20억 원 이상의 광고 효과보다 더 크면 컸지 작지는 않았을 것이라고 생각한다.

도시의 이미지도 이제는 마케팅 개념으로 접근해야 한다. 기적의 도서관 착공식과 개관식이 TV에 방영되는 것과, 제천 학생들이 골든 벨을 울리는 것을 지켜본 전국의 수많은 시청자들이 제천을 좋은 이미지로 기억하리라는 점에는 의심할 여지가 없다.

나는 지금도 제천의 이미지를 바꾸기 위한 밑그림을 그려가고 있다. 기본적으로는 한방특화도시, 영상문화도시, 의료관광도시라는 세 가지 콘셉트를 바탕으로 다양한 콘텐츠를 통해, '평생학습 건강도시'를 미래 비전으로 키워가고 싶다.

제천의 이미지도 '정체'와 '퇴색', '절망'의 회색 이미지가 아닌 한방 건강의 도시, 영화와 음악이 흐르는 도시, 호반의 도시, 낭만의 도시라는 푸른 이미지로 바꾸기 위해 지금도 나는 아이디어와 사업을 찾는 데 동분서주한다.

제천이 생명력이 넘치고 역동적인 도시로 온 국민이 기억해 주기를 바라는 마음은 제천 시민의 한 사람이기도 한 나의 꿈이다.

팀제가 남긴 것

산업자원부 출신의 오영교 전 행정자치부 장관은 코트라^{KOTRA, 한국무역} 진흥공사 사장으로 있을 때 일과 성과 중심, 고객 중심의 팀제를 운영하여 하위 수준의 코트라를 최우수 공기업으로 탈바꿈시킨 장본인이다. 그래서 산자부 장관으로 부임할 줄 알았는데 당시 노무현 대통령은 지방행정 조직을 혁신하기 위해 그를 행정자치부 장관으로 임명했다.

나는 그의 저서 『변화를 두려워하면 1등은 없다』라는 책을 읽어봤고, 특강도 들어본 터여서 책 200권을 사서 직원들에게 나눠주고 한 달 내로 독후감을 제출하도록 했다. 오 장관을 초청하여 특강을 듣기 위한 준비였다. 그리고 오 장관이 왔을 때 직원들이 제출한 독후감 묶음을 전해드리면서 "우리 직원들은 이렇게 강의를 들을 준비가 되어 있는 사람들"이라고 말하자 그는 감동하는 눈치였다.

강의가 끝나자 오 장관은 『유쾌한 혁신』이라는 책을 내게 주었다. 행자부 장관을 하면서 느낀 것들, 공조직에 접목시키면서 깨달은 여러 가지 사례를 담은 내용이었다. 나는 그 책도 추가로 구입해서 직원들에게 필독서로 권했다.

행자부가 혁신 시스템의 도입을 위해 전국 지자체를 대상으로 공모를 했다. 전국 광역에서 한 군데, 50만 명 이상과 이하의 시에서 각 두 군데, 그리고 구청에서 두 군데씩 신청을 받아 선정된 자치단체에는 혁신 자치단체 지원금으로 3억 원의 특별 교부금을 주는 조건이었다. 이 지원금

제천發 '공무원 보직아웃제' 전국으로 번져 나가야

충북 제천시가 직무성과가 나쁜 간부급 공무원의 보직(補職)을 박탈하는 '보직아웃(Out)제'를 단행했다. 제천시는 작년 1월에 2국·2실·15과·88계(담당) 조직을 2본부·41개 팀으로 개편하는 팀제를 도입했다. 예전엔 5급(사무관)이면 과장, 6급(주사)이면 계장이던 것을 5·6급 구분 없이 팀장을 맡겼다. 그래 놓고 1년간 팀 업무실적을 평가해 전체 팀장의 10%인 4개 팀장(5급 1명, 6급 3명)을 지난 15일 다른 부서 평(平)팀원으로 발령냈다. 상위 10% 평가를 받은 팀장은 원하는 부서로 보내줬다. 팀원들에게는 팀 평가에 따라 성과급을 차등(差等) 지급한다는 계획이다.

지자체 공무원들은 숫자도 지나치게 많고 성과 관리도 제대로 이뤄지지 못하는 경우가 많다. 제천시는 인구 13만6000명에 정규 공무원이 999명이다. 서울 서초구가 인구 41만명에 공무원 1300명인 것과 비교하면 인구에 비해 공무원이 2.3배나 되는 셈이다. 그렇다 보니 제천시 예산에서 인건비 비중이 30%나 된다. 시민 복지에 써야 할 돈이 공무원 인건비로 흘러 나가고, 공무원은 무능하고 태만해도 자리가 없어질 걱정 없이 근무해 왔다. 제천시만 이런 게 아니다.

제천시는 팀장제에 따라 선임 사무관이라도 업무능력이 떨어지면 보직을 잃고 후배 팀장 밑에서 일할 수밖에 없다. 종전엔 계원들을 지휘하는 준(準)관리자 역할을 하던 6급 계장 88명 가운데 70명이 평팀원이 됐다. 5급이 맡던 투자유치팀장은 개방직으로 만들어 대기업 해외지사장을 했던 사람을 영입(迎入)했다. 공무원 조직에 긴장을 불어넣고 실제 일하는 조직으로 만들려는 노력이다. 국민을 주인으로 모시는 행정이란 바로 이런 것이다.

작년 공무원 퇴출을 주도했던 울산시는 올해도 사무관 1명을 포함한 5명의 문제 공무원을 추려내 쓰레기 분리수거 점검 등 단순 업무를 맡겼다. 서울시도 작년에 울산을 본떠 업무능력과 태도가 수준 이하인 102명을 솎아내 교육·봉사활동을 시켰다. 제천시의 '보직아웃제' 혁신 바람이 모든 지자체, 모든 공무원 조직으로 번져 나가야 한다.

18.8 X 9.5 cm

제천시가 단행한 보직 아웃제를 긍정적으로 평가한 조선일보 사설.

을 받아서 교육비와 팀제 조직 개편의 용역비로 활용해야겠다는 생각에 행자부 출신인 당시 부시장에게 제천시도 응모하도록 했다. 그때까지만 해도 조직을 팀제로 개편하겠다고 나서는 자치단체장은 거의 없었다. 충북도에서는 청주시와 제천시가 응모했는데 행자부는 이 사업에 가장 적극적이고 의욕적이라고 판단한 제천시의 손을 들어주었다.

2006년 제천시장에 재선되자 나는 팀제 경험이 가장 많은 한국능률협회에 의뢰해 조직 진단 및 팀제 개편에 착수해서 제천시를 일과 성과 중심, 고객 중심의 업무 경쟁 팀제로 개편하고, 의회를 거쳐 연말까지 이 문제를 마무리 짓기로 했다.

의회와 노조의 반발이 만만치 않았다. 우여곡절 끝에 개편을 완료하고 2월부터 전국 최초로 전면 팀제를 시행했다. 본청의 17개 실·과를 35개 팀으로 개편하고, 6급의 담당 보직을 없애는 대신 팀원으로 편입했다. 그 결과 본청에 6급 담당이 88명이었는데 그중 18명만 팀장 보직을 받고 일부는 파트장, 대다수는 평 팀원으로 편입시켰다. 업무도 팀별로, 일과 성과 중심으로 계량화해서 직무성과계약서 서명식을 하고, 연말에 10% 보직 아웃을 시키는 제도를 도입했다.

35개의 팀장 중 17명은 5급 팀장이었고, 18명은 6급 팀장이었다. 6급 담당 보직을 다 없애고 35개의 팀마다 일 중심, 성과 중심, 고객 중심으로 경쟁을 유도했다. 무경쟁 집단의 행정 조직을 경쟁 조직으로 전환시킨 것이다. '경쟁'이 곧 '경쟁력'이 되었다.

그 결과 조직은 역동적으로 움직였다. 일부는 팀 간의 경쟁의식 과열 때문에 업무 협조 및 교류가 잘 이루어지지 않았고, 실적 위주로 가다 보니 단기 성과에만 급급해하는 시행착오도 없지 않았다. 그러나 그해 제천시는 중앙부처에서 평가하는 50개 부분에서 최우수와 우수 평가를 받으면서 시상금만도 30억 원 이상을 받는 최고의 성과를 거두었다.

반면에 팀별 인센티브는 있었지만, 실제 단행한 10% 보직 아웃제는 노조의 거센 반발을 샀고, 조선일보 사설에 등장할 정도로 전국적 이슈가 되었다. 나는 어차피 완벽한 행정 조직은 없다고 생각한다. 오히려 조직은 운용하기 나름이다.

이명박 정부가 들어서자 중앙의 행정 조직을 대국대과제로 개편하면서 지방자치단체의 조직도 개편하라는 행정안전부의 요구가 있었다. 제천시도 팀제의 장점인 경쟁 시스템, 혁신 체계는 최대한 살리면서 2010 제천 국제한방바이오엑스포, 제천 국제음악영화제와 같은 대단위 국제행사 등 굵직한 현안을 앞두고 조직력 강화와 조직의 규모화, 탄력성을 보완키로 했다. 팀제의 장점과 기업 마인드를 유지하려면 본부장 명칭 아래 과장, 팀장 체제를 유지하는 것이 좋겠다는 내부 의견을 반영하고, 팀 수는 60개 팀으로 노조와 절충을 해서 '제천형 신新 성과주의'라는 체계로 조례 개정과 인사를 마무리했다.

보직과 진급의 기쁨을 가장 큰 성취동기로 느끼는 공무원들에게 팀제는 조직 내에서 보직을 받지 못해서 겪는 상실감을 불러일으키는 등 부작용도 없지 않았기에 미안한 생각도 들었다. 하지만 조직의 변화와 함께 매너리즘을 극복하는 데에는 많은 도움이 되었다고 생각한다.

덕분에 제천시 조직은 팀별 경쟁 체제를 유지하면서, 기존 6급의 30%는 무 보직으로 주요 업무에 투입되어 조직의 허리 기능을 강화하고, 업무의 완성도를 높인다는 측면에서 생산적인 조직 체계로 바뀌었다. 때문에 제천시 조직은 전국 어느 시군에서 벤치마킹해도 좋은 매우 효율적인 조직으로 진화되었다고 확신하고 있다.

인재 양성의 요람, 제천학사 건립

민선 3기 시장에 취임한 뒤로 내가 가장 역점을 두었던 전략적 테마는 인재 양성이었다. 한 지역의 미래는 인재를 얼마나 육성하고 보유하느냐에 달려 있다. 인재는 곧 지역의 경쟁력이자 국가의 동력인 것이다.

지방자치단체장이 아무리 명민하고 부지런해도 혼자서는 십리도 못 가 발병이 나지만, 지역 주민이 합심하여 노력하면 천릿길도 갈 수 있다. 지역민의 힘을 모으고 아이디어를 개발하여 정책화하는 역할은 지역의 인재들이 맡아주어야 한다.

제천시를 미래혁신도시로 발전시킬 인적 네트워크 구성에 심혈을 기울이려면 서울에 인재 양성의 요람을 건립하는 것이 시급하다고 생각했다. 이런 생각이 수도권 대학에 진학한 학생만을 위하는 차별적인 시정이 아니냐는 반발도 있을 수 있겠지만, 현실을 감안한 어쩔 수 없는 선택이었다. 이는 민선 3기 나의 공약이기도 했다. 지역 출신의 대학생들에

미래를 이끌어갈 인재를 키우는 요람, 제천학사는 전국의 기초자치단체 가운데 수도권에 가장 먼저 지은 신축 학사다

게 경제적 부담을 덜어주고 우수한 인재를 양성하기 위해 2004년 35억 원을 들여 고려대학교 정문 옆에 '제천학사'를 초현대식 7층 건물로 건립하고 재경 제천향우회 네트워크 사무실도 입주시켰다.

제천학사는 전국의 기초자치단체 가운데 수도권에 가장 먼저 지은 신축 학사다. 제천학사의 부지는 안암동 금싸라기 같은 정부기관의 부지를 제천시 수산면 임야와 교환하는 방식으로 취득했다. 그리고 정부기관은 이곳에 연수원을 건립하여 개원함으로써 제천시는 일거삼득의 효과를 거두었다.

2005년부터 100여 명의 대학생들이 제천학사에 들어와 공부를 시작했다. 낯선 서울 땅이지만 도심 속 고향인 제천학사에서 훌륭한 지역의 동량으로 커나갈 후배들을 생각하면 제천의 미래가 밝아지는 것 같아 내심 뿌듯해진다.

민선 4기 공약 사업으로 인재 육성 재단 기금 100억 원을 모금하기 위해 2008년 한 해 동안 기존 기금에 공무원, 시민, 고향을 떠난 인사, 기업체 성금이 답지하여 짧은 기간에 100억 목표를 달성할 수 있었던 것도 제천인의 단결과 기개를 보여준 대역사였다. 40억의 시비 출연이 있었지만, 쉽지 않은 일을 해낸 것이다. 덕분에 앞으로는 이자만으로도 매년 6~7억 정도의 장학금을 지급할 수 있게 되었다.

전국 최초의 남북합작교류협력사업, 금강산 제천사과

"우측으로 보이는 과수원은 남북 최초 교류 사업인 금강산 제천사과 삼일포 농장입니다."

금강산에 다녀온 관광객들은 해금강 가는 도중 안내 가이드로부터 이런 설명을 듣게 된다. 또한 그곳 북측 안내원들이 "서울, 부산 외에 다른 도시는 몰라도 제천시는 알고 있다"면서 제천사과 이야기를 하는 것을 보고 놀란 분들도 있을 것이다.

제천은 고랭지에 있는데다 일교차가 커서 사과 재배에 적합하다. 그래서 제천사과는 그 어느 사과보다도 당도가 높다. 제천사과의 우수성을 홍보하고 북한 주민에게는 새로운 농업 기술을 도입케 하여 농업 생산량의 증대를 도모할 목적으로 제천시가 전국 최초로 통일부의 승인을 받아 남북 합작 교류 사업으로 추진한 것이 금강산 삼일포, 신계사 과수원 조성 사업이다.

제천시는 2004년 1월 남북 간 과수원 조성에 대한 상호 의견을 교환하고, 3월에 합의서에 서명한 뒤 4월에 1만 평 규모의 과수원에 남북공동 기념식수 행사를 했다. 이렇게 1단계 사업을 완료하고 토양 개량과 과수원 조성에 필요한 농기계 및 시설 자재 등을 지원했다.

또한 제천 시민 방문단, 일반 관광객 등 2,000여 명이 운집한 가운데 금강산 온정각 안에 10평 규모로 제천사과 판매점을 개설하고 '금강산 제천사과' 브랜드 축하 행사도 열었다. 덕분에 제천사과는 연간 50만 명

전국 최초로 남북 합작을 통해 재배한 금강산 제천 사과.
제천은 고랭지에 있는데다 일교차가 커서 사과 재배에 적합하다.
그래서 제천사과는 그 어느 사과보다도 당도가 높다.

의 금강산 관광객들에게 제천 사람들의 따뜻한 이미지를 심어주면서 제천시와 제천사과의 브랜드 가치를 높여주고 있다.

이것이 계기가 되어 제천JC 회장단들도 북한의 삼일포중학교에 운동기구 지원, 식량 보내기 사업 등 2단계 사업을 추진했다. 2005년에는 지자체에서는 처음으로 통일부로부터 남북교류협력기금을 지원받아 과수원 관리동 건물 신축과 풍력 및 태양광 발전 설비를 추진했다. 전국 최초의 남북합작교류협력사업, 금강산 제천사과를 심을 수 있게 된 것은 제천시 새농민회와 시민들의 공로가 컸다.

처음 금강산에 사과나무 한 그루 심기 모금을 하자 1억 2,000만 원의 후원금이 답지하여 사업을 시작할 수 있었다. 특히 현대아산과 함께 선진 농업 기술을 북한에 처음 전수했던 제천 출신 이해극 한국농민발명가협회장의 도움 없이는 불가능한 일이었다. 지금은 남북관계가 다소 경색되어 있지만, 머지않아 주렁주렁 탐스럽게 열린 금강산 사과나무 아래서 북한 동포들과 함께 활짝 웃는 날이 오리라 본다.

제천 국제한방바이오엑스포

제천시가 제천 국제한방바이오엑스포를 개최하게 된 배경은 '제천'하면 '한방'이라는 이미지를 정착시켜 한방이 우리의 문화임을 세계에 알리기 위해서였다. 이를 통해 제천이 자연스럽게 세계보건기구(WHO)

의 한방의료 휴양관광도시 브랜드를 선점하고, 한방의 발전을 선도하는 도시로서의 위상을 확립할 수 있을 것이라 확신했다.

이렇게 되면 제천은 한방 및 바이오 관련 기업의 투자를 유치하여 지역 경제를 활성화하고, 중부 내륙의 중핵도시로 성장해 나가는 동력을 확보할 수 있다. 한방특화도시는 10년 이후 제천이 무엇을 먹고살 것인가를 고민하는 과정에서 찾은 아이템이다. 한방건강도시의 브랜드를 완성하고, 이를 국내외에 선포하는 화룡점정畵龍點睛의 역할을 하는 것이 제천 국제한방바이오엑스포 행사다.

엑스포를 통해서 이루고자 하는 목표는 기업, 돈, 사람을 제천으로 불러 모으는 것이다. 제천시는 한방엑스포 이후 국제적인 한방건강도시, 청정호반도시라는 브랜드를 확실하게 선점하면서 새로운 비상을 꿈꾸고 있다.

이를 위해 한방제약회사, 한방화장품, 첨단바이오산업, 중의학 한국 거점 공장 등 다양한 한방 관련 국내외 기업을 지금 한창 조성 중인 제2바이오밸리에 대거 유치하고 있다.

두 번째는 백운 박달재에 공사 중인 '리솜'과 같은 의료, 관광, 휴양리조트 등 대규모 민자를 유치하는 방안으로 30만 평의 에코 테라피(생태치료) 특구 단지를 비롯해서 개발에 따른 법적 절차를 모두 마친 봉양읍의 160만 평의 웰빙타운 부지에 골프, 연수, 휴양, 레저 등 1조 5,000억 원 규모의 종합 민자 사업을 유치하고자 한다.

세 번째는 제천을 한방의료 관광도시로 특화하는 일이다. 수도권 등을

2008 제천 한방건강축제 행사장 모습. 제천을 한방의료 관광도시로 더욱 특화하기 위해 2010년에는 국제한방바이오엑스포를 개최한다.

포함하여 국내외 많은 사람들이 찾아와서 이곳에서 치료를 받고 요양도 하며 재충전하는 도시로 가꾸겠다는 구상이다. 한방특화도시는 미래 성장 동력으로서 앞으로 100년 이상 우리 후손들이 향유할 건강도시를 완성하는 데 최종 목적이 있다.

오는 2010년 개최될 제천 국제한방바이오엑스포는 한방 관련 한약재 유기농 GAP 생산, 판매, 유통, 가공, 산업, 전시, 연구개발(R&D), 학술, 치료응용 등 제반 시설을 모두 갖춰놓고 한방도시로서의 브랜드를 만천하에 알리는 국제적인 행사가 될 것이다.

460년 전인 1550년 퇴계 이황 선생은 짧은 기간 단양군수로 재임하면서 제천 땅에 있는 옥순봉까지 포함해 단양 8경을 명명하셨다. 단양 8경이라는 콘텐츠 하나로 단양은 관광 브랜드를 선점했고, 오늘날까지 500년 동안 단양을 먹여 살리고 있다.

이렇듯 콘텐츠는 무궁무진하고, 그 가치 역시 시공간을 초월한다. 앞으로 전개될 미래는 콘텐츠와 디자인의 경쟁 시대이다. 우리가 계획하고 추진하는 한방특화산업도시와 의료관광휴양도시는 제천시를 블루오션으로 탈바꿈시켜 줄 핵심 전략이다. 나는 제천에서 과거의 회색 이미지를 완전히 지워버리고, 격조 높고 품격 있는 문화 도시, 푸르름의 청정도시 이미지를 가꾸어 후손들에게 물려주고 싶다.

제천 국제음악영화제

제천은 한반도의 중심부에 위치하고 있다. 남으로는 월악산 국립공원, 동으로는 소백산 국립공원, 북서쪽으로는 치악산 국립공원으로 둘러싸여 있어 3대 국립공원의 수려함과 생기를 누릴 수 있는 천혜의 지역이다. 제천은 내륙의 바다인 청풍호도 끼고 있다. 그러나 호수의 명칭이 '충주호'로 불리면서 충주의 언저리나 단양 8경의 언저리로 인식되었고, 때문에 제천의 아름다운 풍광과 명성이 전국에 제대로 소개되지 못하고 있었다.

제천을 영상 도시의 이미지로 정착시키고자 한 것도 제천이 갖고 있는 동서남북의 아름다운 산하를 알리고 홍보하는 데 영상이 가장 빠르다고 생각했기 때문이다. 실제로 제천의 주변 경관은 카메라에 담으면 모두가 빼어난 영상이 되므로 제천시 자체가 촬영장이고 세트장이다. 현재의 세대가 문자세대라면, 앞으로의 세대는 영상세대라고 할 수 있다. 이것은 시대적 흐름이다. 제천시가 영상매체에 대한 조기 교육을 위해 서둘러 영상미디어센터를 문화관광부로부터 중부권에서 처음으로 유치하여 개관한 것도 이러한 시대적 흐름을 읽었기 때문이다.

시장이 된 뒤로 나는 '청주 국제공예비엔날레'처럼, 제천시의 축제로 국제적 브랜드와 격조가 있는 문화 행사를 창조하여 성장시키고 싶었다. 이를 구체화하고 실현한 프로젝트가 바로 '제천 국제음악영화제'이다. 이 음악영화제의 기틀을 다지는 과정에서 처음에는 시행착오도 많이 겪었다. 이 과정에서 얻은 것은 축제의 정체성을 분명히 하고 차별성을 부각시켜야 한다는 교훈이었다. 정체성이 없이 행사만 늘어놓았다가 몇 해 가지 못하고 사라지는 문화 행사들이 전국에 얼마나 많은가.

나는 국제음악영화제라는 기본에 더 충실하기 위해 서울 여성영화제 이혜경 집행위원장의 자문을 받아, 영화음악 전문가인 조성우 감독을 집행위원장으로 영입하여 특화하는 '선택과 집중'의 시간을 가졌다. 또한 지원은 적극적으로 하되, 간섭은 하지 않는다는 원칙을 고수했다.

아직 갈 길이 멀다고 생각하지만, 이제는 어느 정도 국내외에서 인정하는 음악영화제로 자리매김한 듯싶어 안심이 된다. 또한 청풍 영상캠프를 운영하여 영상에 대한 조기교육을 받은 제천 지역 어린이들이 부산 어린이영화제에 출품하여 대상을 타는 등 효과가 나타나고 있다. 제천시가 이처럼 영상 도시로서의 브랜드를 확고히 할 수 있었던 것은 국제음악영화제를 개최하면서 이를 대내외에 홍보하는 데 전력을 다했기 때문이다.

국제음악영화제는 청풍 호숫가에서 열리는 아시아 최초의 음악영화제, 국내 유일의 휴양지 영화제로 많은 마니아들에게 찬사를 받으면서, 지속 성장 가능성을 대내외적으로 인정받고 있다. 제천시는 청풍 영상위원회를 통해서 드라마 제작, 영화 촬영 유치, 청소년 영상 인재 양성과 특화된 영화제를 지속적으로 지원할 것이다.

그러면 머잖아 프랑스 남부의 작은 휴양 도시에서 시작된 '칸느영화제'가 세계적인 영화제로 성장하고, '까를로비바리 영화제'가 체코의 온천 도시 까를로비바리를 유럽의 대표적인 휴양 도시로 성장시킨 것처럼, 제천 국제음악영화제 역시 한국의 작은 도시 제천을 세계적인 휴양 도시로 거듭나게 하는 발판이 될 것이라 굳게 믿고 있다.

지자체도 다양한 교류가 필요하다

사람은 성공하려면 많은 인맥을 구축해야 한다. 그런 면에서는 지방자치단체도 마찬가지다. 나는 제천시의 발전을 위해 각종 교류는 물론, 많은 협의회를 만들어 이를 지역 발전에 활용하려고 노력해 왔다.

그러다 보니 내가 맡았던 감투도 꽤나 많다. 청정도시시협의회 초대 회장, 중부내륙중심권 행정협의회 초대 회장을 비롯해서 청목회 초대 회장, 한방특구도시협력회 초대 회장 등이 언뜻 떠오르는 감투들이다. 제천과 교류하는 전국의 지자체 협력 도시도 60여 개를 넘어섰다.

전국 지방자치단체 중에는 내 천川자가 들어가는 도시가 16개나 된다. 그중에서 13개 도시가 모임을 갖기로 했다. 우리나라의 하천들은 모두 동에서 서로 흐른다. 도시가 대개 하천이 흐르는 서쪽에 있고, 모두 환경부와 관련을 맺고 있어서 이름을 '청정도시시협의회'로 제안하고 2007년 10월 제천에서 처음으로 협의회를 발족했다. 청정도시시협의회는 축제 교류도 하고, 서로 지역마다 벤치마킹도 하고, 환경부 등 중앙부처와 관련된 공동 건의문도 함께 올리고 있다.

한방도시협력회는 한방 관련 특구로 지정받은 14개 도시들로 구성된 협력체이다. 이 모임은 2008년 4월 제천에서 발족식을 가졌는데 모임을 제안한 내가 초대 회장으로 추대되었다. 각 지역의 한방 축제 교류, 제천 국제한방바이오엑스포에 대한 참여와 지원, 국내 한방 산업 진흥에 대한 공동 노력 등을 주요 목표로 하며 1년에 한 번씩 정기회의를 개최하는데, 실무자들은 사안이 있을 때마다 수시로 모이고 있다.

중부내륙중심권 행정협력협의회도 2004년에 제천시가 제안해서 결성되었다. 충북의 제천·단양, 경북의 영주·봉화, 강원도의 영월·평창, 이렇게 여섯 개 시군이 행정협력회를 만들어 기획행정위원회, 도로건설위원회, 관광활성화위원회, 한방클러스터위원회 등 네 개 분과로 운영한다.

한방 사업과 관련하여 엑스포 공동 참여와 홍보, 패키지 관광객 유치, 관광안내지도 제작도 공동으로 한다. 모두 각 도의 끝에 위치해 있다 보니, 도 경계 간 도로 연결 등을 중앙부처에 공동 건의하고, 지역구 국회의원들과도 상호 협조 요청을 한다. 모임은 분기마다 실무위원회를 열고 연 2회 정기·체육 모임을 갖고 있다. 중앙에서도 행정 구역을 초월한 지방화 시대의 우수 사례로 평가받은 바 있다.

청목회를 아십니까?

"정당과 지역의 벽을 넘어 가슴으로 대화를 나누자. 그리고 초심으로 돌아가 함께 학습하면서 풍요로운 지역을 만드는 힘을 키워나가자."

전국의 청년 시장, 군수, 구청장 모임인 청목회가 발기인 모임을 갖고 발표한 발기인 취지문 중 일부다. 청목회원 30여 명은 2004년 1월 정식으로 모임을 결성하고 초대 회장에 나를 비롯하여 부회장에 이학재 인천 서구청장을 선임하면서 세상에 모습을 드러냈다.

청목회가 태동한 배경은 10여 년 전으로 거슬러 올라간다. 1991년 서른세 살 최연소 나이에 제천시의원으로 당선되었던 나는 인근 영월, 단양, 영주 등 3도 다섯 개 시군에서 당선된 30대 의원들과 모임을 결성하자고 제의해서 이들과 친목을 다지는 동안 의정 활동에 적지 않은 도움을 받은 적이 있었다.

제천시장에 당선된 이후 그때의 경험이 불현듯 떠오르면서 40대 시장 군수 모임을 결성하면 서로 유익할 것 같았다. 충북대 행정학과 강형기 교수를 만나 30대 시군의원들과의 모임을 가졌던 과거의 경험과 여러 가지 유익했던 점들을 예로 들면서 청년 시장, 군수, 구청장 모임을 제안했다.

강 교수도 좋은 의견이라며 동의해 곧바로 모임 발족을 위한 준비 작업에 들어갔다. 회원 자격은 49세 미만의 나이에 시장, 군수, 구청장에 당선된 사람들로 한정하고, 모임은 회원들이 두 달에 한 번씩 번갈아 순회 주관하면서 강의도 듣고 공부를 하고 있다.

청목회원들은 비슷한 세대이면서 비슷한 생각을 갖고 있는 단체장들이다. 이들은 지방자치단체를 이끌어가면서 정해진 매뉴얼도 없는 상황에서 기발한 아이디어만으로 지역을 설계하고 새롭게 그림을 그리면서 무에서 유를 창조해 나가는 사람들이다. 현장에서 백지에 그림을 그리던 회원들은 청목회 모임에서 만나 각자 그린 창의적인 생각들을 진솔하게 털어놓으며 고충을 토로하고 자문도 요청한다.

이처럼 회원들은 참신하고도 기발한 생각들을 가지고 기존의 제도와 관행을 깨는 '실험 자치'들을 숱하게 하고 있기에 만나면 밤새 대화를 나누고, 각종 정보도 교류하는 등 서로 의지하고 조언하는 관계가 되고 있다.

청목회는 이어령 전 장관을 비롯하여 전·현직 장관, 국회의원, 경제연구소 임원, CEO, 대학교수 등 각계 인사들을 초청하여 폭넓은 강의를 들으며 청년 목민관으로서 갖춰야 할 덕목을 가다듬고 있다.

청목회 회원들은 80~90%가 공직 경험 없이 단체장이 된 사람들이다. 회원들도 한나라당, 열린 우리당, 민주당, 민노당, 무소속을 포함해서 모든 정파를 다 망라했고, 거의 모든 시도에 회원들이 다 포진해 있다. 정당과 지역을 초월하여 비공무원 출신들이 단체장을 맡다 보니 어느 지역이든 새로운 것에 도전하는 사례가 많다. 회원들은 성공 사례와 실패 사례를 서로 주고받으면서 혁신 행정, 경영 행정과 관련된 각종 정보도 교류한다.

청목회는 나이가 젊다는 이유만으로 모인 40대의 단순한 친목회 모임이 아니다. 나는 청목회원들이야말로 일천한 민선 지방자치 시대에 새로운 변화와 혁신을 주도하고 지방자치의 역사에 일조하는 사람들이라고 감히 자부한다. 그러기에 모임을 가질 때마다 특강을 듣고, 주요 시책에 관해 서로 소개하고 토론한다. 또 지역마다 돌아가면서 현장에서 현안에 대한 설명을 듣고 벤치마킹하는 기회도 갖는다.

청목회원들은 지역마다 특별한 창의 행정을 한두 가지씩 도입해 추진하고 있기에 그러한 사례들을 모아 『청년 지도자의 실험과 꿈』이라는 책자도 발간했다. 세월이 흘러 청목회 회원 가운데 일부는 국회의원에 출마하여 여의도에 입성한 사람들도 여러 명 있다. 정읍시의 유성엽 의원(정읍시장), 대전 대덕구 김창수 의원(대덕구청장), 부산 수영구 유재중 의원(수영구청장), 부산 동래구 이진복 의원(동래구청장), 인천 서구 강화갑 이학재 의원(서구청장) 등이 그 영광의 얼굴들이다.

이들은 지금도 모임 때마다 특별회원으로 참석하면서 국회의원으로서 지방자치 발전에 도움을 주기 위한 방안을 모색하고 있다. 청목회 회원이었던 김태호 거창군수는 경남도지사가 되었다. 김 지사는 지사가 된 뒤로도 모임에 계속 참석하는 한편, 오세훈 서울시장을 특별회원으로 참여시키면서 '청년목민관회'의 위상도 나날이 높아지고 있다.

다른 사람에게 편안한 사람이 되어라

나는 매사를 항상 긍정적이고 낙천적으로 보는 스타일이다. 그리고 유

연한 사고력을 장점으로 생각한다. 아무리 큰 어려움이 닥쳐도 어떻게
든 극복할 수 있을 것이라는 자신감과 함께 '시간이 되면 해결되겠지'
하는 느긋한 성격도 갖고 있는데 이러한 사고방식은 지금까지 살아오는
동안 많은 도움이 되었던 것 같다.

종합행정을 다루는 단체장들에게는 분초를 다투는 화급한 일들도 많
다. 그러나 이런 습관이 몸에 배어 있으면 조급해하지 않고 큰일이 닥쳐
도 당황하지 않는다. 꼼꼼하면서도 급한 성격은 명상으로 다스리고 있다.

젊은 시절 나는 직업상 많은 사람들과 접촉하며 살아온 편이다. 또한
대인관계에서는 '실수하지 말고, 오버하지 말고, 남에게 약점 잡히지 말
자'고 머릿속에 되뇌며 항상 긴장의 끈을 놓지 않았다. 자기 관리를 잘
하는 사람들은 가지런히 전지剪枝된 향나무를 바라보듯, 남이 나를 바라
볼 때 편안하도록 해준다.

만일에 '저 사람은 다 좋은데 술만 먹으면 그래……', '다 좋은데 너
무 돈이 없어', '다 좋은데 성격이 좀 모가 나'라든가, '다 좋은데 가정
에 불화가 있어'라는 평가를 받는다면 그것이 누구의 잘못이든 본인의
의지와 무관하게 상대가 나를 바라볼 때 편안하지 않게 된다. 따라서 상
대에게 편안한 사람이 되려면 내가 부족한 부분이 무엇인가를 찾아서
끌어당겨 키우고, 튀어나온 것은 잘라내면서 끊임없이 성찰하고 보완해
야 한다. 마치 향나무를 가위로 자르듯, 나를 전지한다는 마음으로 거울
에 비춰보면서 자신을 꾸준히 다듬을 필요가 있다.

스스로 자기의 상품 가치를 키우면서 남이 바라볼 때 항상 편안하게 보

이는 사람은 세상이 어떤 역할을 갑자기 맡겨도 잘 해낼 수 있다. 나는 집에 들어가면 자기 전에 반드시 베란다에 앉아서 하루의 일과를 반성한다.

"오늘 하루는 어땠는가?"

"내가 가고자 하는 인생 목표에 작으나마 도움이 된 하루였는가?"

"개미걸음이지만 전진한 하루였는가?"

이렇게 자신에게 끝없이 질문을 던지면서 매일 매일을 점검한다. 그런 다음에는 부족한 점을 다음날 일과에 반영하기 위해 최선을 다했다.

자동차 영업을 할 때는 오랫동안 만나지 못한 사람들을 다음날 찾아가서 "지나는 길에 들렀다"고 너스레를 떨며 인맥을 다져나갔다. 나는 가능하면 어제 만난 사람은 오늘 다시 만나지 않으려고 노력했다. 사람은 새로운 사람을 만나야 새로운 정보도 듣고 몰랐던 사실도 알게 된다. 항상 새로움과 차이를 만들어나가야 앞으로 나아갈 수 있고, 커갈 수 있다.

무엇이든 변해야 살 수 있다는 사실만이 변하지 않는 진리이다. 그 변화가 바로 새로움이고, 어제와 오늘의 차이이고, 미래의 차이다. 차이를 만들어나가는 일은 나에게서부터 시작된다.

내게 힘이 되어준 가족들

지금까지 살아오는 동안 나는 가족들의 도움을 참 많이도 받았다. 바꾸어 말하면 내가 가족에게 빚진 게 많다는 뜻이다.

나의 부모님들은 남들에게 조금이라도 손가락질을 받지 않으려고 늘 경계하고 노력하는 삶을 사셨다. 또한 무엇이든 조금이라도 주변에 나누어주시려 했다. 지금 생각해도 순박한 품성을 지니신 분들이었다. 평소 새벽기도도 열심히 다니시고, 음덕陰德을 베풀었던 어머님은 졸곧 내 삶의 지표가 되고 있다.

아내(이종선)도 영어교사로 학교생활을 열심히 한 덕분에 큰 도움이 되었다. 선거 때 이따금 선거 운동원들이 "부인은 왜 선거 운동 안 하고 학교에만 있느냐?"고 물으면 나는 "학생들을 열심히 가르치는 것보다 더 좋은 선거 운동이 없다"고 답했다.

교사인 아내가 선거 현장에 왔다 갔다 하는 것은 원칙에 맞지 않는다. 물론 아내로서의 본분도 있지만 교사로서의 본분에 충실한 것이 우선이고 그것이 내게 더 도움이 된다.

시의원 선거와 국회의원 선거, 시장 선거를 치르는 동안 나는 아내의 제자들과 학부모들께서 말없이 고정표가 되어주었던 사실을 분명히 기억하고 있고 그것에 늘 감사한다.

만난 지 30년이 넘은 아내와 나는 8년을 연애하고 결혼한 사이다. 아내는 신입생 환영회 학과별 장기자랑대회에서 영어교육과 대표로 나와서 노래를 불러 대상을 받았고, 화학공학과 대표는 금상을 받았다. 그런 연유로 얼굴을 익히고 있던 중에 2학년 여름방학이 끝나고 기타연주회 동아리 모임에 갔더니 아내가 기타를 배우고 있었다.

고등학교 때부터 클래식 기타 독주를 할 정도로 기타를 좋아했던 나는 대학에 다닐 때에도 훼르난도 클래식 기타 합주단 활동을 하고 있던 터였다. 얼굴만 아는 사이였던 우리는 기타로 인연이 맺어졌다. 아내가 좋아하는 곡이라면 악보도 밤새 직접 그려다 주고, 합주 연습을 하다가 늦어지면 골목길까지 바래다주는 동안 정이 듬뿍 들었다.

2학년을 마치고 군에 입대할 때 나는 아내에게 사탕과 껌이 잔뜩 든 라면박스를 선물했다. 대충 세어서 300개 정도 되는 분량이었다. 껌이든 사탕이든 하루에 하나씩만 먹으면 10개월 후 내가 첫 휴가를 나온다는 계산을 하고 선물한 것이었다.

또한 친척들에게 군에 입대한다고 인사를 다니면서 받은 용돈으로 월간 《샘터》 1년 치를 정기 구독해 아내 앞으로 배달되게 했다. 고무신 거꾸로 신지 않게 안전장치를 해놓고 군에 갔던 것이다.

그렇게 8년 동안 연애를 하고 결혼한 지 24년째, 지금까지 30여 년을 아내와 함께 지냈지만 우리는 아직까지도 초심으로 사랑한다. 항상 새롭게 서로 격려하고, 도전하고 성취할 수 있도록 충언해 주고 도와주는 청량제 역할을 충실히 하기 때문이다.

사랑이란 그런 게 아닐까. 아내가 학교생활을 하는 관계로 첫아이를 돌봐주시느라 장모님과 함께 살게 되었고, 아버지께서 첫아이 세 살 때 돌아가시자 홀로 되신 어머니도 함께 사시게 되었다.

두 분께서 두 아이를 잘 키워주신 덕분에 우리 부부는 바깥 생활을 더 열심히 할 수 있었다. 이보다 더한 감사가 어디 있겠는가.

변화는 나의 성장 동력

은殷나라의 탕왕湯王은 자신의 세숫대야에 '일신우일신日新又日新'이라는 글을 새겨놓고 매일 아침 자신의 때를 벗기듯, 마음의 때를 벗기며 나날이 새로워지려고 노력했다. 사회생활을 하는 동안 나는 잠들기 전에 항상 사색하면서 하루를 반성하고, 늘 새로움을 추구했다. 언제나 새로움을 마음속으로 갈망했기에 어제 같은 오늘, 오늘 같은 내일은 온몸으로 거부했다.

그리고 새로움은 언제나 나에게서부터 시작된다는 이치도 알게 되었다. 이렇게 늘 새로운 것을 추구하다 보니 스스로 양이 차지 않으면 이를 참지 못하고 안달할 수밖에 없었다. 시정市政이라는 행정은 같은 모습을 하고 있을 때가 많다. 그런 것들을 보면서 나는 작년 같은 올해, 올해 같은 내년을 몸서리치게 거부하고 저항하려고 노력했다.

적지 않은 공무원들은 변화에 대하여 소극적이었다. 젊은 시장이 들어와서 변화를 이야기하고, 새로운 발상을 노래하고, 참여정부와 맞물려서 혁신을 부르짖자 직원들은 스트레스를 받았다. 그러나 시간이 지나면서 공직자 내부의 분위기도 조금씩 달라졌다.

따지고 보면 제천시의 경우 민선 1기와 2기는 부군수를 역임한 분이 민선 시장을 맡았기 때문에 사실상 관선의 연속이라고 해도 틀린 말은 아니었다. 그런데 민선 3기에 비공무원 출신 40대 시장이 취임하자 상황은 긴박하게 돌아갔다.

전 시장보다 22년이나 후배인 민간인 출신 시장이 취임하자 공무원들은 세대 차이부터 극복해야 했다. 사물을 보는 관점과 생각이 다른 시장이 들어오는 바람에 특히 간부 공무원 중에서도 고참 간부들은 난감해하고 많이 힘들어했다. 그러나 그분들도 시간이 지나면서 차츰 적응해 나갔고, 나 역시 공무원 사회에 조금씩 적응해 나갈 수밖에 없었다. 인간관계는 부부 관계와 마찬가지로 서로가 서로에게 길들여지는 과정이라고 본다.

공무원 식구들과 지내면서 공직사회의 분위기를 이해하려다 보니까 나도 무척 힘들었지만, 거꾸로 생각하면 직원들도 나에게 맞추려고 얼마나 힘들었을까 하는 생각에 미안한 마음도 든다.

이러한 과정들이 훗날 생산적이었다고 평가받을 수 있다면 그나마 보람 있는 일이고, 제천의 역사 또한 되지 않겠는가? 공직은 반드시 평가를 받는다. 그리고 필히 역사에 남는다. 그러기에 공직은 두려운 것이다. 두려워하며 공직에 임할 줄 아는 자세 역시 공인에게는 반드시 필요한 덕목이 아닐까.

프로 근성에 오랫동안 길들여진 나는 공무원 세계에 들어와서도 기존에 해왔던 방식보다 더욱 창조적인 방식으로 도전하길 갈망했다. 창조적 도전은 '최초', 아니면 '최고', 또는 '온리 원Only One'이 아니면 매력이 없다고 생각했다. 그러다 보니까 시장이 '최초' 혹은 '최고'만 좋아한다고 불평하는 소리도 들렸다. 나는 행정도 '색깔 있는 패션 행정'을 해야 한다고 항상 주장한다. 남처럼 해서는 남 이상 될 수 없다는 것은 만고불변의 진리이다.

제천이라는 도시 브랜드 가치를 창출하여 그것을 키우고, 새로운 도시 이미지를 정착시키려면 브랜드를 어떻게 창조하고, 어떻게 마케팅을 해야 할지를 고민해야 한다. 도시의 이미지란 한순간, 혹은 2~3년 사이에 형성되는 것이 결코 아니다. 오랫동안의 축적 과정을 거침으로써 만들어지는 것이다. 이미지란 '전통과 역사의 잠재 상태'라고 하지 않는가?

나는 이따금 직원들에게 '메이커론'을 강조한다. 요즘은 아이들에게 옷을 하나 사 입혀도 메이커를 따진다. 입는 것, 신는 것, 먹는 것까지도 메이커만을 찾는 세상이다. 21세기는 국가도 브랜드로 승부하는 시대다. 이런 관점에서 볼 때 제천시도 메이커 도시로 한방, 영상 브랜드를 확실하게 선점해서 우리 후손들에게 멋지게 물려주어야 한다.

지자체를 이끄는 나의 리더십

'지방의 발전이 곧 국가의 발전'이라는 지방분권화와 차별화가 지방자치 시대에 중요한 화두가 되고 있다. 지방자치 시대에는 과거 중앙집권 시대와 다르게 중앙의 정책과 예산에만 의존할 수 없는 것이 우리의 현실이다.

지역 발전은 전적으로 그 지역 자치단체의 몫이라고 볼 때, 자치 행정의 경영화를 통해 그 지역이 가지고 있는 인적·물적·천연 자원 등을 최대한 활용해야 한다. 지방 행정 역시 국내외 도시들과 직간접적으로 경쟁과 협력을 통해 지역의 발전을 도모해야 한다.

지방자치단체에 대한 평가는 시대적 상황뿐만 아니라, 외부 환경 요인도 복합적으로 작용하기 때문에 한 면만을 가지고 쉽게 단정하기는 어렵다. 그러나 자치단체장의 리더십과 통찰력이 지방자치단체의 성장과 쇠퇴를 절대적으로 좌우한다는 말은 결코 틀린 말이 아니다.

특히 단체장이 어떤 철학과 비전을 갖고 있느냐, 철학과 비전이 무엇을 지향하고 있으며 그것을 어떻게 실현하고 있느냐에 따라 지방정부의 비전도 달라진다. 단체장의 철학과 열정이 바로 그 지역의 성장 동력이 되는 것이다.

훗날 나에 대한 평가가 어떻게 기록될지 아직 모른다. 그러나 공직을 맡은 뒤로 나는 늘 새로움을 추구하며 모든 정성과 열정을 다해 제천시의 비전을 모색했고, 그 비전을 실현할 수 있는 성장 동력을 만들어가는 데 주저함이 없었다고 자부한다. 최근에 청주나 충주 등 외지에 가면 많은 분들이 제천의 변화에 주목하고 있고, 그 변화를 긍정적으로 평가하며 부러움을 표하기도 한다.

그럼에도 불구하고 정작 내 고향 제천 사람들은 아직 그렇게 평가하고 있지 않는 것 같아 개인적으로 내심 서운할 때도 있다. 하지만 제천을 더 열심히 변화시키고, 성장시키라는 무언의 말씀으로 마음에 새기고 있다. 아울러 그동안 계획하고 추진해 왔던 사업의 결과물이 하나 둘 시민들의 품에 안기게 되고, 그것이 다시 경제적 체감도로 이어진다면 나에 대한 평가도 달라지리라 확신한다.

제천산업단지는 제1바이오밸리라는 이름으로 선택과 집중을 통해 일진글로벌, 씨알푸드 등 48개 기업을 유치하여 100% 분양을 마쳤다. 특히 유유, 휴온스, 보람제약, 경남제약, 일양약품의 국내 최대 백신공장 등 한방, 바이오, 제약업체를 집중 유치하면서 지역의 산업 구조를 크게 바꾸고 있다.

제천시 인재육성재단 장학금도 100억 원이 조성되었고, 제천학사도 전국 수범 사업으로 잘 운영되고 있다. 2009년 제48회 충북도민체전을 역사상 최고의 축제로 멋지게 치러냈다는 평가를 뒤로하고, 2010년 제천 국제한방바이오엑스포 준비를 이제 본격적으로 시작했다. 이는 제천이 10년을 앞서가는 도약의 호기라고 생각한다.

한방엑스포는 제천이 태백의 관문인 점을 십분 활용하여 단양, 영월, 평창, 영주, 봉화에 인근 도시 원주, 충주와 협력하여 중부내륙중심권으로 함께 상생의 방안을 모색해 나가는 계기로 승화시켜 나갈 것이다.

충청북도나 충북개발연구원에서도 이런 점을 감안하여 제천, 단양을 중심으로 강원도와 경북 북부를 연계, 상생을 모색하는 북부권 발전 방안을 제시해야 한다는 점을 여러 차례에 걸쳐 역설한 바 있다. 특히 38번, 5번 국도 확장이 끝나고 나면 제천, 단양, 영월, 평창, 영주, 봉화는 같은 권역이 되어 공간적으로도 더욱 가까워지게 된다.

게다가 영주는 풍기 인삼으로 유명하고, 평창과 영월은 약초가 많이 나므로 한방엑스포를 겨냥해 생산품들을 공동 출하하고 판매할 수 있는 방안을 진지하게 모색해 나가고 있다. 한방엑스포가 개최될 무렵은 공교롭게도 8박 9일 추석 연휴가 걸쳐 있고, 봉화에서는 송이축제가 한창 열릴 때이다.

중심권에 있는 제천이 한방 도시로서의 브랜드만 확실하게 띄운다면, 인근 시군이 도 경계를 초월할 수 있고, 엑스포는 중부내륙중심권 지자체들이 상생을 도모할 수 있는 최적의 정책으로 승화될 수 있을 것이다. 이를 위해서는 여행사협회 등을 통해 2박 3일, 3박 4일 코스의 엑스포 관광 상품을 개발하여 명절을 전후로 상품화하는 전략을 추진할 필요가 있고, 해외 방문객 대상 템플스테이 상품 같은 것이 한 예가 될 수 있다.

이제 지방은 중앙에 종속되어 있는 부속품이 결코 아니다. 중앙이 지방을 간섭하고 지방이 중앙을 모방하고, 중앙에 의지하려는 시대는 이미 지나갔다. 지방이 중앙과 어떻게 달라져야 하며, 지방이 어떻게 지방다워질까를 고민해야 하는 시대이다.

지방은 중앙과의 관계에서 차이를 만들어내야 한다. 그 차별화가 바로 그 지방의 경쟁력이다. 그렇다면 제천의 경쟁력은 제천만이 향유할 수 있는 아이디어를 개발하고 자원을 생산적으로 활용하고 재분배하는 과정에서 나온다. 이를 위해서는 차이를 만들어갈 줄 아는 철학과 통찰력이 필요하다. 리더십이란 차이를 만들어내는 강력한 힘이다.

또한 그 차이는 '문화의 힘'에 대한 확신과 비전에서 잉태된다. 나는 늘 모든 것으로부터 차이를 만들어나가는 제천을 소망하고 또 소망한다. 그것이 곧 우리의 미래이다.

엄태영 제천시장

1958년 1월 22일 출생(충청북도 제천)

학 력

1970.	제천 동명초등학교
1973.	제천중학교
1976.	제천고등학교
1984.	충북대학교 공과대학 화학공학과
2000.	세명대학교 경영행정대학원 행정학과(행정학 석사)

경 력

1991~1998.	제천시의회 초대 · 2대 의원
1993~2002.	대우자동차 제천 · 단양판매(주) 대표이사
2000~2002.	한나라당 제천 · 단양지구당 위원장
2001~2002.	한나라당 '미래연대' 지방자치위원장
2002. 7. 2.	제3대 민선시장 취임
2004~2006.	전국 청년시장 · 군수 · 구청장회(청목회) 회장
2004~2006.	중부내륙중심권행정협력회 회장
2006. 7. 3.	제4대 민선시장 취임
2007~	전국평생학습도시협의회 부회장
2008~	전국청정도시협의회 회장
2008~	전국한방특구도시 협력회 회장

상 훈

2002. 12.	ISO9001 공공행정부분인증(한국표준협회)
2003. 10.	한국인재경영대상(한국능률협회)
2004. 9.	2004생산성향상우수기관 지정(한국생산성본부)
2005. 8.	평생학습도시 지정(교육인적자원부)
2005. 9.	혁신선도 자치단체 선정(행정자치부)
2006. 9.	약초웰빙특구 운영평가 우수특구 선정(재정경제부)
2006. 10.	그린시티 선정 평가 국무총리상(환경부)
2007. 12.	지방행정혁신평가 우수상(행정자치부)
2007. 12.	2006오지종합개발사업 평가(대통령상, 행정자치부)
2008. 3.	지방재정분석 평가 3년 연속 A등급(행정안전부)
2008. 6.	대한민국 국민건강문화대상(한국일보 · 보건복지가족부)
2008. 9.	WHO 건강도시연맹 가입(보건복지부)
2008. 9.	국가생산성대상(생산성혁신부문, 지식경제부)
2008. 11.	제14회 세계농업기술상(세계일보)
2008. 12.	대한민국차세대 CEO상(중앙일보)
2009. 4.	대한민국대표브랜드대상(iMBC, dongA.com, 한경닷컴)
2009. 8.	한국문화관광대상(한국문화관광연구원)
2009. 8.	대한민국보건산업대상(보건산업최고경영자회의)
2009. 8.	노인복지대상 (〈사〉대한노인회)

3무(無)의 고장에서 일구어낸
나비 축제의 성공 신화

내세울 것 하나 없는 고장이었던 함평은 '나비' 라는 아이템을 선점하는 기발한 전략으로 지역 이미지 특화에 성공했다.

내 고향 함평천지

함평천지(咸平天地) 늙은 몸이, 광주(光州) 고향(故鄕)을 보랴 하고
제주어선(濟州漁船) 빌려 타고, 해남(海南)으로 건너갈 제
흥양(興陽)의 돋는 해는 보성(寶城)에 비쳐 있고
고산(高山)에 아침안개 영암(靈巖)을 둘러 있네

호남 사람이라면 누구나 다 아는 단가의 일종인 〈호남가湖南歌〉의 첫머리 부분이다. 전라도의 여러 지명地名을 읊어가며 그곳의 자연적 특징을 찬양한 이 〈호남가〉의 첫머리가 '함평천지'로 시작할 만큼 함평군은 인심 좋고 살기 좋은 고장으로 유명하다.

전남 서북부에 위치한 함평군은 북으로 군유산과 불갑산을 경계로 영광군 및 장성군과 인접해 있고, 동으로는 광주광역시, 남으로는 나주시

및 무안군과 경계를 이루며, 서쪽으로는 함평만을 중심으로 서해안 일대와 맞닿아 있다.

'함평 쌀밥을 먹은 사람은 상여도 무겁다'는 우스갯소리가 있을 정도로 함평군은 전라도 지역에서 알아주는 곡창지대였다. 45년 전만 해도 14만 2,000여 명의 인구를 자랑했던 함평군은 인구가 4만 명으로 줄어들면서 천연자원과 산업자원, 관광자원이 없는 '3무無의 고장'이라는 소리를 듣고 있다.

나는 함평에서 태어나 대학 다니고 KBS PD로 일한 시절을 제외하고는 어릴 때부터 지금까지 함평에서 살아왔다. 4형제 가운데 둘째로 태어난 나는 동네에서도 "저 녀석이 사람이 될까" 소리를 들을 만큼 말썽꾸러기 짓을 많이 해서 형에게 꾸중도 많이 들었다. 요즘은 핵가족이라 그런 맛이 없지만 과거에는 형한테 혼나고 동생을 챙기는 과정에서 윗사람을 모시고 아랫사람을 보살피는 사회성도 자연스럽게 길러졌었다.

나는 어릴 때 할아버지의 귀여움을 독차지했다. 할아버지는 어쩌다 형이 나를 때리는 모습이라도 보면 "석형이는 자라목이고 통도 대통이어서 앞으로 큰일을 하게 될 것"이라며 호통치시곤 하셨다. 할아버지의 이러한 관심과 격려, 칭찬은 내겐 크나큰 힘이 되었고, 덕분에 나는 구김살 없이 자랄 수 있었다.

우리 집은 가정적으로 힘들 때가 많았다. 특히 중학교를 졸업하던 해에는 형편이 아주 어려워서 돈을 벌겠다고 혼자 서울로 올라갔다. 그 과정에서 1년을 쉬었다가 뒤늦게 다시 고등학교에 진학하기도 했다.

나는 어릴 때부터 유별났고, 꾸중 들을 짓도 많이 했지만 남을 이끄는 일도 잘했다. 항상 아이들을 몰고 다니면서 운동도 하고, 정월 대보름이면 선봉에 서서 불 싸움을 하고, 동네 형들과 어울려 축구 시합도 많이 했다.

수적 열세에도 불구하고 싸움에 지지 않았던 것은 선배들에게 맞으면서도 승부 근성이 강해 반드시 이겨야 직성이 풀리는 내 성격 때문이었다. 지금도 친구들이나 1년 선배, 또는 후배들을 만나면 그때부터 내가 독특했었다는 이야기들을 많이 듣곤 한다.

어릴 때는 꽃을 가꾸기를 꽤 좋아해서 큰 화훼 농장을 해보고 싶었다. 고등학교와 대학교에 다닐 때 꽃과 나무 이름을 아는 대로 쓰라는 시험 문제가 나오면 나는 항상 만점을 받았다. 학교에 오가는 동안 길가에서 본 나무나 꽃 이름만 써도 시험지를 다 채울 수 있었기 때문이다.

으레 도시 학생들은 명문학교를 나오면 경쟁력이 있다고 생각한다. 그러나 수학이나 영어는 잘할지 몰라도 감성은 시골 학생들처럼 풍부하지 못해 남다른 생각을 하기 어려우므로 경쟁력은 오히려 밀릴 수 있다.

나는 어릴 때부터 남들이 하지 않는 일만 골라서 했던 편이다. 지금 생각해 보면 그런 엉뚱한 면이 있었기 때문에 단체장을 하면서도 오히려 블루오션 쪽으로 창조적 마인드를 가지고 일할 수 있었던 것 같다.

아름답고 살기 좋은 고장 함평. 그러나 인구가 4만 명으로 줄어들면서 천연자원과 산업자원, 관광자원이 없는 '3무(無)의 고장' 이라는 소리를 듣고 있었다.

전남대 총학생장 선거에 뛰어들다

나는 함평농업고등학교와 전남대학교 농과대학을 졸업했다. 농고와 농대를 졸업했다는 사실을 항상 자랑스럽게 생각해 왔다.

함평중학교와 함평농업고등학교에 다닐 때에는 8km나 되는 거리를 자전거로 통학했다. 그때에는 요즘 아이들처럼 그렇게 죽기 살기로 공부하지 않았다. 또한 배불리 먹진 못했어도 마음만은 여유로웠던 행복한 세대였다. 반면에 지금 아이들은 물질적으로는 풍족한 시대에 살고 있지만 마음은 오히려 여유가 없어 보인다. 그래서 요즘 아이들을 보면 안타까운 생각이 든다.

고등학교 때에는 학도호국단 시절 연대장을 맡아 월요일과 토요일에는 몇천 명 앞에서 구령도 하고 학생회 운영도 맡아서 했다. 초등학교, 중학교 때의 골목대장에 이어 함평농고 시절 연대장을 맡으면서 자연스럽게 리더십에도 관심을 갖기 시작했다.

나의 학업 성적은 그리 뛰어나지 못했다. 그러나 '참판보다 농판이 더 큰일을 할 수 있다'는 옛말처럼 리더십을 기른 것이 훗날 내 인생에 많은 보탬이 되었다. 특히 고교시절 연대장을 맡은 것이 정치에 깊은 관심을 가지는 계기가 되었다. 그래서 나는 고등학교 때부터 문상問喪을 잘 다녔다. 학생 대표여서 가기도 했지만 상가喪家만 있으면 부모님께 "문상 다녀오겠다"고 말씀드리고 반드시 조문을 했다.

정치에 본격적으로 관심을 갖게 된 것은 전남대 총학생장이 된 이후부터다. 당시 총학생장에 출마했을 때 전교 학생 중에서 함평농고 출신은 13명뿐이었다. 반면에 상대 후보 출신지의 S고 졸업생은 무려 700명이나 되었으니 학연으로는 도저히 이길 수 없는 선거였다. 그럼에도 내가 총학생장이 된 것은 군수에 당선되기보다도 더 어려운 불가사의한 일이었다. 그렇게 어려운 벽을 뚫고 총학생장이 되자 나는 선거에 자신이 생겼고, 정치인이 되면 어려운 농촌을 잘살 수 있도록 만들겠다는 마음의 싹을 틔웠다. 당시 내가 총학생장에 당선될 수 있었던 원인은 세 가지로 분석할 수 있다.

첫째, 인사를 잘했다는 점이다. 농대에서 인문대나 경영대로 수업을 받으러 가다가 학생들을 만나면 그때마다 "처음 뵙겠습니다" 하고 먼저 인사를 건넸다. 두 번째 만나게 되면 "또 만나네요" 하면서 반가움을 표했고, 세 번째 만나면 "저는 농대 다니는 이석형입니다" 하면서 통성명을 하자고 했다.

누구든 자기에게 먼저 아는 척을 하면 기분이 좋아지는 법이다. 나는 전남대 수위아저씨들에게도 반갑게 인사를 하고 다녔는데 이런 것들이 총학생장 선거를 하면서 우호적인 분위기를 만드는 기본 바탕이 되어주었다.

둘째, 전남대 학생들의 성향과 정서가 나와 맞아떨어졌다. 농촌 출신인 나는 당시 선거에 출마하면서 '용봉골(전남대가 있는 골짜기)을 떠받드는 작대기가 되겠다'는 구호를 제시했는데 그것이 향토적 정서를 자극하면서 자연스럽게 표로 연결되었다.

셋째, 나는 자전거를 타고 다니며 선거 운동을 했다. 반면, 상대는 고급 승용차를 타고 다니며 선거 운동을 벌였다. 총학생장 선거는 정치인 선거 분위기와 조금도 다를 바 없다. 상대는 집안 형편이 좋아 고급차를 타고 다니면서 선거 운동을 했지만 그러한 유세가 전남대 정서와 맞지 않아 내게 유리하게 작용한 측면도 있었다. 나는 양복 한 벌이 없어서 유세를 할 때에도 옷을 빌려 입고 다녔다.

기획 연출을 익혔던 방송 PD 생활

나는 KBS 교양프로 PD로 12년을 일했다. 서울에서 1년간 근무한 뒤 목포에서 2년, 광주방송총국에서 9년을 근무했다.

대부분의 PD들은 드라마나 쇼에 관심이 많다. 그러나 나는 교양과 농업 관련 프로그램에 관심이 더 많았다. 방송국에 있을 때 광주 100년 3부작 다큐멘터리와 동학 100주년 다큐멘터리를 제작했고, 〈뱀장어의 신비〉 같은 생태 관련 다큐멘터리도 만들어보았다.

함평농고 레슬링 선수들을 소재로 한 〈올림픽 꿈나무〉라는 다큐멘터리를 찍다가 원하는 그림이 안 나오면 내가 직접 새로운 훈련 기법을 개발해서 촬영하기도 했다. 예를 들어 팔 힘을 기르도록 대나무 위에 올라타거나, 함평 갯벌에 데려가 낙지를 잡으면서 갯벌 위에 뒹굴거나, 암벽등반을 하는 것들도 내가 새로 개발해 선보인 훈련 기법들이다.

한번은 소재거리를 찾다가 나비에 미쳐 있는 사람이 있다고 해서 만나

게 되었다. 수학을 전공했다는 정헌천 씨는 나와 동년배였는데 나비에
흠뻑 빠진 기인이었다. 그를 소재로 프로그램을 만들어 〈6시 내 고향〉
에 소개한 뒤에 함께 술잔을 나눌 기회가 있었다. 그때 그가 나비 전시관
을 만들면 괜찮을 거라고 제의해 왔다. 그래서 함평의 민선 초대 군수에
게 나비 전시관을 제의했더니 일언지하에 거절당했다. 이를 보고 나이
든 단체장들은 사고방식이 유연하지 못하다고 실감했다.

PD는 매우 자유스러운 직업이다. 허술한 옷을 걸치고 현장에 찾아다
니며 기획, 구성, 연출, 촬영, 편집을 두루 하지만 매우 종합적인 능력이
요구된다. PD가 하는 일은 자치단체장이 하는 일과 흡사한 면도 있다.
단체장도 자치단체를 이끌어나가려면 남보다 한 발 앞서는 시대적 안목
을 가지고 지역 발전을 위해 종합적으로 기획하고 조정하며 지휘하고
통합해야 하기 때문이다.

PD들도 끊임없이 머리를 써서 뭔가 새로운 것을 만들어내야 한다. 해
마다 8·15 광복절이 오면 색다른 주제를 가지고 특집을 제작하듯, 언제
나 참신하고 새로운 것을 추구한다.

방송 PD 생활을 12년간 하면서 나는 어떤 일을 추진하면 어떤 반향이
올 것인지 미리 그림을 그려보는 데에도 자연스럽게 익숙해졌다. 또한
방송을 하면서 익힌 기획력과 유연한 사고, 다양하게 접촉했던 현장 경
험, 다방면에 걸쳐 형성된 인맥들은 훗날 민선 군수로 활동하는 동안 경
직된 공직사회의 분위기를 바꾸고, 농촌에 새로운 활력을 불어넣는 데
에도 큰 보탬이 되었다.

30대에 함평군수가 되다

나는 평소에 단체장보다는 국회의원에 관심이 많았다. 그런데 97년 대통령 선거에서 민주당 김대중 총재와 자민련 김종필 총재가 DJP연합을 결성하여 승리하자 정국은 내각제로 선회할 것이라는 흐름이 대세를 이뤘다.

하루는 중앙에 올라갔는데 정치 원로들이 "앞으로 정치를 하려면 단체장을 먼저 해봐야 한다. 국회의원만 한 사람은 불리하다. 내각책임제가 되면 단체장 출신들은 입각入閣도 할 수 있다"는 이야기를 해주었다.

일리가 있다는 생각에 목표를 국회의원이 아닌 단체장으로 잡고 98년 2월에 군수 출마를 결정했다. 선거를 4개월 정도 남겨둔 시점이었다. 방송국에 사표를 제출하고 함평에 내려와서 경선을 치르고 본선에 들어가야 하는 빠듯한 일정이었다.

다른 사람들은 나의 출마를 예상도 못하고 있을 때 방송사에 사표를 낸 뒤 먼저 부모님에게 군수 선거에 출마하겠다고 알려드렸다. 아내는 "원하던 일이니 멋지게 도전해 보라"고 적극적으로 지지해 주었다. 젊은 농업 경영인들도 "앞장서서 돕겠다"고 약속했다.

민주당에 입당해 현역 군수와 공천을 놓고 경선에서 붙었다. 상대는 관선 군수에 민선 초대 군수까지 한 현역 군수인지라 모두들 내가 들러리를 서주는 경선이 될 것으로 예상하고 있었다.

우선 대학에서 총학생장 선거를 치러본 경험을 살려 대의원 접촉에 나섰다. 대의원 선거는 함평과 영광을 합쳐서 간접선거 방식으로 후보 경선을 치렀다. 시간이 촉박해 함평 지역 대의원들을 중심으로 하여 젊은 대의원과 여성 대의원, 연장자 순으로 접촉에 나섰다. 아침 일찍 대의원 집으로 찾아가 아침밥을 얻어먹으며 이들을 설득했다. 결과적으로 2차 투표까지 가는 팽팽한 접전 끝에 역전 드라마를 연출했다.

그것은 이변 중의 이변이었다. 1차 선거에서는 69대 70대 27로 경선에 나선 세 후보가 모두 과반수 확보에 실패했다. 그런데 2차 결선 투표에 들어가자 3위 후보를 지지하던 대의원들이 내게 24표를 몰아주면서 93대 73으로 역전승을 거둔 것이다.

본선 투표에서는 아버지의 동창이신 후보와 맞붙었다. 지난번 군수선거 때에도 900여 표 차이로 아쉽게 낙선한 분이어서 모두들 그가 이길 것으로 예상했다. 그러나 나는 본선에서도 젊은이들과 여성들을 중심으로 표밭 다지기에 나선 결과, 상대 후보를 압도적으로 누르고 서른아홉이라는 최연소 나이로 민선 2기 함평군수에 당선될 수 있었다.

열악한 환경에서 시작한 나비 축제

98년 6월부터 군정 업무 인수인계를 받는데 앞이 캄캄했다. 현직 군수를 이기고 당선되었다는 기쁨도 잠시, 함평군의 재정 상태를 살펴보니 파산 선고를 받은 것이나 다름이 없을 정도로 심각했다.

함평군의 세금 수입은 연간 44억 원에 재정 자립도는 12%, 농업에 종사하는 인구는 71%가 넘었다. 그나마도 65세 이상의 고령 인구가 24%를 차지해 농업의 활력도 기대하기 힘든 상황이었다. 천연자원이 없고, 산업자원도 없고, 관광자원도 없다는 '3무無의 고장' 함평군의 현주소였다. 잠을 이룰 수가 없었다. 하루는 새벽 4시가 되도록 잠이 오지 않아 군청 뒷산에 올라가 담배를 물고 있으려니 죽을 자리를 제 발로 찾아온 듯한 느낌마저 들었다. 행정 경험도 없이 괜히 단체장 선거에 나섰다는 후회도 밀려왔다. 그렇다고 주저앉을 수는 없는 노릇이었다. 대안을 찾아야 했다.

먼저 농업에 대해 생각해 보았다. 농업 인구가 71%인 함평군이 경쟁력을 확보하려면 양보다 질을 중요시하는 친환경 농업을 해야 했다. 그러나 아무리 친환경 농업을 해도 함평군은 특색이 없는 지역이어서 지리산 계곡이나, 강원도 철원의 민통선처럼 청정 지역이라는 이미지를 쉽게 살리기가 힘들 것 같았다. 어떻게 하면 청정 지역의 객관성을 확보하고, 이를 통해 관광객을 불러들여 농외소득까지 창출할 수 있을까?

하루는 이렇게 고민하면서 함평천을 따라 산책을 하는데 문득 이곳에 대규모로 꽃을 심어서 친환경 분위기를 조성하고 생태 체험 축제를 열면 어떨까 하는 생각이 스쳐 지나갔다. 함평천의 갈대밭을 갈아엎고 공무원들과 함께 메밀을 심었다. 그런데 얼마 안 있어 태풍 '예니'가 한반도를 덮치면서 심은 메밀들이 모두 떠내려가고 말았다. 메밀은 파종 시기를 놓쳤기에 이번에는 유채꽃을 심자는 아이디어가 나와서 곳곳에 유채를 빼곡하게 심었다. 이번에도 엄청나게 큰비가 함평을 휩쓸면서 심은 유채들마저 수마水魔에 모두 떠내려가고 말았다.

무심한 하늘이 원망스러웠으나 포기할 수는 없었다. 빠른 속도로 천변 둑을 재정비하고 배수로를 단단히 손본 뒤에 다시 유채를 심었더니 마침내 활짝 핀 유채꽃이 함평천을 노랗게 물들이며 장관을 이루었다.

그러나 유채꽃은 제대로 피었지만 이를 어떻게 활용해야 할지 좋은 생각이 떠오르지 않았다. 하루는 유채꽃을 물끄러미 바라보다가 노란 나비 대여섯 마리가 팔랑이며 날아가는 모습을 보는 순간, KBS PD 시절에 만났던 정헌천 씨의 얼굴이 갑자기 떠올랐다.

수년간 발이 닳도록 지방자치단체들을 찾아다니면서 '나비 사업'의 성공 가능성을 타진하고 있던 그는 "나비는 살아서는 이벤트, 죽어서는 전시관"이라는 말을 하면서 그때까지도 나비에 온통 미쳐 있었다. 내 전화를 받자 그는 광주에서 운영하던 학원까지 접고 함평으로 달려왔다. 마침 농촌지도소가 농업기술센터로 이름을 바꾸고 이사를 가면서 비어 있던 건물이 있었다. 이곳에 농업기술센터 산하의 곤충연구소를 설립하게 한 뒤에 그를 소장으로 임명하고 나비를 인공 증식할 수 있는 방법을 개발하도록 했다. 애벌레를 사육하고 나비를 부화시키기 위한 연료비와 장비 구입비 등의 예산을 확보하기 위해 나는 직접 군 의회를 찾아가 도움을 요청했다.

또한 나비 축제에 대한 아이디어를 모으기 위해 공무원들을 대상으로 직원 아이디어 회의를 수시로 열어 의견을 수렴했다. 처음에는 주저주

저하던 직원들도 시간이 지나자 공공휴지통에 나비 디자인을 넣자는 의견에서부터 담장이나 화장실에 나비 문양을 붙이고 가로등도 나비 모양으로 바꾸자는 등 경쟁적으로 아이디어들을 쏟아내기 시작했다.

축제 기반을 조성하기 위해 각종 국책 사업도 집중적으로 실시했다. 수산봉의 나비철쭉꽃동산은 국토 공원화 사업비로 충당하고, 축제장 도로는 국토관리청의 국도 확포장 사업과 연계하여 기반 조성 사업을 마무리했다.

축제 날짜가 임박하자 백화점을 순회하며 나비 홍보에 열을 올렸고, 전국의 초·중고등학교에도 안내 팸플릿과 공문을 보냈다. 광주에서 출퇴근하는 공무원들은 자기가 사는 아파트 단지에, 전 군청 직원들은 아침 등하교 시간에 맞춰 광주 인근의 학교로 가서 전단지를 뿌리는 등 연고지 중심의 홍보 마케팅에 주력하는 사이, 나는 신문과 방송 보도 등 언론 홍보를 맡았다.

드디어 1999년 5월 5일 아침이 밝았다. 함평으로 오는 국도는 나비 축제를 보기 위해 밀려드는 차량 행렬로 일찌감치 마비 조짐을 드러냈다. 개막식은 11시인데 9시 반부터 식장에 사람들이 몰려들더니 10시쯤 되자 인산인해를 이루는 것이었다. 나는 사람이 무섭다는 것을 그때 처음 느꼈다. 축제는 시작되었건만 사람들이 하도 많이 와서 휴대폰이 불통이 되는 바람에 직원들끼리 연락하기도 어려울 정도였다.

광주에서 함평까지 평소 같으면 50분이면 오는 차량들이 네 시간이나 걸려 왔다. 인근 식당에서는 음식이 떨어지고 도로변의 슈퍼에는 물건이 동이 났다. 통화량 폭주로 휴대폰 통화가 두절되고, 행사장 주변 주유소의 기름까지 동이 나자 관람객들은 주유소 앞마당에 돗자리를 깔고 앉기까지 했다.

최고의 인기를 누렸던 나비 생태관을 비롯하여 전통 소싸움 대회장, 신명을 돋웠던 전통춤 판굿, 체험 한마당을 보여준 나비 도예 학습장, 보디페인팅, 황토가축 체험장 등에는 발 디딜 틈이 없을 정도로 인파가 북적였다. 체험 프로그램이 흔치 않던 시절에 선보인 만지고, 느끼고, 직접 체험해 보는 차별화된 프로그램들은 나비 축제의 인기를 더해주었다.

결과는 대성공이었다. 절망을 떨어내기 위한 몸부림은 마침내 희망의 몸짓으로 바뀌고 있었다. 많은 상가들이 축제 덕분에 큰 도움을 받았다며 만족해했다. 축제 기간 동안에 육회비빔밥을 팔아서 5,000만 원의 매상을 올린 식당도 있었다.

첫 나비 축제 기간에 함평을 다녀간 관광객은 60만 명을 넘어선 것으로 공식 집계되었다.

PD처럼 기획하고 연출한 나비 축제

나는 나비 축제를 기획하면서 즉흥적으로 일을 추진하지 않았다. 축제는 적은 투자로 지역의 이미지를 살리고 높은 이윤을 창출할 수 있는 관광 상품이다. 축제는 또한 전통문화의 계승·발전과 지역문화의 정체성을 확보하는 수단이기도 하다.

방송국에서 한 시간짜리 다큐멘터리를 찍기 위해 PD를 비롯한 제작진들이 하는 공부의 양은 일반인들의 상상을 초월한다.

내가 축제의 아이템으로 나비를 선택한 것은 '3무의 고장'이란 말에서 표현되듯 함평군이 가진 게 없기 때문이었다. 자원이 없다는 것은 오히려 과감하게 변신할 수 있는 기회를 제공했다. 나비는 유채꽃과도 잘 어울리며 환경에 가장 민감하게 영향을 받는다. 따라서 나비가 너울너울 날아다닐 수 있는 곳은 청정 환경임을 입증하는 것이다.

내가 나비 축제를 하기로 결정한 것은 98년 11월 초 무렵이다. 함평천에 유채꽃이 무럭무럭 자라는 것을 보면서 공무원들에게 무엇을 했으면 좋겠냐고 물었을 때 유채꽃 축제를 하자는 의견들이 가장 많았다. 그러나 유채꽃 축제는 이미 제주도가 선점한 레드오션이므로 블루오션이 될 수 없었다. 간부회의를 하면서 유채꽃이라는 기본 베이스를 토대로 동적인 움직임을 제공하는 나비 축제를 해야 성공할 수 있다고 누누이 강조했지만 아무도 이에 동의해 주지 않았다. 공무원들은 손에 잡히는 것만 선호했다. 한우면 한우 축제, 쌀이면 쌀 축제, 이런 것들만 축제라고 생각하지 환경과 복합적으로 어우러진 '나비'를 축제의 소재로 활용하겠다는 구상은 애당초 하지도 못했고, 또 그런 의견에 동의해 주지도 않았다. 이미지가 브랜드화하면 모든 밑그림이 그려질 수 있는 상황인데 이를 이해해 보려 하지 않고, 오히려 반대를 위한 반대만 계속했다.

"젊은 군수를 뽑아놓았더니 웬 나비 타령이냐?"면서 공공연하게 비아

제9회 함평 나비 축제 행사장에서 외국인 관람객들과 함께 나비를 날리고 있는 이석형 함평군수

냥대기도 했다. 처음에 나비 축제를 하겠다고 했을 때 모두들 나비 축제가 과연 될까 하고 회의를 품었지만 나는 오히려 자신감을 갖고 구체적인 준비를 시작했다.

첫해에는 많은 예산이 들어가지 않았다. 1억 원 미만의 예산으로 무대를 만들고 하우스를 지어 꽃을 심었으며, 우리 손으로 나비를 날렸다. 음향 장비는 경쟁을 통해 서비스가 좋은 기획사를 선정해 맡겼다.

KBS 광주방송총국에서 근무할 때 나주에 있는 농촌진흥원에서 어린이날 행사를 했었다. 이때 〈흙과 함께 동요와 함께〉라는 어린이 노래자랑대회를 두 번 정도 개최했는데 많은 차량들이 줄을 선 적이 있었다. 해마다 어린이날과 어버이날 무렵이 되면 사람들은 아이들을 데리고, 부모님을 모시고 어디론가 나들이를 나선다. 따라서 '나비'를 통해 친환경적 메시지를 던지는 축제를 한다면 인근 광주에서라도 많은 사람들이 나비를 보러올 것이라고 믿었다.

함평 경찰서장이 "축제에 10만 명이나 오겠냐?"고 걱정할 때에도 "아무리 못 와도 30만 명 이상은 올 것"이라고 호언장담했던 것도 믿는 구석이 있었기 때문이었다. 나비 축제를 기획하면서 나는 일차적으로 광주와 목포 지역의 관광객들을 대상으로 삼았다.

1999년 5월 5일은 함평의 역사를 새롭게 쓴 날이다. 함평군이 생긴 이래 가장 많은 인파가 몰려들었기 때문이다. 그러나 이보다 더 중요한 것은 패배의식에 사로잡혀 있던 군민들에게 '우리도 할 수 있다'는 자신감을 심어주었다는 사실이다.

한편 2002년 4회 축제 준비로 정신없이 하루하루를 보내던 어느 날 늦은 시간에 TV 뉴스를 보는데 중국에서 뱀을 밀수하다가 적발되어 관세청에 압류당했다는 보도가 흘러나왔다. 순간 나는 "저거다!" 하고 무릎을 쳤다. 다음날 관세청장에게 전화를 걸어 사정을 설명하고 압류한 뱀들을 전시할 수 있도록 해달라고 요청했다. 축제 기간 동안에 선보였던 희귀 뱀인 흑질백장黑質白章 30마리 등 다양한 파충류는 이렇게 해서 관람객들에게 볼거리로 제공할 수 있었다.

함평군의 나비 축제는 이후 관광객 숫자가 계속 늘어났고 세계나비곤충엑스포까지 개최하게 되면서 더욱 상승 발전하는 과정을 밟아왔다.

'함평' 하면 '나비', '나비' 하면 '함평'

"브라질에서 나비 한 마리가 일으킨 날갯짓은 대기의 흐름을 변화시켜 텍사스 주에서 토네이도가 발생하는 결과를 가져오기도 한다."

미국의 기상학자 에드워드 로렌츠는 카오스 Chaos 이론의 토대가 된 '나비 효과 butterfly effect' 개념을 처음 제시했다. 그는 이처럼 아주 작은 변화 하나가 엄청난 결과의 차이를 빚어낼 수 있다는 나비 효과 개념을 처음 창안해 냈는데 나 역시 이 의견에 동의한다.

'함평' 하면 '나비', '나비' 하면 '함평'이라는 등식어가 성립될 정도로 함평의 나비 축제가 성공하자 전국의 백화점에서 이벤트 요청이 쇄도했다. 이에 따라 서울의 현대백화점, 롯데백화점, 테크노파크와 대전과 울산 등지의 백화점에는 나비 생태관도 만들어주었다.

2000년 3월 어느 날이었다. 하루는 달력을 보다가 4월 22일이 '지구의 날'이라는 것을 알게 되었다. 그 순간 청와대에서 지구본에 나비를 넣어서 날리는 행사를 하면 나비 축제가 전국적으로 홍보될 수 있을 것이라는 생각이 들어 간부들의 의견을 들어봤다.

"청와대 행사를 군에서 어떻게 주관할 수 있겠습니까?"

모두들 고개를 설레설레 흔들기만 했다.

"여러분들은 정식 절차를 밟아서 신청해 보세요. 저는 비선 라인을 통해 방법을 모색해 보겠습니다."

상급기관인 도와 환경부에 협조 요청을 했더니 안 된다는 대답뿐이었다. 나는 무작정 청와대 환경비서관에게 전화를 걸었다.

"지구의 날에 나비를 지구본에 담아서 대통령 내외분을 모시고 청와대 녹지원에서 나비 2,000마리를 날리는 이벤트 행사를 하고 싶습니다."

비서관이 전화상으로 선뜻 대답을 하지 않기에 "결재 서류를 들고 가서 대통령에게 보고할 수 있는 위치라면 우리의 제안을 올려보십시오. 아니면 우리가 다른 라인을 통해서라도 대통령에게 직접 제안하겠습니다"라고 말했더니 "며칠만 기다려보십시오"라고 답하는 것이었다.

얼마 후 대통령 비서관이 허겁지겁 나를 찾아와서는 "지구본에 나비를 다 담아올 자신이 있습니까?"하고 물어왔다. 이에 "걱정 마십시오"

2000년 4월 22일 지구의 날, 청와대에서 이희호 여사와 함평초등학교 어린이들이 함께 벌였던 나비 날리기 행사

라고 그를 안심시킨 뒤 정헌천 곤충연구소장에게 완벽한 행사 준비를 요청했다. 드디어 지구의 날을 맞아 4월 22일 함평초등학교 어린이 40명이 청와대 녹지원에 초청되었다.

김대중 대통령의 부인 이희호 여사는 "하나뿐인 지구를 나비가 날아들고 새들이 모여 노래하는, 살아 숨 쉬는 삶의 터전이 되도록 가꾸어나가자"고 당부한 뒤 어린이들과 함께 준비해 간 지구본 모형의 나비 바구니를 활짝 펼쳤다. 그 순간 호랑나비와 표범나비 등 형형색색의 2,000여 마리 나비들이 일제히 청와대 녹지원 뜰에서 하늘로 날아올랐고, 이 장면이 전국에 방송되면서 나비의 고장 함평의 이미지를 다시 한 번 전 국민에게 각인시킬 수 있었다.

2001년 8월 15일에는 남한의 최전방인 민통선에서 잡은 호랑나비와 함평 지역에서 잡은 호랑나비를 교배시켜서 탄생한 '통일 나비'를 임진각에서 날리는 '통일 기원 나비 날리기 행사'를 개최했다. 북녘 하늘을 향해서 날아가는 통일 나비들을 바라보던 함평 거주 실향민들의 눈가에도 어느새 눈물이 그렁그렁해졌다. 함평군은 2003년 노무현 대통령의 취임식 때에도 재임 기간을 상징하는 1,825마리의 나비를 날리는 행사를 열었다. 이처럼 나비 축제가 열리지 않을 때에도 전국을 돌며 나비 날리기 등 다양한 행사를 개최하자 함평에 대한 인지도는 갈수록 높아졌다.

'함평' 하면 '나비', '나비' 하면 '함평'이라는 등식이 성립되었고, 나비가 사는 '청정' 지역 함평의 이미지가 각인되면서 함평에서 생산한 친환경 농산물들도 날개 돋친 듯 팔려나갔다.

함평 세계나비곤충엑스포

엑스포Expo는 국제적인 규모와 체제를 갖추어 개최되는 박람회다. 엑스포는 국제박람회기구(BIE)의 공인 여부에 따라 공인엑스포와 비공인엑스포로 나뉘며, 공인엑스포는 6개월간 개최할 수 있다. 또 공인엑스포는 등록엑스포와 인정엑스포로 구분된다. 등록엑스포는 대규모 종합박람회로, 인류 활동의 광범위한 부분을 대상으로 하여 5년 단위로 개최된다. 반면 인정엑스포는 중간 규모 전문박람회로 인류 활동 중 특정 부문을 주제로 선정해서 개최한다.

1993년 우리나라에서 최초로 열렸던 대전 엑스포는 인정엑스포이며, 여수에서는 오는 2012년 여수 세계박람회가 '살아 있는 바다, 숨 쉬는 연안The Living Ocean and Coast'을 주제로 여수시 신항지구에서 3개월 동안 열리게 된다. 반면에 함평군이 2008년에 개최한 세계나비곤충엑스포는 BIE의 승인과 관계없이 2005년 1월 국무총리 국무조정실 국제행사 개최 계획 승인을 받아 추진한 행사다.

함평 세계나비곤충엑스포는 함평군을 환경 및 곤충 산업의 세계적 집결지이자 국제적인 관광명소로 만들기 위해 곤충을 소재로 개최한 세계 유일의 친환경 엑스포였다.

2008년 4월 18일부터 6월 1일까지 45일간 개최했던 함평 세계나비곤충엑스포는 나비 축제 10년 만에 함평군 탄생 600주년이 되는 뜻 깊은 해를 맞아 군이 도약하기 위한 획기적인 행사로 준비했던 것이다. 덕분

곤충을 소재로 개최한 세계 유일의 친환경 엑스포, 함평 세계나비곤충엑스포는
국제곤충학회로부터 곤충 산업 활성화를 위한 세계 최초의 국제행사로 인정받았다.

에 2008 함평 세계나비곤충엑스포는 국제곤충학회로부터 곤충 산업 활성화를 위한 세계 최초의 국제행사로 인정받았고, 해외 저명학자들을 고문으로 위촉하면서 곤충 산업 발전을 위한 함평 엑스포의 위상 강화에도 결정적인 역할을 했다는 평가를 받았다.

엑스포를 통한 직간접적인 수입과 생산 유발 효과, 소득 유발 효과 등 함평군에 미친 지역경제 파급 효과는 2,000억 원에 달했으며, 그해에 함평 나비 축제가 문화관광부 지정 '2008년 최우수 문화관광 축제'로 선정되면서 함평 나비의 브랜드 가치는 전국 지자체 가운데 최고로 확고히 자리매김했다.

나비 축제 성공으로 스타 강사가 되다

나비 축제가 성공적으로 치러지면서 축제의 성공 요인을 벤치마킹하기 위한 강의 요청이 쇄도하고 있다. 나비 축제가 대박을 일으키면서 나타난 또 다른 나비 효과다. 강의를 하면 부수적인 나비 효과가 나타나기 때문에 나는 군정에 지장이 없는 범위라면 특강을 거절하지 않는다.

처음에는 진도군, 곡성군과 같은 지방자치단체에서 요청하더니, 요즘은 삼성, 아모레퍼시픽 등 각종 기업체와 하나은행, 대학교 최고경영자 과정, 검찰청, 건설부, 고충처리위원회, 청와대 등등 부르는 곳들이 다양해져 많을 경우에는 한 달에 다섯 번씩 할 때도 있다. 동료 시장군수들이

부를 때에는 나비 축제 이야기를 하면서 공무원 정신 교육까지 해달라는 특별 주문들을 곁들인다. 그러면 대한민국에서 가장 열악한 함평군에서 새로운 신화가 창조되었다는 나비 축제의 성공 과정을 자세히 설명해 주고, 공직자들이 공격적인 마인드를 가지고 새로운 일에 도전하고 주인의식을 가져달라며 나름대로 열변(?)을 토한다.

요즘 강의 주제는 대부분 '블루오션과 창조경영'으로 국한하고 있다. 나는 전문적인 강사도 아니고 학자도 아니다. 그러나 함평군수로 일하면서, 나비 축제를 진행하면서 경험한 것들을 진솔하게 이야기하기 때문에 청중들의 반응은 대체로 좋은 편이다. 주식회사 함평군의 대표이사로서 나비 축제를 이야기하고, 함평군을 이야기하면 할수록 함평의 브랜드가 덩달아 올라가는 것을 느낀다. 여기에 '나비 군수'라는 타이틀과 함께 강의를 통해 인지도가 상승하는 부수적인 효과가 있어 나 역시 싫지는 않다. 때문에 서울 쪽에서 강의 요청이 오면 군정 업무와 관련해서 중앙부처에 올라갈 일정을 함께 잡아서 상경과 동시에 부처 방문도 하고 특강도 소화하고 있다.

강의할 때에는 요약한 나비 축제의 동영상을 처음에 조금 보여주고 축제를 진두지휘하면서 느꼈던 일이나 성과를 상황에 맞게 설명한다. 아울러 청중들의 질문에는 성심성의껏 답변해 주고 있다. 일방적인 강의보다 소통이 더 중요하다고 판단하기 때문이다. 한 번은 청와대 경제정책비서관실 관계자들을 대상으로 특강을 하면서 "국가 원수를 모시고 현충일 행사를 할 때에 포를 쏘고 종이가루를 날리기보다 살아 있는 나비를 날리면 좋지 않겠느냐?"는 제안을 했다. 그랬더니 이것이 곧바로 현실로 이루어졌다. 2007년 6월 6일 오전 10시 서울 동작구 국립 현충원 겨레의 얼 마당에서 거행된 제52회 현충일 추념식에서 함평군에서 보낸 흰 나비들이 하늘을 수놓는 모습을 뉴스로 흐뭇하게 지켜볼 수 있었다.

이처럼 외부 특강을 하면 세계나비곤충엑스포 홍보는 물론 지역 혁신 성공 사례 전파를 통해 함평 지역 브랜드 가치가 상승하면서 투자 유치에도 많은 도움이 되고 있다.

나비 브랜드 상품 '나르다'

자치단체들의 수익 사업들이 갈수록 다양해지고 있다. 전국의 자치단체들이 톡톡 튀는 아이디어로 수익 사업에 앞다퉈 뛰어들고 있기 때문이다. 골재 채취나 관광지 운영 등 과거의 소극적 방식에서 벗어나 지역 특산물이나 자연자원 등을 활용한 고부가가치 사업을 발굴하고, 다른 지역과 차별화되는 상품 개발에 적극 나서고 있다. 그러나 특산물을 중심으로 캐릭터 상품을 개발해 기념품 수준의 상품은 출시하고 있지만 전문 지식과 응용 기술, 마케팅 능력 부족으로 대부분의 자치단체들이 흑자 경영 단계에는 이르지 못하고 있다.

나는 민선 2기 취임사에서 '함평 주식회사'를 거론했다. 군수는 대표이사, 군민은 주주, 공직자는 사원으로 삼위일체가 되어 지역을 꾸려나가자고 제안한 것이다. 이후 나비 축제와 연계하여 공격적인 경영 마케팅을 추진하기 위해 사회경제과에 경영수익 담당 부서를 신설하고 '나르다' 디자인 개발에 착수했다. '나르다'는 '나비가 날다, 브랜드가 뜨다'란 의미를 담고 있다. 나비의 더듬이는 디지털 시대 정보에 접근하는 안테나를 상징하며, 발전하는 함평군을 함축적으로 표현한 것이다.

함평군은 1999년 시제품 제작과 판로 확보 비용을 부담하는 민·관 공동 합작 투자를 원칙으로 참여 업체를 모집해서 전국적 판매망을 갖춘 누브티스사를 선정한 뒤에 본격적인 디자인 개발에 착수했다.

2000년부터는 시제품을 납품받아 판매를 시작했고, 2002년에는 특허청에 38개류 299품목 상표 등록을 마침으로써 가장 많은 지적재산권을 확보한 자치단체가 되었다. 나르다 상품은 출시 이후 행남자기, 무한타월 등과 상표권 사용 라이선스 계약을 체결, 로열티 수입 1억 4,000만 원을 포함하여 40억 원에 가까운 매출액을 올렸다.

나르다 상품이 상품성을 인정받으면서 청와대, 환경부, 서울시 의전상품으로 납품하고, 조달청 지정 문화상품으로 넥타이와 스카프, 손수건, 타월 등 네 품목이 등록되었다. 2002년 한·일 월드컵 때에는 지갑과 벨트 두 품목의 라이선스를 획득하고, 육군 복지근무지원단에 위탁 판매하는 물품 계약도 성사시킨 바 있다.

함평군은 58품목 223종의 상품을 온라인 업체인 함평천지 인터넷 쇼핑몰inabishop.com과 직영점 한 곳, 본청 및 읍·면 매장, 서울 인사동 티파니 등 위탁 판매장과 광주시청, 국가행정전문연수원, 농협교육원 등 74

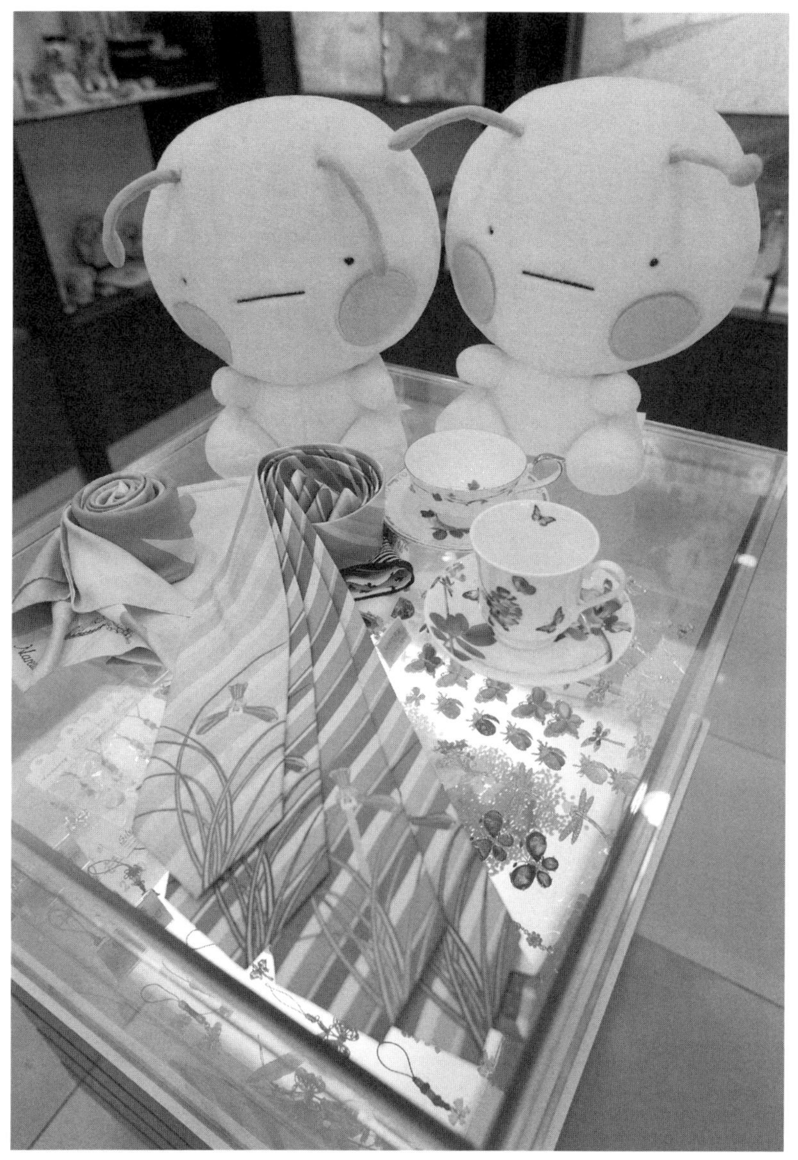

함평군 수익 사업의 일환으로 나비 축제와 연계해 만들어낸 '나르다' 상품.
공공기관에서 캐릭터 상품을 만들어 경영 수익 사업의 새로운 모델을 제시한, 유일한 성공 사례로 평가받고 있다.

개 매장을 통해 활발한 판촉 활동을 펴고 있다.

나르다 상품은 임대 형태의 단순한 수익 사업이 아닌 홍보와 판매를 겸한 경영 수익 사업의 새로운 모델을 제시한 것으로 대한민국 공공기관에서 캐릭터 상품을 만들어 유일하게 성공시킨 케이스라는 점에서 높은 평가를 받고 있다.

뉴비틀을 둘러싼 외제 관용차 논란

세계나비곤충엑스포 행사 개최를 확정 짓고 2005년 일본으로 출장을 갔을 때의 일이다. 도쿄에서 오사카로 가는 신칸센을 타러 가려는데 딱 정벌레처럼 생긴 차량 한 대가 내 앞을 스쳐 지나갔다. 순간 그 차를 함평에서 활용해야겠다는 아이디어가 퍼뜩 떠올랐다. 기종이 '뉴비틀'이라는 것을 알고 곧바로 함평에 전화해서 구입 절차를 알아보라고 했다. 독일의 폴크스바겐사에서 만든 뉴비틀은 히틀러가 독일의 소시민들이 타고 다닐 수 있도록 만든 국민차의 일종이다.

처음에 이 차를 보았을 때에는 나비 축제를 여는 함평군에서 영업용 택시로 활용해 보고 싶었다. 그런데 확인해 보니 뒷문이 하나여서 타기 불편하고 짐을 싣는 공간이 없어서 택시 용도로도 적합하지 않음을 알게 되었다. 그러나 차량을 빨갛게 칠하고 까만 점만 몇 개 찍으면 딱정벌레와 같은 모습이 되기 때문에 세계나비곤충엑스포 행사를 할 때 함평

세계나비곤충엑스포 행사시 관용차이자 함평군의 마스코트로서 활약하는 '뉴비틀'

군의 마스코트로 활용하면 제격일 듯싶었다.

전임 군수 때 구입한 1호차 포텐샤 차량도 이미 11년 이상을 탄 상태인데다 뉴비틀의 배기량도 2500cc 이하이고 대형차도 아니므로 관용차로 사용하기로 결정했다. 구입을 지시한 뒤에 차량번호도 엑스포를 상징하는 2008번으로 정했다. 그런데 이를 알게 된 일부 언론이 "함평군수가 외제차를 타고 다닌다"면서 마치 나를 외제차를 타지 못해 안달이 난 사람처럼 비판적 시각으로 바라본 기사를 썼고, 일부 군민들도 내게 곱지 않은 눈길을 보내는 것이었다.

해명을 위해 기자회견을 자청한 뒤 "뉴비틀은 독일의 국민차로 가격이 우리나라의 프라이드 수준(3,100만 원, 도색비 300만 원 별도)이다. 세계나비곤충엑스포 행사의 홍보용 차량으로 구입한 게 그렇게 잘못된 것이냐, 자동차 수출 5대 강국인 한국에서 조선 말 대원군의 망령이 되살아나는 것 아니냐?"면서 비판적 언론에 불만을 표출했다.

그러자 네이버 등 인터넷 포털사이트에서는 이 기자회견과 관련하여 수천 건의 댓글이 올라오면서 뉴비틀 구입에 대한 찬반양론이 벌어졌다. 반대론자들은 "홍보도 좋지만 어려운 경기에 모범을 보여야 할 단체장이 외제차를 구입하다니 너무 한 일 아니냐", "단체장이 외제차를 구입해서 타고 다닌다고 내실 있는 홍보가 되겠느냐", "일부 지자체가 지역에서 생산되는 차량 구입 운동까지 폈던 사례를 감안한다면 너무 튀는 행동이다"라고 지적했다. 반면에 찬성론자들은 "근엄하고 권위 있는 관용 차량과 거리가 멀어 보이는 외제차를 구입한 것은 충분히 설득력이 있다", "권위를 포기하고 홍보를 위해 외제차를 구입한 군수의 모습이 신선하다", "2008 세계나비곤충엑스포의 성공을 기원한다"며 함평 군수를 지지한다는 글을 올렸는데 분석 결과 칭찬과 격려성 댓글들이 93%를 차지했다.

네티즌들의 지지 분위기가 절대 다수를 이루자 인쇄매체 언론들도 "함평군수가 뉴비틀을 타는 것은 이해할 만하다"는 식으로 슬그머니 꼬리를 내렸다. 어찌 되었든 뉴비틀 논란 덕분에 엑스포 홍보도 많이 되었다. 이후 뉴비틀은 함평군의 움직이는 상징물이 되었고, 관광객들은 뉴비틀 차량에 앉아 기념사진을 촬영했다.

뉴비틀이 인기몰이를 하자 행사만 있으면 차량을 보내달라는 초청장도 전국에서 날아들고 있다. 뉴비틀 동호회 소속의 20여 대 차량들이 함평군에 자발적으로 내려와서 행사를 도와주고 전국을 다니면서 세계나비곤충엑스포 행사를 선전해 준 덕분에 홍보에도 큰 도움이 되었다.

뉴비틀 차량은 관용차이므로 공직자들도 애용하고, 타 지역에서 마라톤 대회 등 행사가 열리면 품앗이 차량으로 보내기도 한다. 그런데 아직도 많은 사람들이 군수 혼자서만 타고 다니는 줄 알고 있다. 한 번은 뉴비틀이 서울의 강남대로를 지나가자 내가 타고 있는 것으로 착각한 고향을 떠난 인사 한 분이 "이 사람아! 서울에 왔으면 내게 연락을 해야지 들르지도 않느냐?"면서 핀잔을 줄 정도로 뉴비틀 차량의 유명세는 날로 높아가고 있다.

제1회 유기농업기능사에 합격하다

2005년 우연한 기회에 노동부 산하 한국산업인력공단이 제1회 유기농업기능사를 뽑는다는 정보를 듣게 되었다. 이에 친환경 농업을 이끄는 단체장으로서 자격증 시험에 도전해 보기로 결심했다.

유기농업기능사란 유기농업 생산 관련 업무, 유기농산물의 가공, 포장 및 품질 인증 등의 실무를 담당하는 것으로 산업인력공단이 웰빙문화의 확산과 안심 먹을거리에 대한 국민의 높은 관심을 반영하기 위해 처음 실시한 자격 시험이었다.

이 시험에 합격해서 유기농업기능사 자격증을 가진 함평군수가 품질을 보증한다고 홍보할 경우 함평군의 친환경 농산물에 대한 소비자 신뢰도 높아지고 타 자치단체와 차별화도 시킬 수 있을 것이라 생각했다. 가정에서는 열심히 공부하는 아빠로서 모범을 보여 자식들의 공부를 말 없이 독려하는 부수 효과도 노릴 수 있으리라는 판단이 섰다.

제1회 시험인지라 출제 유형도 전혀 모르는 상태에서 시험을 준비하자니 어려움도 많았다. 1차 필기시험과 2차 실기시험을 치렀는데 생각보다도 어려웠다. 실기시험에서는 옥수수를 주고 유기농 사료를 배합해서 만들라는 문제와 투명한 유리에 담긴 흙이 어떤 종류의 흙인지 맞추라는 문제도 있었다.

합격자 발표가 나자 산업인력공단은 함평군수가 제1회 유기농업기능사 자격증을 땄다는 내용을 보도 자료로 만들어 배포했고, 전국 각지에서 기자들이 몰려들어 내가 합격한 사실을 앞다투어 보도해 주었다.

유기농업기능사 자격증 취득은 국가가 인정하는 시험에 합격한 자치단체장 1호라는 점에서 나 개인은 물론 함평군을 홍보하는 데에도 크게 기여했다.

나는 98년 함평군수로 취임한 뒤 함평군을 친환경 농업 지역으로 선포하고 '나비가 사는 친환경 지역'이라는 이미지 창출에 나섰다. 덕분에 1999년 첫 나비 축제의 성공적 개최와 더불어 함평군은 친환경 농업의 본산으로 탈바꿈했다.

축제에 힘입어 친환경 유기농 쌀인 '나비쌀'은 전국에서 고가로 판매되었고, 나비 축제 이전에는 연간 20만 명에도 못 미치던 관광객 수가 이제는 600만 명을 넘어서는 등 관광객들의 숙박비 등을 포함한 부수입도 급증하고 있다.

상하이 임시정부 청사를 복원하자

내가 상하이 임시정부 청사를 함평군에서 짓기로 결심한 것은 독립운동가인 일관 김철1886~1934 선생의 이야기를 듣고부터이다. 우연한 기회에 이종찬 전 국정원장으로부터 상하이 임시정부 요인이셨던 함평군 출신 독립운동가 김철 선생에 대한 이야기를 전해 듣게 되었다.

함평군 신광면 함정리에서 천석꾼의 아들로 태어난 김철 선생은 중국 상하이에서 여운형, 장덕수와 함께 신한청년당을 만들고 독립운동을 전개했다. 김철 선생은 백범 김구 선생이 국무령으로 있을 때 군무부장을 맡아 임시정부의 재정을 맡았었는데 당시 상하이 임시정부 청사가 그의 이름으로 등기되어 있다. 그런데 최근에 중국 정부로부터 상하이 임시정부의 청사가 철거될 위기에 처해 있다는 소식을 듣게 된 것이다.

나는 김철 선생이 생전에 사비를 들여 임시정부 청사를 구입한 만큼 이것이 철거된다면 임시정부 청사를 함평군에서 복원해야 한다고 생각했다. 이를 유가족들과도 상의한 뒤에 중국 상하이에 설계팀을 파견해 임시정부 건물을 측량하고 상하이 총영사관과 함께 내부 시설물에 대한 고증 작업을 벌였다.

외부의 붉은 벽돌은 철거 때 가져올 수 없어 원형에 가깝게 제작했고 문짝이나 가재도구는 이미 국내에 들어와 있기 때문에 그대로 전시하기로 했다. 하지만 국비와 도비를 들여 짓는 상하이 임시정부 청사 복원은 재원 마련이 제때 되지 않아 한때 어려움도 겪었다. 그러나 동작동 국립현충원에서 현충일 행사로 나비 날리기 행사를 극적으로 연출한 뒤 보훈처로부터 10억 원의 사업비를 지원받을 수 있었다.

상하이 임시정부 청사를 완공해 김철 선생의 기념관과 연계하여 일제 강점기 항일운동의 역사 교육의 장으로 활용한다면 후손들에게 애국정신을 고취시키는 데 도움이 될 것이다.

무너진 방조제를 막아라

'하늘에는 예측할 수 없는 비바람이 있고, 땅 위에는 예측할 수 없는 재난이 있다.'

재난재해는 이처럼 예고도 없이 찾아온다. 따라서 사고를 예방하거나 최소화하려면 철저한 예방 시스템을 구축하고 안전의식을 생활화하는 수밖에 없다.

위기관리는 시간과의 싸움이다. 막상 위기가 발생하면 회의를 소집하여 의견을 듣고 대다수의 뜻을 수용해 처리할 시간적 겨를이 없다. 오로지 민첩한 상황 판단이 요구될 뿐이다. 때문에 위기를 벗어나려면 리더가 현장에서 올바른 리더십을 발휘하는 것이 가장 중요하다. 함평에도 해안선이 20.6km나 있다. 함평읍 석성리에는 돌머리 해수욕장이 있고 손불면 월천리에는 안악 해수욕장이 있다. 이 가운데 1975년에 축조된 월천방조제는 30여 년 동안 세찬 격랑 속에서도 수차례 붕괴 위기를 넘기면서 주민의 귀중한 생명과 재산을 지켜왔다.

'불이 지나가면 흔적이 있지만, 물이 지나가면 흔적도 없다'는 말이 있다. 이처럼 수마가 할퀴고 간 상처는 상상을 초월할 정도로 참혹할 때가 많다. 우리나라도 장마철에 집중호우가 내리거나 태풍이 상륙하면 막대한 인명과 재산 피해를 입는다. 함평군도 예외는 아니었다. 2000년 8월 말에 폭풍우를 동반한 태풍 '프라피룬'이 한반도를 강타했다. 함평에 큰 피해가 없기를 바라며 가슴을 졸이고 있을 때 오후 6시 40분쯤 건설토목

계장으로부터 전화가 왔다. 해일로 인해 방조제가 심각할 정도로 유실되었다는 보고였다. 즉시 방조제로 달려갔다. 현장에 도착했을 때에는 서 있는 사람들이 흔들릴 정도로 거센 비바람이 해안가를 몰아치고 있었다.

방조제 안쪽은 농민들이 뙤약볕에서 경작한 벼들이 황금빛으로 누렇게 물들어가고 있는데 엄청나게 몰아치는 해일로 인하여 방조제 1,230여m가 떠내려간 것이었다. 조금만 더 밀고 들어온다면 민가에까지 바닷물이 들어와서 피해가 극심해질 것 같았다. 담당자에게 "밀물이 언제 다시 들어오느냐?"고 물었더니 새벽 두세 시는 되어야 들어온다고 답했다. 시간적으로 7~8시간가량 여유가 있었다. 유실 면적은 넓지만 임시방편으로라도 응급조치를 하지 않으면 피해가 더욱 커진다는 것은 불 보듯 뻔했다.

즉시 군청에 비상을 발령했다. 퇴근한 직원과 휴가 중인 직원들이 속속 현장으로 몰려왔다. 이때부터 강한 비바람을 맞으면서 공무원과 인근 주민 등 800여 명은 횃불을 밝히고 응급 복구에 비지땀을 흘리기 시작했다. 복구하는 작업에 PP마대 2만 장과 말목 1,000개, 천막과 보온덮개 1만 5,000㎡ 등이 동원되었다. 인근에서 가져온 덮개란 덮개는 모두 활용했고, 나중에는 광주 지역에서 가져온 것도 다 떨어져서 전라북도에서까지 공수해 왔다.

여직원들은 부지런히 돌을 날랐다. 마치 행주대첩을 연상케 했다. 심지어 임신한 여직원까지 나와서 돌을 놓고 덮개를 덮으며 무너진 방조제를 하나하나 쌓아나갔다. 장화를 신고 작업복으로 갈아입은 나도 한 손에는 랜턴을 든 채 진두지휘하면서 흙과 돌을 날랐다. 이렇게 민·관이 합심하여 응급 복구에 나선 결과 새벽이 되었을 무렵에 가까스로 방조제를 대강이나마 복구시킬 수 있었다.

새벽에 다시 밀물이 밀려왔지만 우리가 연출한 기적 덕분에 바닷물은 더 이상 방조제를 밀고 들어오지 못했다. 그것은 한 편의 드라마였다. 밀물을 바라보고 있는 모든 이의 가슴에도 하나의 감동적인 순간으로 다가왔다.

'하늘은 스스로 돕는 자를 돕는다'고 했다. 그때 판단을 잘못하여 무너진 방조제를 방치했더라면 논밭이 물바다를 이뤄 애써 가꾼 농작물들이 순식간에 휩쓸려갔을 것이다. 지금 상상만 해도 아찔한 순간이었다.

그 날의 일은 내게는 큰 교훈으로 남았다. 비록 천재天災일지언정 군민 모두가 한마음 한뜻이 되어 총력을 기울인다면 능히 극복해 낼 수 있다는 자신감을 주었고 엄청난 재난, 재해라도 신속하게 대처하면 피해를 최소화할 수 있다는 사실을 깨우쳐준 귀중한 사례였다.

'위기는 곧 기회'라는 말이 있다. 그때의 위기를 전화위복의 기회로 삼아 함평군은 그 뒤에 국가로부터 국비 등 27억 원을 지원받아 항구적인 방조제 복구 공사를 하여 1년 뒤에 준공식을 가질 수 있었다.

톡톡 튀는 홍보, 아이디어를 찾아라

불광불급不狂不及이라는 말이 있다. 이는 '미치지狂 않으면 미치지及 못한다'는 뜻이다.

과거에는 사람이 무언가에 미쳤다고 하면 좋지 않은 시각으로 바라보았다. 그러나 지금은 어떤 일에 미칠 만큼 미친 듯이 몰두하지 않고는 좋은 결과를 가져올 수 없는 세상이 되었다.

함평천에 유채꽃을 심어놓고 나비 축제를 연다고 처음 이야기를 꺼냈을 때 사람들은 모두 나를 미친놈 취급했고, 군의 간부 공무원들도 고개를 설레설레 흔들었다. 그러나 나비에 미친 사람과 축제를 구상하고 이를 하나하나 실천에 옮기는 과정을 거쳐, 이제는 관광 불모지인 함평을 300만 명의 관광객이 찾게 하는 전국 최고의 축제로 키울 수 있었다.

일본으로 출장을 갔다가 만난 딱정벌레처럼 생긴 뉴비틀을 보고 함평의 엑스포를 홍보하는 마스코트 차량으로 활용해야겠다고 과감하게 결정했을 때 "단체장이 외제차를 타고 다니려고 한다"면서 비난하는 사람들이 많았다. 그러나 지금 뉴비틀은 전국의 행사장에서 항상 귀빈 예우를 받으며 나비 축제를 홍보하는 차량으로서의 역할을 톡톡히 해내고 있다.

99년 1월, 지역에서 황금박쥐가 발견되었을 때에도 천연기념물인 황금박쥐를 어떻게 상품화할 수 있을까를 고민하다 "금으로 황금박쥐를 똑같이 만들어서 관광객을 끌어들이자"고 제안했다. 이에 일부에서는

함평에서 발견된 천연기념물인 황금박쥐를 형상화한 조형물.
27억 원을 들여 순금 162kg을 사서 조형물을 만들었는데, 지금은 금값이 올라 86억 원으로 가치가 상승했다.

“금으로 도금만 하면 되지 굳이 그렇게까지 할 필요가 있느냐?”고 극구 반대했다. 그러나 “금 162kg을 사서 황금박쥐 조형물을 만들면 세계적인 상품이 되지만, 금 도금만 하면 단순한 볼거리에 그치고 만다”고 이들을 끝까지 설득했다. 그 결과 황금박쥐 조형물은 볼거리로서 큰 역할을 하고 있는 것은 물론, 27억 원을 주고 만든 조형물이 지금은 금값이 올라 86억 원으로 가치가 상승했다.

2003년 노무현 대통령이 취임하면서 원자재 품귀 현상이 벌어져 관공서에서 발주하는 철근도 공급이 안 되고 있을 때 하루는 관내를 다니다가 농기계가 녹슨 상태로 방치되어 환경을 오염시키는 것을 보게 되었다. 대한제국 시절의 국채보상운동과 IMF 때에 전국적으로 추진했던 금 모으기 운동이 떠올라 고철을 모으면 환경 정화도 되고 고철 품귀 현상도 해소할 수 있을 것이라는 생각이 들었다. 2월 중순에 계획한 고철 모으기 운동은 3·1절을 기해서 본격화했는데 이것이 도화선이 되어서 전국에 고철 품귀 현상이 해소되는 결과를 가져왔다. 고철 모으기 운동은 평범한 아이디어도 전국으로 확산시킬 수 있음을 보여준 대표적인 사례다. 이처럼 절실한 마음으로 일에 몰두하면 아이디어가 샘솟고, 새로운 돌파구도 찾아낼 수 있는 법이다.

위대한 함평군청 공무원들

공무원들은 대체로 정직하고 성실하다. 그러나 이따금 프로근성과 주인의식이 부족하다는 느낌을 받는다. 한때 울산광역시에서 시작된 공무원 퇴출 바람이 서울시 등 많은 자치단체로 확산되면서 전국을 강타한 적이 있다.

흔히 공직은 '철밥통'에 비유되기도 한다. 대충 일과만 채워도 봉급이 나오고 특별한 문제가 없는 한 정년이 보장되기 때문이다. 그러나 요즘 공직은 더 이상 철밥통이 아니다. 그래서 공무원들 사이에서도 직장에 다니면서 새로운 분야를 공부하며 자기계발에 열중하는 샐러던트saladent 열풍이 불고 있다.

점심시간을 이용해서 어학과 체력 단련, 취미생활, 직무 학습 등 자기계발에 몰두하는 '점심시간족', 다른 사람들이 곤히 잠들어 있는 새벽시간을 쪼개어 자기계발에 투자하는 '새벽닭족', 밤늦도록 불을 밝히고 연구하는 '올빼미족' 등이 있다.

나는 함평군청 공무원들에게 전문가가 되어줄 것을 늘 주문해 왔다. 공직자들이 맡은 분야에서 각자 전문가가 되어야 미래를 내다보고 창의적인 지혜를 얻을 수 있기 때문이다. 성공한 기업인들은 시장과 환경 분석 등 기본에 충실하다. 공직자들도 이제는 자기 분야에서 전문성을 갖고 남들이 생각하지 못하는 분야를 개척해야 민간부문을 이끌어갈 수 있다. 지역 활성화에 성공한 지역에 가보면 공통적으로 지역 발전에 대해 강한 애착을 지닌, 리더십을 가진 공무원들이 반드시 있게 마련이다.

공무원들은 또한 프로정신을 가져야 한다. 현재의 결과에 만족하지 않고 끊임없는 도전을 통해 변화를 모색해 나가는 것이다. 프로가 결과에 만족하면 안주하게 되고 목표의식을 잃어버리게 된다. 프로의 세계에서 영원한 승자가 되려면 늘 변화하고 움직이며 창의적인 생각을 해야 한다. 프로는 도전정신과 함께 승부를 즐길 줄 알아야 하고 그 어떤 힘든 상황에서도 자신과 타협하지 않아야 한다.

함평 골프고 출신의 신지애 선수는 2003년 불의의 교통사고로 어머니를 잃었다. 간신히 목숨을 건진 동생들은 병실에 누워 있는 등 엄청난 충격과 고통이 뒤따랐지만 그녀는 반드시 성공하겠다는 어머니와의 약속을 지켜내기 위해 오로지 연습에만 매달렸다. 2008 브리티시여자오픈 우승을 시작으로 세계 골프 역사를 새롭게 써내려가고 있는 신지애의 원동력은 바로 승부사적 기질과 역경 속에서 더욱 불타올랐던 도전정신이었다.

인류의 역사가 시작된 이래 생명이 있는 모든 것들은 끊임없는 변화와 혁신을 통해 생존하고 발전해 왔다. 공무원들도 유기체처럼 주변 환경에 적극적으로 대처하고 끊임없는 연구와 노력으로 미래를 준비하지 않으면 안 된다.

나는 공무원들에게 기왕 하는 일이라면 즐거운 마음으로 하라고 한다. 천재가 노력하는 사람을 못 따라가지만 노력하는 사람도 즐기는 사람은 못 따라가는 법이다. 공자도 아는 것은 좋아하는 것만 못하고, 좋아하는 것은 즐기는 것만 못하다고 했다.

나비 축제를 준비하고 개최하는 11년 사이에 함평군청 공무원들은 모든 면에 걸쳐 대한민국에서 가장 열심히 일하는 공직자들로 바뀌었다. 열악한 자치단체를 경쟁력 있게 만드는 것은 공직자들의 공격적인 마인드와 열정, 사명감, 주인의식이다.

공직자들은 돈보다 명예를 더 소중히 생각한다. 때문에 공무원들은 긍지와 자부심을 가질 수 있도록 해주어야 한다. 함평을 함평스럽게 재창조하는 데에는 공무원들의 힘이 컸다. 예를 들어서 엑스포장의 조경과 실내 연출들은 모두 공무원들의 머리와 손끝에서 만들어진 작품들로, 주인의식과 공격적인 마인드가 없다면 할 수 없는 일들이었다. 나비 축제 행사장을 돌다 보면 곳곳에 공무원들의 이름과 사진이 붙어 있는 모습을 볼 수 있다. 나는 프로그램 자료나 조성된 전시관 앞에는 반드시 직원 사진을 붙이도록 했다. 그 결과 공무원들은 책임감과 자부심을 갖고 맡은 일을 열심히 했고, 이것이 함평군청 공무원들을 위대하게 만드는 견인차 역할을 했다.

카리스마형 리더보다 실천하는 리더가 되어야

나는 정책 결정을 하기에 앞서 최종 판단은 스스로 하지만 의사 결정 과정에서는 어떤 내용이든 수용한다는 열린 마음으로 다른 사람들의 의견을 충분히 경청하는 편이다. 그래서인지 인덕人德이 많다는 소리를 곧잘 듣는다.

서른아홉이라는 최연소의 나이에 군수를 시작해 3선 재임까지 하면서 지역 발전을 이끌어올 수 있었던 힘은 나보다 군민과 함평을 먼저 생각하는 실천하는 리더로서의 자세에서 나왔다.

나는 다산 정약용 선생의 삶과 정신을 사표師表로 삼아왔다. 정약용 선생은 행정가이자 법률가, 학자로서 어려운 환경과 고난에도 굴하지 않고 항상 연구하면서 권위보다 내실과 실용을 추구하며 새로운 실험을 두려워하지 않았다.

그동안 많은 사람들로부터 도움받고 은혜 입은 나는 그때마다 열심히 일하는 것으로 보답하려는 마음가짐을 지니고 상대의 장점을 배워 실행에 옮기려고 부단히 노력해 왔다. '군민을 존경하는 마음으로 몸을 굽혀 최선을 다해 노력한다'는 '국궁진력鞠躬盡力'의 마음가짐을 가지게 된 것도 이 때문이다. 특히 어린 나이에 벼슬 직을 맡은 터라 언제나 겸손하게 군민을 섬기려는 자세만큼은 변하지 않고 실천하려고 했다.

나는 군수로 취임하자마자 '1000'번이었던 관용차 번호를 평범한 번호로 바꾸었다. 장날이면 실 과장들과 장터에서 주민들의 의견을 수렴했던 것도 권위를 벗어나 군민들에게 더욱 다가가기 위해서였다.

21세기형 리더는 '나를 따르라'는 '카리스마형 리더'보다 '우리 함께 해보자'면서 가슴으로 대화하는 '실천하는 리더'가 되어야 한다. 사업을 추진할 때에도 '이렇게 해라 저렇게 해라'는 식의 무조건적 지시보다

'우리가 긍정적인 마인드를 가지고 같이 해보자'고 제안하는 Would, Should의 화법을 즐겨 썼다. 그러면 이를 받아들이는 공직자들도 자존심이 상하지 않고 기분이 좋아져서 새로운 의욕을 샘솟게 해주는 것 같았다. 저녁 무렵에는 공무원들이 열심히 일하는 일선 현장에 들러 곱창 안주에 소주잔을 기울이면서 "힘들어도 우리 같이 해보자"고 격려해 주었다.

단체장은 무엇보다도 실천하는 리더가 되어야 한다. 단체장이 말만 앞서고 행동은 받쳐주지 않는다면 아무도 그를 리더로 인정하려 들지 않을 것이다.

고향에서 선거는 3대, 세 가문이 심판받는 것

나는 지금껏 큰 선거를 다섯 차례나 치렀다. 첫 선거는 전남대 시절 치른 총학생장 선거이며, 다음이 민주당 함평군수 후보 경선, 그리고 민선 2기와 민선 3기, 민선 4기 선거였다.

선거를 치르다 보면 3대에 세 가문이 도마 위에 오른다. 여기서 도마 위에 오른다는 것은 긍정적인 의미보다 부정적인 측면이 더 크다. 3대란 할아버지, 아버지, 나를 뜻하며, 세 가문은 본가, 처가, 외가를 일컫는다. 객지로 나가서 치르는 선거는 당대 정도만 신경 쓰면 된다. 그러나 고향에서 치르는 선거는 3대와 세 가문이 모두 심판을 받게 되어 있다.

내가 함평군수를 연거푸 세 번씩이나 할 수 있었던 힘은 나비 축제의 성공적 개최라는 가시적인 군정 성과의 덕택도 있었지만 이보다는 원칙과 소신을 갖고 3대와 세 가문을 잘 정리한 결과이다. 단체장은 조직을 개혁하려면 자기 주변부터 잘 정리해야 한다. 나는 친가, 처가, 외가 어느 한 곳에서도 군수인 내게 '이래라 저래라' 하는 사람이 없다.

초선 군수 시절에 건설업을 하는 큰 처남댁 사촌이 우리 집에 고급 이태리 스웨터를 선물로 보내온 적이 있었다. 고가인데다 대가성을 바라는 선물이라고 판단되어 바로 장인어른을 찾아가서 "아버님이 이것을 큰며느리에게 돌려드려야 할 것 같습니다"라고 말씀을 드렸다. 그 후로 일가에서 친척들이 내게 선물을 보내는 일은 없어졌다.

내가 단체장이 된 지 11년이 넘었지만 내 아버지는 그동안 옷차림 하나, 생활습관 하나 바뀐 것 없이 옛날 모습 그대로이시다. 아버지는 택시도 타시지 않는다. 무릎관절 수술을 받아 절뚝거리면서도 항상 버스를 타고 다니신다. 어쩌다 아버지를 알아본 공무원들이 "어르신을 모시겠습니다"라고 하면 "그럴 시간 있으면 가서 일하세요. 당신들은 공인들 아닙니까?"라고 답하시면서 지금까지 한 번도 신세를 진 일이 없다.

아내도 독거노인 목욕봉사를 한다든가, 나비 축제가 열리면 한 번도 빠지지 않고 행사장에 나와서 관광객들을 맞이하는 등 봉사활동을 계속하고 있지만 관용차는 이용하지 않는다. 아내는 오히려 자기 차로 다른 사모님들까지 태워준다. 이런 가족들의 행동들이 나를 지탱하는 힘이 되어주고 있다. 지금까지 나는 군수 아버지라거나 군수 형제라고 해서 나와 관련된 세 가문들에게 이권 개입을 허락하거나 따로 챙겨준 적이 한 번도 없다. 심지어는 어렵게 사는 동생에게도 "내게는 부탁을 하지 말라"고 선수를 친다. 엑스포 행사 때에는 천막 설치 이권을 가진 회사에 다니는 동생이 "형님 저 좀 도와주세요" 하기에 "지금까지도 잘 살아왔는데 그런 일 없다고 생각해라" 하고 답하면서 일체 도와주지 않았다.

과거의 목민관들은 지역 내에서 절대 권력을 가지고 있었으므로 해야 할 일과 해서는 안 되는 일을 엄격하게 구분했다. 일을 잘하고 못하고를 떠나서 공과 사의 구분은 단체장이 기본적으로 갖춰야 할 덕목이자 기본자세이다.

군수가 된 뒤로 나는 광주에서 학교를 다니던 아이들도 전부 함평으로 불러들여 초중고를 함평에서 마치도록 했다. 말로만 지역의 인재를 키우자, 인구를 늘리자고 하면서 정작 단체장이 솔선수범하지 않는다면 군민의 신뢰를 얻을 수 없기 때문이다. 내 딸 연경이와 아들 재혁이는 광주초등학교에서 함평초등학교로 전학을 시켰는데 지금은 커서 딸은 연세대학교에, 아들은 전남대학교에 다니고 있다.

군수는 반드시 관사에서 살아야

민선 자치가 시작되면서 새롭게 당선된 단체장들이 관사를 반납하거나 심지어는 매각하겠다는 입장을 밝히거나 이러한 내용들이 언론에 종종 보도되는 경우가 있다. 그러나 나는 단체장은 반드시 관사에서 살아야 한다고 생각한다. 군수는 군청에서 24시간 근무해야 한다. 한밤중이나 새벽에 관내에서 사건이 일어날 수도 있고, 천재지변으로 지역에 예기치 않은 일이 벌어질 수도 있다. 이때 군수가 관사에 산다면 비상사태가 발생했을 경우 즉각 군청에 출근하여 직접 일을 지시할 수 있다. 설사 지시를 하지 않더라도 공무원들은 군수가 관사에 거주하고 있다는 사실만으로도 근무하는 자세가 달라진다.

군수가 사저에 있으면서 군에 전화를 걸어 사건을 확인하는 것과 공무원들이 받아들이는 것은 천양지차로 다르다. 요즘은 단체장들도 본래 살던 집이 더 넓고 편리해서 관사를 사용하지 않고 청소년 놀이방 등으로 내주는 경우가 있다. 그러나 단체장은 관사에 살아야 한다는 것이 내 생각이다. 관사는 아무리 건물이 낡았어도 지역의 상징이자 역사이기 때문이다.

함평군청 관사는 옛날에 현감이 살았던 곳이다. 본인이 입주하지 않는다고 해도 다음 단체장을 위해서라도 그곳을 보존할 의무가 있다. 자신이 사용하지 않기로 했다고 해서 관사를 즉흥적으로 팔아치우고, 그래서 단체장의 인기가 올라간다고 판단하는 것은 현명한 생각이 아니다. 나는 단체장을 세 번째 하고 있지만 관사든 군수실이든 도배를 다시 하거나 사무실에 카펫을 새롭게 깔아본 적이 없다. 단체장은 지자체 살림을 하는 사람이다. 그러므로 내 살림을 한다는 생각으로 아낄 것은 철저하게 아껴야 한다.

우리나라 사람들은 대체로 공 개념이 부족한 것 같다. 자기 집의 전깃불과 플러그는 뽑지 말라고 해도 다 뽑아놓고 나오면서 사무실에서는 내 것이 아니라는 잘못된 생각에 전기 낭비를 예사로 일삼고 있다. 나는 일과시간이 끝나면 가급적 관용차를 타지 않는다. 관내를 돌아다닐 때에는 항상 자전거를 타고 다닌다. 저녁에 일찍 퇴근하면 자전거를 타고 엑스포장을 돌다가 주민들과 대화도 나눈다.

승용차를 탄다면 그냥 지나치겠지만 자전거를 타고 가다가 "어르신 어디 가세요?" 하고 인사를 하면 "어, 이 군수!" 하면서 자연스럽게 안부를 묻고 대화도 나눌 수 있다. 자전거는 이처럼 주민들과 함께하면서 소통하는 계기도 제공한다.

잡초처럼 일어서게 한 긍정의 힘

잡초는 밟아도 다시 일어서는 끈질긴 생명력을 갖고 있다. 어찌 보면 나의 인생도 질긴 생명력을 지닌 잡초를 닮은 측면도 없지 않다.

나의 장점이라면 매사를 긍정적으로 보는 것이다. 나는 아무리 어려운 일이 있어도 열정만 있다면 모든 것이 잘 풀릴 것이라고 생각한다. 어린 시절 우리 마을은 30호밖에 안 되었지만 이웃에는 100호가 넘는 마을이 많았다. 그럼에도 그런 마을의 또래들과 배구든 축구든 내기를 걸고 시합을 하면 불리하다거나 진다는 생각을 해본 적이 없었다.

초등학교를 졸업하자 집에서 더 이상 가르쳐줄 생각을 하지 않기에 "중학교만이라도 다니게 해달라"고 사정해서 중학교를 간신히 마쳤다. 이후 서울로 올라가 공장에 취직했을 때 방황도 했었다. 그 뒤로 나는 다시 고등학교에 진학하여 연대장까지 했고, 전남대에도 합격했다. 그러자 집에서는 "가정형편상 형과 나 두 명을 다 대학을 보낼 수 없다"면서 진학을 포기하라고 종용했다. 그런데 이런 사정을 들은 당숙께서 등록금을 대주셔서 대학에 다닐 수 있었다. 나는 이런 어려움이 있었음에도 불구하고 한 번도 부모님을 원망하지 않았고, 상황을 절망적으로 생각해 본 적이 없다.

함평군수가 된 뒤에 가장 먼저 한 일은 '어차피'라는 부정적인 사고방식을 가진 공무원들에게 '오히려' 이것이 기회가 될 수 있다는 식으로 긍정적으로 바꾸어 말하도록 한 일이었다. 덕분에 나는 한동안 '오히려 군수'라는 별칭을 얻기도 했다. 긍정적인 말에는 긍정적인 기운이 실리고, 부정적인 말에는 부정적인 기운이 실리는 법이다. 인간의 생각과 의식은 인간이 사용하는 언어의 지배를 받는다. 내 생각이 삐뚤면 나도 주변도 다 망가지게 되지만 내 생각이 아름다우면 아름다운 그림이 그려지는 게 우리네 삶이다.

지금까지 살아오는 동안 많은 어려움도 있었지만 그때마다 좌절하지 않고 잡초처럼 툭툭 털고 일어설 수 있었던 것은 긍정의 힘 덕분이었다. 기회의 문은 두드리고 또 두드리면 '지겨워서라도' 열리게 되어 있다. 그마저도 안 된다면 두드리는 힘에 의해 구멍이라도 뚫릴 것이다.

단체장은 소신과 철학, 원칙을 지켜야

단체장 후보들은 선거 기간 동안 이권을 노리는 지역의 토호세력들과 결탁해서는 안 된다. 만일에 거래를 목적으로 손을 잡았다면 당선된 뒤 그들로부터 절대로 자유로워질 수 없다. 나중에 이권을 주지 않는다면 단체장을 물고 늘어질 수 있는 사람들이 토호세력들이기 때문이다.

토호세력들은 어디에든 있다. 그러므로 단체장이 이런 사람들에게 약점을 잡히면 목민관으로서의 역할을 제대로 해낼 수 없다. 나는 선거를 하면서 토호세력들에게 신세를 진 일이 없다. 그래서 내 소신과 철학, 원칙을 한 번도 굽혀본 적이 없다.

단체장은 수장인 동시에 주민들을 섬기는 입장이므로 지역 주민들의 요구를 거절하기가 쉽지 않다. 지역에서 태어나고 자라온 경우에는 더욱 그렇다. 그렇다고 해서 단체장이 모든 군민의 요구를 다 들어주는 '예스 맨Yes man'이 되어서도 안 된다. 어떤 압력에도 굴복하지 않고, 이권에 타협하지 않으면서 소신과 원칙을 지켜왔기에 지금까지 함평군을 이끌어왔다고 생각한다. 토호세력과의 싸움에서 밀린 단체장은 B급, C급 수준의 단체장으로 떨어질 수밖에 없다.

내 한 몸 편하자고 이들과 적당히 타협하면 토호세력들은 군정을 간섭하려 들 것이고, 나를 믿고 따르는 공직자들은 그만큼 처세에 어려움을 겪게 된다. 실제로 단체장이 토호세력들에게 휘둘리면 공무원들이 토호세력을 찾아가 청탁을 하는 낯 뜨거운 일들도 벌어진다.

　내가 3선 단체장을 마치고 명예롭게 떠나면서 공무원들이나 군민들에게 듣고 싶은 말이 있다면 '나비 축제를 잘 이끌고 엑스포 행사를 잘 치른 군수'라는 말보다는 '불의와 타협하지 않고 싸울 때는 싸워가면서 행동하는 양심으로 소신, 철학, 원칙을 끝까지 지킨 군수'라는 평가다.

국내 최고의 축제를 세계 최고의 축제로

　도시의 성장 발전은 변화에 대한 적응력과 탄력성, 풍부한 상상력을 얼마나 갖고 있느냐에 따라 달라진다. 함평을 세계에서 가장 멋진 창조 도시로 가꾸려면 무엇보다 함평을 가장 함평스럽게 만들어야만 독창성이 살아나고 경쟁력도 살아난다.

　함평군에 오면 다리든 승강장이든 가로등이든 밥 먹는 그릇이든, 심지어는 화장실에 깔려 있는 타일에도 온통 나비 천지로 되어 있다. 민박집에 가도 이불이 나비로 디자인되어 있다. 함평에서 자게 되면 나비 꿈을 꾸지 않고는 잠잘 수 없게 만드는 것이 우리의 도시 전략이다.

　1995년 민선 지방자치제가 시행된 이후 어느덧 14년이 흘렀다. 그동안 230개의 기초자치단체들이 무려 1,176개의 축제를 개최하면서 '대한민국은 축제공화국'이란 비판이 일고 있다. 그 가운데 동네잔치를 벗어나지 못해 폐지된 축제들도 부지기수이다.

　다행히 함평 나비 축제는 독특한 아이템으로 지역 축제의 새 장을 열고 가장 성공한 대한민국 최고의 축제로 인정받으면서 침체된 지역에 활력을 불어넣으며 지방재정 확보에도 효자 역할을 톡톡히 했다. 1999년 첫 선을 보인 후 해마다 전국에서 100만 명 이상의 관광객이 찾아오는 성공적인 축제로 자리매김했고, 축제 10년째이자 함평군 개군 600주년을 맞은 2008년부터는 나비와 곤충을 주제로 함평 세계나비곤충엑스포를 개최해 한 차원 높은 축제를 선보였다.

그동안 나는 군민과 함께 삶의 질 향상과 문화로 승부하는 함평 건설에 역점을 두고 희망의 싹을 틔우고자 매진해 왔다. 그럼에도 아쉬운 것이 있다면 열악한 재정, 인구 감소, 급속한 고령화가 아직도 계속되고 있으며, 친환경 농업의 확산, 농외소득 창출, 나비 곤충의 산업화 기반 구축 등의 목표가 당초 기대한 만큼 성과를 내지 못하고 있다는 사실이다. 이 점은 군민 모두가 힘을 합쳐 극복해야 할 과제이며, 나 역시 군민 소득 증대와 지역 경제 활성화를 위해 모든 역량을 집중해 나갈 것이다.

함평은 천연자원, 관광자원, 산업자원이 없는 3무無의 고장이었다. 역설적인 이야기이지만 내세울 것이 없었던 함평이었기에 나는 '나비'라는 자원을 선점하여 나비 축제를 열면서 함평을 발전시켜 올 수 있었다. 이렇듯 세상에 흔하디흔한 아이템도 잘만 활용하면 지역 경제를 살리는 효자가 될 수 있다. 나비와 곤충을 가지고 연계시켜야 할 사업들은 아직도 많다. 신약新藥의 효과도 있겠지만 오히려 문화와 연결시킬 수 있는 것들은 더 무궁무진하다. 국내 최고의 함평 나비 축제를 한국을 대표하는 세계 최고의 축제로 승화 발전시키는 일은 이제 후임 군수에게 넘겨

주어야 할 것 같다.

　어느덧 3선을 마무리해야 할 시간이 다가오고 있다. 남은 시간 동안에도 지방자치의 완성과 함평의 발전을 위해 매진할 것이고, 떠난 뒤에도 함평을 위해 할 일이 있다면 자리를 가리지 않고 해나갈 생각이다.

이석형 함평군수

1958년 11월 7일 출생(전라남도 함평)

학 력

1971.	함평 서초등학교
1974.	함평중학교
1978.	함평농업고등학교
1986.	전남대학교 농과대학 농학과
2001.	전남대학교 행정대학원(석사)
2003.	전남대학교 농업정책대학원(석사)

경 력

1984. 1~1984. 12.	전남대학교 총학생장
1987. 1~1998. 2.	한국방송공사(KBS) 프로듀서(PD)
1996. 1~1996. 12.	광주 · 전남 프로듀서(PD) 연합회장
1998. 7~	민선 2, 3, 4기 함평군수
2004. 10~2007. 1.	국가균형발전위원회 지역개발전문위원회 위원
2007. 1~	전국청년시장 · 군수 · 구청장협의회장(청목회장)
2007. 6. 21~2008. 6. 21.	매헌 윤봉길의사 탄신 제100주년 기념 사업회 추진위원
2007. 7~	(사) 한국유기농협회 회원
2009. 3. 1~2010. 2. 28.	호남대학교 겸임교수
2009. 3~	밀알회 부총재
2009. 3~	전남대학교 총동창회 부회장

상 훈

1999.	전국 환경운동연합회 녹색자치단체장상 수상
2000, 2002.	제1, 2회 행정개혁박람회 개혁사례발표대회 전국 최우수군
2000.	나비대축제 전국 최우수 기획문화축제 수상
2001.	친환경농업을 위한 여름퇴비증산 대통령상 수상
2003.	한국경영생산성대상 미래경영부문 대상
2003.	제5회 대한민국 디자인 · 브랜드대상 경영부문 우수상
2004.	제1회 지역혁신박람회 지역발전 우수자치단체상 · 콘텐츠공모전 우수상
2004.	제1회 그린시티(환경관리 우수자치단체) 금상
2005.	제3회 포브스 경영품질대상 공공혁신부문 대상
2005.	나비대축제 문화관광부 지정 4년 연속 우수축제
2006.	지역농업발전 선도인상 수상
2007.	일본능률협회컨설팅 글로벌경영대상 지방자치단체경영부문 대상
2008.	2008대한민국 신뢰 경영대상 공공부문 대상 (아시아경제 이코노믹 리뷰 주최)
2008. 11.	일본능률협회컨설팅 글로벌경영대상 최고경영자상
2009. 1.	2009 파워엘리트 50인 선정
2009. 1.	제1회 다산목민대상
2009. 6.	한국지방자치경영대상 최고경영자상
2009. 6.	(사)전국지역신문협회 행정대상

에코 파라다이스를 꿈꾸는
물·얼음·눈의 나라, 화천

여름철, 바다로 떠나는 관광객들의 발길을 화천의 산과 강으로 돌리고자 만든 쪽배 축제 현장

자신감을 심어준 산수경시대회

나는 해방 전前 세대다. 1945년 1월 5일에 태어났고, 그해 8월 15일에 광복이 되었으니 말이다. 1900년대 우리나라는 굶주림과 가난 속에서 허덕였다. 나 또한 광복 후에 많은 어려움을 겪었다.

지금은 행정구역상 원주시가 되었지만 내가 태어난 강원도 횡성군 서원면 산현리는 아주 작은 시골 마을이었다. 나는 횡성에서 초등학교를 졸업했고 화천군으로 이사한 뒤에는 화천에서 중학교를 다녔다. 조금 창피한 이야기이지만 4학년 때까지 구구단을 제대로 외우지 못했다. 그래서 선생님에게 손바닥도 많이 맞았다.

5학년을 마칠 무렵 시군 교육청에서 시행하는 산수경시대회가 열렸다. 그런데 4학년까지 구구단도 외지 못했던 내가 횡성군 초등학교 전체가 참여한 대회에 나가서 장려상을 탔다. 장려상이라고 해봐야 4등 정도이니 상품으로 고작 작은 노트 열 권을 탔을 뿐이다. 그래도 이는 내게 기적 같은 일이었다. 공부 잘하는 아이들은 다 떨어지고 나만 상을 탔다는 사실 자체가 신기했다.

골치 아픈 녀석이라고 선생님들도 혀를 내둘렀던 내가 공부를 잘해서 상을 타는 순간 얼마나 희열을 느꼈던지, '나 같은 놈도 하면 되는구나' 하는 자신감이 생겼다. 그때부터 열심히 공부해서 6학년 때에는 학교장상도 받았다.

내게는 한양공대에 다니던 외삼촌이 계셨다. 아버지는 외삼촌에게 "한양공대에 가려면 어떻게 해야 하느냐?"고 물어보셨다. "먼저 한양공고를 보내야 한다"는 외삼촌의 답변에 한양공고는 사립학교여서 학비가 많이 든다는 것을 아신 아버지는 나를 공립학교인 성동공고로 보내셨다.

공대에 가려고 공고에 간 것인데 막상 공고에서 대학에 가기란 더 힘들다는 점을 알게 되었다. 서울에서 하숙을 하며 1, 2학년까지 성동공고에 다녔다. 그러다가 가세가 기우는 바람에 더 이상 학비를 지원받을 수 없어서 3학년 2학기 때 자퇴했다.

그래서 내 학력은 고3 자퇴가 전부다. 돈이 없어서 그만둔 것이다. 친구들 중에는 구두를 닦으면서 고학하던 친구들도 있었는데 나는 그 시절 부모 탓만 했으니 지금 생각해 보면 한없이 철부지였던 시절이었다.

고향에 와서는 별짓을 다 해봤다. 산도 타보고 평화의 댐 근처인 해산에 가서 사냥도 해보았다. 그러다 입대하려고 병무청에 갔더니 군대에 가장 빨리 갈 수 있는 공군 시험이 있었다. 춘천고등학교에서 120명이 공군입대 시험을 치렀다.

머리를 깎고 와서 보니까 강릉과 철원 등지에서 모두 일곱 명이 합격했다. 선발된 사람들은 월남에 안 가려고 자원한 연·고대와 서울대 농대에 다니던 친구들이 대부분이었다.

나는 군대생활을 40개월 했다. 꼬박 3년을 채우고도 모자라 북한의 김신조 무장공비 사건이 터지는 바람에 4개월을 더 복무한 뒤 대구에서 제대했다.

공무원으로서 첫발을 내딛다

제대는 했으나 학력이 중졸이어서 취직이 어려웠다. 그렇게 6~7개월을 허송세월하면서도 고등학교 졸업장을 다시 따거나 검정고시라도 준비해야겠다는 생각을 하지 못했다.

그러다가 어느 날부터 재래시장의 경비원을 하게 되었다. 그때는 야간통행금지가 있어서 시장 경비를 야간에만 세웠다. 그런데 울산 동해화력발전소 건설회사에 다니는 고등학교 때 친구로부터 편지가 도착했다. "발전소 공사장에 오면 일거리가 많으니 할 일이 없으면 오라"는 것이었다. 그러자 공무원을 하고 있던 다른 친구 하나가 책을 한 권 사주면서 "시험에 떨어지면 가고, 합격하면 공무원을 하다가 그래도 싫으면 그때 가라"면서 울산행을 말렸다.

당시 공무원 시험을 보려면 그가 사준 책만 열심히 읽어도 합격할 수 있었다. 시험은 15일밖에 남지 않았다. 고등학교 때 배운 국어, 영어, 수학을 제외하고 배운 적이 없는 법제대의와 경제대의만 밤낮으로 공부한 뒤 시험장에 갔다.

다른 과목들은 그럴듯하게 봤고 경제대의 과목은 다 맞은 것 같았다. 수학은 20문제 가운데 12문제 이상을 맞아야 하는데 동생에게 물어보니까 체크한 것은 다 틀린 것 같았다.

군청게시판에 합격자 명단을 붙인다는 사실을 알면서도 창피해서 확인을 못하고 있었는데 공무원 친구가 나의 합격 사실을 알려주었다. 내 눈으로 직접 확인하기 위해 컴컴한 밤중에 뒤늦게 군청으로 찾아갔다. 정말로 내 이름이 합격자 명단에 있었다.

군 복무를 마친 덕분에 가산점이 5점이나 붙어 성적은 최고 점수였다. 70년 8월 화천군으로 발령을 받아 화천읍사무소에서 5급 을류(지금의 9급) 공무원으로 첫 공직생활을 시작했고, 16년이 지나 86년 10월 철원에서 근무할 때 '공무원의 꽃'이라는 사무관으로 승진했다.

그 뒤 1년 정도 지났을 때 강원도에서 "도청으로 전입할 의사가 없느냐?"고 묻기에 "서울엔 가도 강원도에는 안 간다. 학연도 혈연도 지연도 없는데 경쟁이 되겠느냐?"며 거절했다.

그러자 친구 형이 내 친구에게 전화해서 "다른 사람들은 도에 가려고 안달인데 갑철이 그 녀석은 오라고 해도 안 가는 웃기는 녀석"이라고 핀잔을 주는 것이었다.

유능한 공무원을 발탁한다는 사실을 알고 도청 근무를 자원했다. 그 바람에 나는 유능하지도 못하면서 군청 사무관이 도道로 진입한 공무원이 된 셈이 되었다. 도에 입성하자 도청 직원들도 내 능력이 대단한 줄로 착각을 했다. 도에는 6급 공무원부터 사무관까지 경쟁자들이 엄청나게 많았다.

내가 도에서 받은 첫인상은 인간미가 없는 곳이라는 느낌이었다. 그들은 정情도 없었고, 언제나 지나친 경쟁의식 속에 묻혀 살았다. 오기가 발동한 나도 '너희들이 알면 얼마나 알겠느냐, 한번 붙어보자'며 야생마와 같은 당찬 기질을 발휘하여 더욱더 노력했다.

서기관으로 승진한 뒤에는 탄광지역개발과장과 총무과장도 맡아서 하게 되었다. 총무과장은 승진이 보장된 자리다. 처음에 총무과장으로 발령이 나자 주위에서는 "6개월도 못 버틸 것"이라고 험담하는 사람도 있었다.

그러나 나는 무려 2년 반가량 총무과장으로 근무하면서 6개월에 한 번꼴로 대통령을 모시는 VIP 행사도 무난히 치렀다. 덕분에 도에 들어간 지 14년 만에 내 고향 화천의 부군수로 영전되어 금의환향할 수 있었다.

신세를 졌으면 감사할 줄도 알아야

도청에서 체육 시설 계장을 담당하고 있을 때였다. '보광 휘닉스파크'

와 ‘현대 성우리조트’가 동시에 골프장과 스키장 개설을 허가해 달라는
서류를 제출했다. 휴양과 레저를 겸한 시설들이 들어온다면 강원도지사
가 기치로 내건 관광 산업이 도약할 기회가 마련된다. 이들 대기업들이
들어올 경우 무엇보다도 강원 지역 발전의 전기가 마련될 수 있다는 생
각에 나는 직원 네 명과 밤을 새워가며 서류를 검토해서 허가 신청을 승
인해 주었다.

95년 12월 현대 성우리조트에 대한 준공 검사를 내주고 3개월 정도가
지났을 무렵이었다. 3·1절에 현대 성우리조트에 놀러왔던 사람이 술을
마시고 스키를 타다가 인공섬 지주를 들이받고 숨지는 인명사고가 발생
했다. 그 바람에 담당부서의 관리 소홀로 사람이 숨졌다며 경찰에 불려
가 한 달이 넘도록 조사를 받게 되었다. 준공 검사를 너무 빨리 내주어서
인명사고가 났다는 주장이었다. 그러나 놀러온 사람이 숨진 차도 코스
는 업체의 임의사항이었지 허가사항이 아니었다.

3월 말까지 경찰서에서 자그마치 1,700쪽 분량에 달하는 서류가 나올
만큼 장기간 조사를 받았고, 4월 1일 나에 대해 허위공문서 작성 혐의로
구속영장이 신청되었다. 다행히 영장심사를 맡은 판사가 구속영장을 기
각시키는 바람에 풀려날 수 있었는데 그때 영장을 기각시켜 준 판사가
그렇게 고마울 수 없었다.

고백하건대 그 당시 준공 검사와 관련해서 외부의 압력이나 청탁은 한
건도 없었다. 오로지 지역 발전을 위한 순수한 마음에서 한 일이어서 하
늘을 우러러 한 점 부끄러울 게 없었다. 그렇다고 해도 판사가 검사의 손

을 들어주었다면 나는 구속될 수도 있는 상황이었다. 만약에 구속영장이 발부되었다면 아무리 떳떳하다고 주장한들 무슨 의미가 있었을까. 당시 검사는 어떻게든 구속시켜야 하는 입장이었고, 피의자 신분이었던 나로서는 판사의 현명한 판결 말고는 달리 호소할 방법이 없었다. 결국은 판사의 올바른 판결이 인생의 꼬인 매듭을 풀어주었고, 덕분에 이듬해인 97년 7월 나는 도청 서기관으로 승진할 수 있었다.

그 뒤에 나는 영장을 기각시켜 준 판사를 찾아가서 감사의 뜻을 전달했어야 했다. 그러나 사람이 화장실에 들어갈 때와 나올 때 맘이 다르다는 말처럼 바쁜 공무원 생활을 핑계로 자꾸만 잊어버렸다. 언뜻 생각이 났다가도 이를 실천하지 못하고 차일피일 미루다가 그로부터 12년이 흐른 2008년 8월 어느 날 화천군수가 되어서 법원 근처를 지나다가 그때 그 판사 생각이 났다. '인간의 도리상 이래서는 안 된다'는 생각에 곧바로 비서실장에게 연락하여 1996년 3월부터 8월 사이 원주지법에 근무했던 판사의 명단을 학인하고 법조계에 판사의 향방을 수소문했다.

그 결과 고마운 판사는 ○○○ 판사로 서울고등법원 부장판사로 근무하고 있음을 알게 되었다. 화천 특산품인 토마토를 들고 찾아가 인사를 드리고 그때의 판결에 대해 감사하다는 말씀을 드렸다. 묘했던 것은 그분이 그동안 내 행적을 지켜본데다 화천군수로 일하는 것도 알고 있었다는 사실이었다. 너무 늦게 찾아왔다는 자책감도 들었지만 한편으로는 '그래도 잘 왔구나' 하는 생각이 들었다. 그는 내가 화천군수가 되어 나타나자 고마워하는 동시에 보람도 느끼는 것 같았다.

그를 만나고 돌아오면서도 온통 미안한 마음뿐이었다. 사실상 법률적인 판단은 그가 알아서 한 것이고 나 역시 죄가 없었던 것은 분명했다. 그러나 고마움을 느꼈다면 제때 표시할 줄도 알아야 하는데 그렇게 하지 못했던 나의 행동이 너무도 민망스러웠다. 그러나 부장판사님을 만나고 온 뒤로 마음속에 있던 응어리가 풀어지면서 후련해지는 느낌도 들었다.

나를 위해, 화천군을 위해 던진 출사표

6·25 전쟁 때 한국전쟁에 참전했던 한 미군 병사가 "여동생의 초롱초롱한 눈망울을 지키기 위해, 정원의 떡갈나무를 관리하고 보전하기 위해 참전했다"고 쓴 글을 고등학교 영어교과서에서 읽었던 기억이 난다.

우리나라 공무원들은 공직에 발을 처음 들여놓으면 국가에 충성하겠다는 공무원의 신조나 윤리강령을 낭독한다. 그러나 국가에 충성하겠다는 것은 겉으로 드러내는 명분상의 포장일 뿐 실제로는 자신이 잘 먹고 잘살기 위해 공무원을 하는 것이다.

외국인들은 이처럼 가족을 위해, 아내를 위해 열심히 일하겠다는 솔직한 속내를 털어놓는 것을 볼 수 있는데, 나 역시 이에 전적으로 동의한다. 87년 사무관이 되어 강원도 도청으로 입성했을 때 내 눈에 비친 도청 사람들은 경쟁만 하다 보니 몰沒 인간화되어 있었고, 학연·지연·혈연이 판치는 연緣의 사회를 형성하고 있었다.

그런 속에서 내가 도의 총무과장을 했다는 사실 자체가 불가사의했고 신기하다는 생각마저 들었다. 그러면서 나도 이제는 내 고향 화천을 위해 인재를 육성하고 경쟁력을 키워야겠다고 생각했다.

2001년 화천부군수로 부임하면서 나는 고향 화천군의 정체성을 찾으며 경쟁력을 키울 방법, 그리고 이를 구체적으로 실천할 방법에 대해 더욱 진지하게 고민하기 시작했다. 밖에서 겪은 어려웠던 지난날을 떠올리며, 지정학적으로 접경 지역이라는 특수성 때문에 화천군이 어려움을 겪고 있다면 그런 상황에서도 좀 더 나은 방향으로 지역을 발전시킬 방법을 찾아야 한다면서 나를 위해, 그리고 화천 군민을 위해 민선 군수에 출마하기로 결심을 굳혔다.

다행히 민주당 소속이었던 현직 군수도 퇴임 전에 "당신이 군수에 나갈지 안 나갈지 모르겠으나 나는 다음 선거에 출마하지 않겠다"며 미리 입장 정리를 해주었다. 3선 출마를 해도 되는 현직 군수가 차기 출마를 포기하겠다는 의사를 밝힘에 따라 2002년 3월 부군수직 사표를 내고 민선 군수에 도전장을 던짐으로써 화천군수에 당선되는 영광을 누릴 수 있었다.

화천군은 86%가 산이고, 5%가 물이다. 활용이 가능한 땅이라고 해봐야 9%가 전부다. 인구 6만 명 가운데 3만 6,000여 명은 군인이고, 민간인은 2만 4,000명에 불과하다. 군인이 인구의 60%를 차지한다는 것은 화천군 경제에서 군인이 차지하는 비중이 그만큼 높음을 뜻한다. 결국은 군인이 주 관광객이며, 이를 좀 더 심하게 표현하면 40%의 민간인이 60%의 군인에 기대어 사는 경제 구조가 형성되어 있었던 것이다.

실제로 화천군의 산업 구조는 1차 산업 33%, 2차 산업 1~2%, 나머지 65%가 3차 산업이다. 그렇다면 3차 산업에 해당되는 관광지 인프라가 구축되어 있어야 하는데 현실은 아무것도 내세울 게 없었다. 60~70년대 빈곤하던 시절부터 화천 군민들은 군인들이 고향에서 가져오는 용돈에 기대어 먹고살아왔던 것이다.

이처럼 그날 벌어 그날 먹고 사는 구조로 살다 보니 군민들은 저축 개념도 희박했고 될 대로 되라는 식이었다. 그런 상황은 70년대 이후까지도 한동안 지속되었다.

산천어 축제를 시작하다

나는 군수에 당선된 뒤 지역 발전을 위해 관광 기반 시설을 구축하는 것이 가장 시급하다고 판단했다. 화천의 세 가지 자원인 산과 물, 그리고 청정성淸靜性을 가지고 빈곤을 타개해 나갈 방법과 가능성 등을 여러 가지로 저울질했다.

이 가운데에서도 청정성은 눈에 보이지 않는 자원이지만 활용 가치가 비교적 높을 것 같았다. 그때 화천군은 화천의 옛 이름을 따서 지은 '낭천狼川 얼음 축제'를 1999년부터 2002년까지 3년째 열고 있었다. 그러나 그저 얼음판에서 빙어낚시를 하는 정도의 축제일 뿐 지역민들의 동네잔치라는 지역적 한계를 벗어나지 못하고 있었다.

많은 사람들에게 고향 발전을 위한 여론도 수집했다. 빙어낚시 말고 색다른 것이 없을까 고민하는 사이에 겨울에 산천어라는 어종으로 낚시 대회를 열면 청정 화천을 알리는 데 제격일 것이라는 아이디어를 듣게 되었다.

연어과에 속하는 물고기인 산천어는 물이 맑고 수온이 연중 20℃ 이하인 계류에서 서식하는 냉수성 어종으로 특유의 점무늬인 파 마크_{Parr mark}가 아름다워 '계곡의 여왕'이라 불린다. 송어의 변형종인 산천어는 또한 1급수에서만 살기 때문에 화천의 청정성을 알리기에 안성맞춤이라는 생각이 들었다. 게다가 산천어의 명칭은 화천과 어감이 비슷해 마치 화천을 위해 태어난 물고기처럼 느껴졌다.

그러나 막상 산천어 축제를 하겠다고 하자 산천어를 기르는 양식업자들도 "산천어 얼음낚시를 하는 것을 본 적이 없다"고 걱정하는 눈치였다. 안 되겠다는 생각에 산천어 얼음낚시를 직접 실험해 보기로 했다. 얼음물 속에 산천어를 넣고 구멍을 뚫은 다음 찌를 드리우고 기다렸다. 그런데 불과 몇 분 사이에 찌가 흔들리면서 산천어가 미끼를 덥석 무는 것이었다. 빙어낚시와는 비교가 되지 않을 정도로 짜릿한 손맛이 일품이었다.

하지만 주민들은 낭천 얼음 축제를 하는 3년 동안 별 재미를 못 느꼈던 터라 산천어 축제에도 관심을 보이지 않았다. 오히려 "지역에 살지도 않는 산천어를 가지고 와서 왜 난리법석을 피우느냐?"며 의아한 눈초리로 바라보았다. 얼음낚시 축제를 하려면 낚시가게의 도움이 있어야 하고, 고기를 잡으면 회를 뜰 사람도 있어야 한다. 또한 축제에 참가한 낚시꾼들의 식사 문제도 해결해 주어야 하는데 누구 하나 선뜻 나서서 자발적으로 도와주겠다는 사람들이 없었다. 화천읍에는 낚시점이 네 개밖에 없었는데 도와달라고 하자 서로 미루기만 했고, 축제장에 나와서 식당을 운영해 달라는 요청에도 나서는 음식점이 없었다.

할 수 없이 적십자봉사단 협의회장에게 소머리고기를 사주고 "적자가 나면 소머리고기 값은 안 줘도 좋다"면서 축제 기간 동안 음식점을 운영해 달라고 부탁했다. 적십자봉사단원들의 협조를 받아 가마솥을 걸어놓고 설렁탕과 곰탕을 끓이기로 하는 등 기본적인 준비를 모두 마쳤다.

화천천은 해마다 12월 중순이 되면 양옆의 골짜기에서 골바람이 세차게 불어 닥치기 때문에 시내보다 2°C나 온도가 낮아서 얼음도 빨리 언다. 그래서 축제가 시작될 1월 초순 무렵이면 얼음이 40cm로 두꺼워진다.

축제일이 임박해지면서 외지인들에게 축제를 알리기 위한 홍보의 발걸음도 빨라졌다. 산천어 축제는 새해 해맞이 행사를 제외하고는 대한민국에서 가장 먼저 열리는 겨울 축제다.

2003년 1월 2일 제1회 산천어 축제가 시작되었을 때 처음에는 호응이 없는 듯했다. 그러나 첫 주말인 1월 4일 토요일이 되면서 관광객들이 한꺼번에 밀려들더니 나중에는 숫자를 헤아릴 수 없을 정도로 많은 방문객들이 구름처럼 몰려들었다.

　이에 앞서 나는 화천군 나라축제조직위원회 측에 “산천어 축제에 외지 관광객들이 2만 명 이상만 와도 술 한 잔을 멋지게 사주겠다”고 약속한 적이 있었다. 그런데 불과 하루 이틀 사이에 방문객 수가 2만 명을 넘어버리자 일에 몰려 술을 사줄 사람도 얻어먹을 사람도 축제에만 매달릴 수밖에 없었다.

　2주일이 넘으면서 방문객은 순식간에 10만 명을 넘어섰다. 파리만 날렸던 낚시점들은 몇 년 동안 쌓였던 견지낚시 재고가 한꺼번에 동이 나자 “더 이상 팔 물건이 없다”며 즐거운 비명을 질렀다. 식당 운영을 맡았던 적십자봉사단은 준비했던 사태고기와 양지머리고기가 바닥이 나자 그 뒤부터는 부실한 설렁탕을 내놓는 바람에 ‘한우도강탕韓牛渡江湯, 한우가 강을 건넌 부실한 설렁탕’ 소리까지 들었다. 축제장에서 관광객들이 잡은 산천어를 회로 떠주던 사람도 나중에는 얼마나 회를 떴는지 “돈이고 뭐고 사람이 망가지겠다”면서 하소연했다.

　당초 9일 일정으로 잡았던 축제가 밀려오는 방문객들 때문에 계속 연장을 하면서도 성황리에 끝나자 축제를 준비했던 관계자들은 물론 화천 군민들도 모두 놀랄 수밖에 없었다.

　산천어 축제의 첫해 인파는 화천군이 생긴 이래 가장 많은 22만 명으로 집계되었다. 강원도의 최북단에서 군인들만 보고 살아온 화천 사람들에게 이처럼 많은 방문객들이 왔다 갔다는 것은 기적이나 다름없는 경험이었다.

산천어 축제 인프라를 구축하라

2003년 1월 2일 제1회 산천어 축제를 열었을 때 조직위와 일부 봉사 단체, 공무원 외에는 협조해 주는 군민들이 많지 않았다. 그런데도 지역 축제의 한계를 넘어 관광객이 22만 명이나 다녀가자 화천 군민들은 깜짝 놀랐다. 이듬해인 2004년 제2회 축제에는 참가자가 58만 명으로 첫해에 비해 무려 두 배가 넘게 늘어나자 산천어 축제를 대하는 화천 사람들의 마음과 자세도 크게 달라졌다.

그러나 관광객들은 산천어 축제 현장에만 있다가 갈 뿐 읍내에는 별로 들어오지 않았다. 그 결과 축제장에서 영업한 사람들에게는 도움이 되었지만 읍내 상인들은 불만도 적지 않았다. 2004년 서울 여의도 63빌딩에서 화천군 재경군민회 행사를 개최했더니 과거에는 200여 명을 넘지 않던 고향을 떠난 인사들이 500여 명 넘게 참석해 군 관계자들을 놀라게 했다.

2005년 제3회 축제 때에는 관광객이 70만 명을 넘어섰고, 2006년 제4회 축제부터는 관광객 수가 마침내 100만 명을 돌파했다. 이때부터는 행정안전부의 자금 지원을 받아 축제장에서 읍내로 연결되는 지하 통로를 뚫었더니 화천 읍내에도 명동보다 더 많은 인파가 붐비기 시작했다.

화천 읍내의 경제 활성화에는 성공했지만 다른 면에까지는 확대되지 않고 있다는 지적이 나오면서 체계적인 인프라를 구축할 필요성이 제기되었다. 이렇게 해서 시작한 것이 사랑방마실를 운영과 화천사랑상품권

대표적인 겨울 축제로 발돋움한 산천어 축제에서 얼음낚시를 즐기는 외국인 관광객들

도입이었다. 이 가운데 사랑방마실 운영은 산천어 축제장을 찾은 관광객들에게 산촌 마을 민가에서 하룻밤을 묵으면서 마을 사람들과 시골 정취를 느끼게 하자는 취지에서 마련했다. 이는 축제 기간 동안 찾아온 관광객들을 읍면으로 분산시켜 보자는 취지에서 시작되었는데 첫해에 6만 명의 관광객들이 이용했을 정도로 평이 좋았다.

축제 기간 동안 입장권이나 예치금, 상금 형태로 내준 지역화폐인 화천사랑상품권도 관광객들의 호기심을 자극하는 데 한몫했다. 이에 힘입어 화천군은 지역에 풍부한 나무 자원을 활용해 찜질방을 만들어 가족들이 함께 이용할 수 있도록 하는 방안과 시골 마을의 사랑방 문화를 충분히 살린 차별화된 인프라를 구축하는 방안도 추진하고 있다.

산천어 축제는 정부로부터 예비 축제와 유망 축제, 우수 축제로 지정받으면서 산천어 산업을 육성하는 데 필요한 30억 원의 예산을 지원받았다. 이에 따라 올해부터는 2년 동안 산천어 관련 산업에 30억 원을 들여 육성할 수 있게 되었다.

산천어 축제가 열리면 화천군청 공무원들은 휴일을 8일씩이나 반납하고 축제를 위해 열심히 일한다. 물론 축제가 끝나고 나면 2박 3일간의 휴가를 준다. 공무원들도 사람다운 생활을 할 권리가 있는데 공복(公僕)이라는 이유로 봉사만을 요구해 미안한 마음이 들 때가 많다.

그러나 중요한 것은 산천어 축제를 계기로 화천군 전체가 산천어로 브랜드화가 되면서 화천 지역에도 농외소득이 창출되기 시작했다는 사실이다.

100만 명을 넘어선 산천어 축제의 성공 비결

지방자치단체들은 어디든 다 축제를 연다. 그러나 대부분의 축제들은 피서철인 여름과 수확의 계절인 가을에 몰려 있기 때문에 겨울에 이루어지는 축제는 그다지 많지 않다. 유일하게 연초에 시작하는 축제는 산천어 축제를 비롯해 강원도 인근 시군에서 이루어지는 빙어 축제, 눈꽃 축제뿐이다.

산천어 축제가 언론의 주목을 받는 이유는 이런 계절적 배경도 있다. 60만 명의 인파가 몰려든다는 인제의 빙어 축제, 대관령 눈꽃 축제, 태백산 눈 축제 들이 유명세를 탈 때에도 화천의 산천어 축제는 사실상 축제 축에도 끼지 못하고 있었다.

2003년 겨울에도 대부분의 방송사들은 여느 때와 마찬가지로 유명 축제에 맞춰서 특집방송을 준비하고 있었다. 그런데 그해 겨울은 유난히도 날씨가 따뜻해 눈이 오지 않았고, 인제 소양호에는 얼음도 얼지 않았다. 특집방송에 차질을 빚은 방송사들은 장소를 화천군으로 옮겨 다급하게 실황중계방송에 나섰는데 이것이 얼마나 폭발적인 홍보 효과를 가져왔는지는 뒤늦게 알게 되었다. 금요일에 산천어 축제가 방송에 소개된 뒤로 주말부터 화천 지역에 사람들이 한꺼번에 몰려드는데 얼마나 많은 인파가 몰려들었는지 무선기지국이 용량의 한계를 넘어서는 바람에 휴대폰이 불통되는 현상까지 나타났다.

화천군은 그 뒤로 산천어 축제를 대대적으로 홍보하기 위해 2006년부터는 서울 관광공사 등에 가서 길바닥에 연못을 만들어놓고 맨손으로 산천어를 잡는 시범까지 보여주었다. 이를 신기하게 여긴 외신기자들이 맨손으로 산천어를 잡는 축제를 세계에 알렸고, CNN을 비롯하여 독일, 캐나다 방송은 물론 올해는 UPI까지 집중적으로 방영하면서 30여 개의 외신을 포함해 80여 개 방송사에서 산천어 축제를 홍보해주었다.

산천어 축제가 이처럼 언론의 집중적인 관심을 받게 된 것은 연초에 여는 축제가 연초부터 특집거리를 찾아나서는 언론사의 속성과 맞아떨어졌기 때문이다. 어찌 되었든 이후로 산천어 축제는 화천의 청정한 자연 환경과 산천어라는 새로운 아이템, 민간 차원의 화천군나라축제조직위원회의 운영과 화천군의 전폭적인 행정 지원, 지역 상품권 발행, 눈꽃열차 개발, 사랑방마실 운영 등 해마다 새로운 인프라를 구축하면서 양과 질 모든 면에서 진화된 축제로 거듭 성장·발전해 왔다.

지역 축제는 지역 여건과 인문·자연 환경에 따라, 그리고 콘셉트를 어디에 맞추고, 공략 대상을 어디에 두느냐에 따라 성공 여부가 판가름이 나게 되어 있다.

산천어 축제는 아직은 완벽하게 성공한 축제는 아니지만 나름대로 사람들을 모으는 데에는 성공했다고 자부한다. 앞으로도 어린이들과 젊은이들을 대상으로 그네들에게 즐거움을 어떻게 선사할까에 대해 진지하게 고민하고 있다.

산천어 축제는 해를 거듭할수록 함평의 나비 축제, 보령의 머드 축제와 함께 성공한 축제라 평가받으며 브랜드 가치를 인정받고 있다. 그럼에도 2006년부터 줄곧 기후 변화를 걱정하는 것은 '얼음'이라는 자연의 도움 없이는 산천어 축제가 불가능하며, 이제는 축제장에 얼음이 얼기를 하늘에만 빌 게 아니라 대안을 세워야 할 시기라는 생각이 들어서이다. 특히 온난화에 따른 기후 변화라고 하는, 인간이 해결할 수 없는 한계적 상황을 극복하지 못한다면 산천어 축제의 지속적인 성공은 보장받을 수 없다.

산천어 축제에도 흥행의 주기는 분명히 있을 것이다. 언젠가는 위기가 닥칠 것이고, 위기가 왔을 때 이를 어떻게 새로운 기회로 반전시킬지에 대한 치밀한 준비가 지금부터 마련되어야 한다.

아시아의 3대 겨울 축제로

관광객이 100만 명을 넘어서면서 산천어 축제도 중국 하얼빈 빙등 축제, 일본 삿포로 눈 축제와 더불어 아시아 3대 겨울 축제로 키워야 한다는 목소리가 높아지고 있다. 동북아에서 100만 명이 넘는 축제들끼리 정보를 서로 공유하고 협의를 통해 발전을 모색하자는 의견이 제기되면서 산천어 축제 기간 동안 이에 공감하는 중국 하얼빈, 일본 삿포로, 한국 화천 축제 주최자들이 함께 심포지엄도 개최했다. 겨울 기간이 같은 한국, 일본, 중국 세 나라가 힘을 모아 특색 있는 축제를 동시에 연출한다면 훨씬 더 많은 관광객을 유치하는 시너지 효과를 거둘 수 있다.

지난 축제부터는 호응이 좋았던 중국 하얼빈 빙등 축제와 일본 삿포로 눈 축제 관련 전시물을 읍 시가지 일대에서도 볼 수 있게 했다. 새로 조성된 물레방아 공원에는 화천군이 지난해 가입한 세계 겨울 도시들의 '우정의 광장'도 개설했다. 시가지로 진출한 이 축제들은 어떤 형태로든 진화하고 발전을 거듭할 것이다. 따라서 산천어 축제가 체계적인 인프라를 갖춰나가리라는 점에는 의심할 여지가 없다.

올해로 3회째 열린 심포지엄에는 한국은 물론 중국, 일본, 몽골, 핀란드 등 5개국이 참여했으며, 축제에 참여하는 외국인 숫자도 갈수록 늘어나고 있다. 3년 전에는 외신기자클럽을 초청해서 산천어 축제를 홍보한 덕분에 미국의 주간지 《타임》에까지 산천어 축제가 크게 보도된 적이 있다. 지난해에는 미8군 사령관을 역임했던 벨 장군이 산천어 낚시를 즐기고 갔다.

산천어 낚시에 참가하기 위해 싱가포르, 말레이시아, 태국 등 동남아시아권에 있는 낚시 마니아들의 방문도 줄을 잇고 있어서 내년부터는 구간별로 통역 안내원을 두는 문제도 적극적으로 검토하고 있다.

이처럼 산천어 축제가 중국 하얼빈 빙등 축제, 일본 삿포로 눈 축제가 공동 참여하는 단계를 지나 세계겨울도시협의회 회원 국가가 모두 참여하는 형태로 발전된다면 머지않아 명실 공히 아시아 3대 겨울 축제로 자리매김하게 될 것이라고 확신하고 있다.

산천어 축제를 빛낸 명예홍보대사들

일반적으로 '홍보대사'나 '명예대사'로는 저명인사를 위촉하여 행사를 홍보하는 경우가 대부분이다. 화천군도 해마다 연예인 등 유명인사를 선발하여 산천어 축제 홍보대사로 위촉하고 있다. 이와 동시에 화천군은 다른 곳과 달리 민간인 홍보대사도 적극 활용하고 있다. 산천어 축제가 겨울 축제로 자리매김하는 데에는 민간인 명예홍보대사의 역할도 매우 컸다. 민간인 홍보대사는 축제에 남다른 애착을 갖고 열정적으로 참여한 사람들 중에서 선정하여 조직위원회의 회의를 거쳐 위촉하고 있다.

산천어 축제의 첫 번째 민간인 명예홍보대사는 초등학교 때부터 축제에 참여해 왔던 고등학교 2학년생 양철훈 군이다. 2003년 제1회 산천어 축제부터 참가하고 있는 양 군은 산천어 축제의 미숙한 운영에 대한 관광객들의 불만 어린 글이 홈페이지에 올라와 주최자들이 곤혹스러워하고 있을 때 "내가 경험한 축제는 그렇지 않았다"면서 반박성 댓글을 조목조목 올려 네티즌들의 불만을 자연스럽게 해결해 주었다.

두 번째 명예홍보대사는 '나 홀로 소년'으로 유명해진 서울에 사는 초등학생 김현태 군이다. 김 군은 산천어 축제에 참가하고 싶은데 부모님이 반대하자 몰래 버스를 타고 혼자서 축제장에 왔다가 산천어를 두 마리나 낚았다. 그런데 뒤늦게 소재 파악에 나선 부모님이 "어디에 있느냐?"고 묻자 "산천어 축제에 왔다"고 알린 뒤 휴대폰 배터리가 방전되는 바람에 부모 자식 사이에 연락이 두절되었다. 부모가 애타게 김 군을 찾고 있다는 소식이 축제를 주관하는 본부에 알려지면서 경찰, 소방, 군청 공무원 모두가 김 군을 찾느라 비상이 걸렸다. 다행히 김 군을 찾았고 서울행 버스에 오른 것을 확인한 뒤에 김 군의 부모님께 연락을 드려 사건은 일단락되었다. 그런데 그 뒤로 김 군이 서울 버스터미널에서 본인이 잡은 산천어를 품에 꼭 껴안고 잠든 모습이 카메라에 포착되었고 이것이 언론에 집중적으로 보도되면서 화제가 되었다. 김 군의 산천어 축제에 대한 지나칠(?) 정도의 사랑은 축제를 홍보하는 데 큰 역할을 했고, 이에 감동한 조직위원들이 만장일치로 그를 명예홍보대사로 위촉하기로 결정한 것이다. 김 군에 대한 홍보대사 위촉식은 창작썰매 콘테스트가 열리던 날 이루어졌는데 작가 이외수와 조경철 박사, 가수 현영까지 참석한 가운데 열려 큰 관심을 불러일으켰다.

세 번째 명예홍보대사로 위촉되기에 앞서 화천군수로부터 표창장까지 받은 학생은 부천 북고등학교 3학년에 다니고 있는 반크 회원인 고아라 양이다. 반크VANK, Voluntary Agency Network of Korea는 1999년에 만들어진 대한민국의 비정부 민간단체로 이들 회원들은 국가 홍보와 교류를 통한 사이버 민간 외교관의 역할과 잘못된 국가 정보에 대한 알림과 함께 교정 권고까지 폭넓은 활동을 하고 있다. 회원인 고 양은 반크 사이트 및 잡지를 통해 산천어 축제 관련 홍보 기사를 영문으로 사진과 함께 실어 전 세계인들을 대상으로 알림이 역할을 톡톡히 했다는 평가를 받았다.

위촉된 민간인 명예홍보대사들은 축제의 모든 프로그램에 무료로 참여할 수 있는 것은 물론, 축제 기념품도 선물로 지급받는다. 민간인 홍보대사 위촉은 축제 인구의 저변 확대와 더불어 시너지 효과를 발휘하여 축제의 매력을 더해주는 역할을 해내고 있다.

작가 이외수, 산천어 축제, 그리고 화천의 브랜드 가치

내가 작가 이외수를 알게 되고 그에게 관심을 갖게 된 것은 산천어 축제와 쪽배 축제를 하면서 "이외수를 홍보대사로 영입하면 어떻겠느냐?"는 제안이 나왔을 때부터였다. 그를 처음 만나서 대화를 나누는 동안 마치 대화 속으로 빨려드는 것 같은 느낌이 들었다. 그런 그가 아무 대가도 없이 열한 명의 작가 지망생들을 지도하고 있다는 이야기를 듣고 홍보대사가 이렇게 좋은 일을 하는데 군수인 내가 가만 있으면 안 될 것 같아서 쌀을 선물하곤 했다.

작가 이외수는 매년 12월 말이 되면 날을 하루 잡아서 문하생들과 토론하며 밤을 지새운다. 나도 언젠가 춘천에 위치한 격외선당格外仙堂, 격식 없이 노니는 신선의 집이라 불리는 이외수의 집에 진달래 막걸리 두 말을 들고 찾아간 적이 있다. 그날 "내년부터는 화천에서 여러분과 자주 소주를 했으면 좋겠다"는 말을 했더니 그 말이 씨가 되어서 이외수가 화천으로 이사를 오겠다는 뜻을 내비쳤다.

이에 나는 화천군 상서면 다목리 감성마을을 비롯하여 세 지역을 그에게 추천했고, 그는 세 곳을 다 돌아보고는 그중에서도 "감성마을이 가장 마음에 든다"며 감성마을로 이사 온 뒤 지금은 화천 군민이 되어 작품 활동을 왕성히 벌이고 있다.

지금은 이외수의 전성시대이다. 이외수의 생존법을 다룬 그의 저서 『하악하악』은 2008년 여름에 11주 연속 교보문고 베스트셀러에 올랐다. 〈1박 2일〉 프로그램도 이외수 편을 찍고 나서부터 더욱 유명해졌다는 후문이다. 이밖에도 그가 출연한 〈무릎팍도사〉와 시트콤 〈해피선데이〉는 공전의 히트를 쳤고, 매주 월요일에서 금요일 밤 9시 35분부터 10시 사이에 그가 직접 진행하는 라디오 방송 〈이외수의 언중유쾌〉도 청취자들의 인기를 독차지하고 있다. 그가 사는 감성마을을 관할하는 15사단에서도 골치 아픈 관심사병이 이외수와 하룻밤 자더니 깨끗이 나았다고 해서 15사단 명예홍보대사로 임명할 정도로 지역에서도 유명세를 더하고 있다.

이외수가 산천어 축제 홍보대사로 위촉되어 활동하면서 방문객들도 부쩍 늘었다는 이야기가 나돌 정도로 그의 브랜드 가치는 상상을 초월한다. 이에 화답하여 화천군도 이외수 글씨체로 새긴 시석림詩石林 999개를 세워서 이를 따라 오솔길을 가다 보면 이외수의 집필실, 교육장, 전시관을 한눈에 볼 수 있도록 하는 이외수 전시관 사업을 진행하고 있다.

산천어 축제와 작가 이외수는 화천 사람들의 고향 찾아주기 운동에도 한몫하고 있다. 과거 서울에 사는 화천 사람에게 고향이 어디냐고 물으면 대개 '춘천'이라고 대답하곤 했던 게 현실이었다. 화천이라고 대답하면 다시 화천이 어디냐고 묻고, 춘천 옆에 있다고 그러면 춘천에서 얼마나 걸리느냐고 묻곤 하기 때문에 귀찮아서 그냥 처음부터 춘천이라고 대답했던 것이다.

그런데 산천어 축제가 인기를 끌고부터 화천 사람에게 고향이 어디냐고 물으면 '화천이다', '화천이 어디에 있느냐?', '산천어 축제가 열리는 곳이다', '아, 그곳이 화천이냐?', 이렇게 문답의 형태가 바뀌었다.

그러더니 다시 작가 이외수가 화천으로 이사를 온 뒤로는 고향이 어디냐고 물으면 '화천이다', '아, 이외수가 사는 곳?'이라는 형태로 문답이 쉽고 간결해졌다는 말까지 나오고 있다. 이 정도로 이외수가 화천으로 이사를 온 뒤로 산천어 축제의 명성이 높아지면서 화천의 브랜드 가치가 덩달아 올라가고 있다. 이외수와 산천어 축제의 브랜드 가치에 편승해서 청정관광 산업을 더욱 발전시켜 간다면 화천의 브랜드 가치와 영향력은 더욱 커지게 될 것이다.

화천을 국내 수상 스포츠의 메카로

화천군은 2007년 아시아카누선수권대회를 개최했다. 그리고 아시아조정선수권대회를 2011년도에 개최하려고 준비 중이다. 그렇게만 된다면 카누, 조정, 슬라럼, 드래곤보트를 비롯해서 호수 변을 따라 만드는 자전거 트레킹 코스, 물을 활용한 카누 트레킹 코스 등 물에서 할 수 있는 모든 스포츠는 화천에서 할 수 있게 된다. 나는 물에서 하는 모든 스포츠는 화천에 유치하고 싶다. 이 지역에 오는 사람들이 체험을 통해서 물을 알고 건강을 도모할 수 있도록 하자는 생각에서다.

화천은 인천과 비교했을 때 해발고도가 103m나 높다. 물은 가득 차 있고, 여건은 다 되어 있는데 배가 운행되지 못하는 것은 중간에 댐이 있기 때문이다. 이를 해결하려면 도크를 만들 수밖에 없으니 배가 넘어올 수 있도록 해달라는 것이다. 그래서 나는 지역 발전을 위해 운하를 적극 찬성하고 있다.

화천군은 쪽배 축제도 하고 있다. 산천어 축제가 겨울 축제라면 쪽배 축제는 여름 축제이다. 쪽배는 말 그대로 '푸른 하늘 은하수 하얀 쪽배엔'이란 노랫말에 등장하는 작고 하얀 쪽배다. 무동력으로 물에 뜨는 모든 배가 쪽배다. 나는 쪽배 콘테스트를 통해 바다로 발길을 돌리는 여름 관광객들을 화천의 산과 물로 끌어들이려고 한다. 활성화는 안 되었지만 물에서 할 수 있는 것 중에는 수상 골프도 있다. 또한 상징적이기는 하지만 섬에 꽃을 심어서 트레킹을 하는 사람들이 꽃섬을 지나가게 하고, 자전거를 타는 사람들이 트레킹 코스를 통해서 물을 건너게 하고 싶다.

이렇게 연인, 또는 은퇴한 노부부들이 호수 변을 따라 활용할 수 있는 자전거 도로와 산책로를 만든다면 전원생활을 좋아하는 분들이 쉬고 즐기면서 건강도 챙길 수 있게 된다. 이들이 화천에 와서 에너지를 재충전하는 장소로만 가꾸어놓아도 화천 군민들은 자연스럽게 경제적인 혜택을 누릴 수 있다.

더불어 전국여자축구대회, 레슬링국가대표선발전에 이어 체육관을 새로 지으면 세계배드민턴대회를 유치할 수 있는 여건도 마련된다. 화천은 축구 잔디구장도 일곱 개나 있어서 전국 대회를 유치할 수 있을 뿐만 아니라 전지훈련 장소로도 활용될 수 있다.

물의 나라 · 얼음의 나라 · 눈의 나라

우리나라 사람들은 '세계 최대'를 좋아하는 경향이 있다. 화천군에도 15m 크기의 물레방아가 있다. 지금은 수로가 마땅치 않아서 가동은 하지 않고 있지만 물이 흐르는 폭포를 만들어놓은 것이다. 화천군이 물레방아를 만든 것은 이 지역이 물의 고장Country of Water, 얼음의 고장Country of Ice, 눈의 고장Country of Snow이라는 것을 만천하에 알리고 싶어서였다.

물, 얼음, 눈의 세 가지를 합치면 Wisdom country의 줄임말인 WIS Water, Ice, Snow가 된다. 물, 얼음, 눈의 기본 속성은 모두가 물이다. 물은 생물이 살아가는 데 없어서는 안 되는 가장 중요한 요소이다. 물에 대한 인간의 관심은 오래전부터 시작되었다. 일찍이 그리스의 철학자 탈레스는 "물은 우주의 모든 것의 기본이 되는 원소"라고 표현했다.

물은 지구의 기후를 좌우하며, 모든 식물이 뿌리를 내리는 토양을 만드는 자양분이 되기도 한다. 물의 또 다른 형태인 증기나 수력은 전기로 바뀌어 기계를 돌리는 힘을 만들어낸다. 이렇듯 물은 모든 생물들에게 가장 중요한 물질이다. 그런가 하면 물은 생체生體의 가장 중요한 성분이다. 실제로 인체는 70%, 어류는 80%, 그 밖에 물속의 미생물은 약 95%가 물로 구성되어 있다.

물은 청정함을 유지하게 해준다. 먼지가 물에 떨어지면 이를 떠내려 보냄으로써 공기를 맑게 해주고 자정 작용을 통해 깨끗한 도시가 되도록 도와준다.

화천군의 86%를 차지하는 산과 5%를 차지하고 있는 호수는 지구의 허파 역할을 하지는 못할지언정 대한민국 수도권의 허파가 되고 젖줄이 될 수는 있다. 이처럼 물의 중요성은 일일이 열거하기도 힘들 정도다.

그래서 화천군을 '위스 컨트리Wis country'라 하고, 물의 고장Country of water, 얼음의 고장Country of ice, 눈의 고장Country of snow이라는 용어는 화천군만 사용할 수 있도록 인터넷 등록까지 마쳤다.

화천군은 앞으로 호수 변의 관광자원을 상품화하는 것은 물론, 지역 최대이자 최고의 자원인 물을 이용한 산천어 축제와 쪽배 축제에 이어 호수 변 100리 코스를 활용해 수상 스포츠의 메카로 가꾸려고 한다.

이는 에코 파라다이스Eco-paradise 화천의 실현을 통해 화천군을 지혜로운 고장으로 만들어가는 길이 될 것이다.

국민가곡 〈비목〉의 발상지, 백암산 기슭

초연이 쓸고 간 깊은 계곡 양지 녘에

비바람 긴 세월로 이름 모를 비목이여

먼 고향 초동 친구 두고 온 하늘가

그리워 마디마디 이끼 되어 맺혔네

궁노루 산울림 달빛 타고 흐르는 밤

홀로 선 적막감에 울어 지친 비목이여

한명희가 시詩를 쓰고, 장일남이 곡曲을 붙였다는 국민가곡 〈비목碑木〉의 가사 중 일부다. 비목은 '나무로 세운 묘비'란 뜻인데 6·25 전쟁의 상흔傷痕이 담긴 이 곡을 듣고 있노라면 가슴이 뭉클해지고 마음이 숙연해진다.

1964년 화천군 백암산 휴전선 부근을 순찰하던 한명희(당시 25세, 전 서울시립대 음대교수) 소위는 허물어진 돌무덤 하나를 발견한다. 6·25 때 숨진 어느 무명용사의 무덤인 듯, 그 옆에는 녹슨 철모가 뒹굴고 있었고, 십자가 비목은 썩어 금세 쓰러질 듯했다. 그로부터 4년 뒤 동양방송 PD로 일하던 한 씨는 작곡가 장일남으로부터 가곡에 쓸 가사를 지어달라는 부탁을 받고 당시의 심정을 담아냈다. 그것이 바로 이 〈비목〉이라는 노래다. 〈비목〉이 국민 모두가 즐겨 부르는 가곡이 된 것은 1970년대 TV 연속극의 배경 음악으로 쓰인 뒤부터다.

화천군에서는 한국전쟁 당시에 전사한 젊은 무명용사들의 명복과 은덕을 기리기 위해
1996년부터 매년 6월 대규모 추모 .행사 비목 문화제를 열고 있다.

6·25 한국전쟁 당시 화천군 곳곳에서 치열한 전투가 전개되었다. 그래서 화천군에는 청춘을 미처 꽃피우지 못한 채 산화散華한 젊은 무명용사들의 이름 없는 비석이 아직도 많이 널려 있다. 비목 문화제는 이런 호국영령의 명복과 은덕을 기리기 위해 1996년부터 시작했다. 올해로 14회째를 맞은 비목 문화제는 국민가곡 〈비목〉의 발상지인 백암산 자락과 화천강변의 붕어섬을 중심으로 해마다 6월에 열리는 전국 규모의 추모 행사다. 나는 화천군이 관광자원을 개발하려면 이들의 영혼부터 달래준 다음에 관광객을 유치해야 한다고 생각했다. 그래서 지난해 세계평화관 종교지도자 회의를 할 때 이들에 대한 진혼제를 지내준 적이 있다. 이제는 이들의 영혼을 달래주는, 영혼을 관객으로 하는 제대로 된 산상음악제를 열어주고 싶었다. 백암산에는 피아노를, 평화의 댐에는 오케스트라를, 그래서 직선으로 12km가 넘는 거리를 두고 오케스트라와 피아노가 협연하는, 영혼을 달래는 그런 음악제를 열어주고 싶었다.

화천 군민들에게 파로호破虜湖는 생명의 젖줄이다. 그러나 파로호는 6·25 때 중공군 3만 명이 수장된 가슴 아픈 사연이 담긴 곳이다. 인도적인 시각에서 보면 적군의 영혼도 영혼이기는 마찬가지다. 인간은 자기의 치부는 드러내지 않으려는 속성이 있지만 사실은 적군보다 더 많은 아군 병사들이 백암산 전투에서 안타깝게 숨을 거두었다. 그로 인해 6~7만의 젊은 영혼들이 50년이 넘도록 파로호를 떠돌아다니고 있다면 한 번쯤은 그네들의 영혼을 진지하게 위로해 주어야 할 때가 되었다고 생각했다. 2009년 9월 15일 이곳에서 산상음악제를 열고 진실한 마음으로 이들의 영혼을 달래주는 행사를 가졌다.

평화의 댐, 어제와 오늘

"평화는 결승선이 없고, 쉽지 않습니다. 하지만 필요한 것입니다."

남미에 위치한 코스타리카의 산체스 대통령이 남긴 평화의 메시지는 분단의 시대를 사는 우리들에게 많은 것들을 생각하게 한다. 화천군의 인구가 줄어들고 지역 경제가 급격히 쇠퇴하기 시작한 것은 공교롭게도 1988년에 평화의 댐을 건설하고부터이다.

그 무렵 TV에서는 북한이 금강산댐을 무너뜨리면 서울은 순식간에 물바다가 되고 여의도의 63빌딩이 반은 물에 잠기므로 평화의 댐을 빨리 건설해야 한다고 난리법석을 피웠다. 그 바람에 화천 사람들은 아무런 저항도 하지 못하고 정부가 벌인 평화의 댐 건설을 순순히 받아들일 수밖에 없었다.

1,600억 원을 들여 80미터 높이의 평화의 댐 공사가 진행되는 동안 파로호의 물은 하루가 다르게 줄어들었다. 엎친 데 덮친 격으로 군부대의 외출 외박 정량제가 실시되면서 지역의 유일한 경제 버팀목이었던 군인들과 면회객들의 발길이 뜸해지자 화천군은 마치 폐허의 도시처럼 변해갔다.

그로부터 15년 뒤인 2003년 정부는 또다시 국민도 모르게 무려 2,000

평화의 댐을 평화가 시작되는 평화의 메카로 가꾸고자 설치한 '평화의 종'
평화의 댐과 평화의 종은 국민들에게 안보정신을 되새겨보는 소재로 사용하는 동시에,
화천을 전쟁이 끝나고 평화가 시작되는 새로운 안보 관광지로 발돋움하도록 할 것이다.

억 원이라는 엄청난 예산을 들여 평화의 댐에 45미터를 더 높게 쌓는 2차 공사를 시작하겠다고 나섰다. 99년도에 금강산댐에 금이 가면서 조금만 더 물이 넘쳤으면 평화의 댐이 범람할 수 있었다는 국가 안보적 판단에 따라 내려진 조치였다.

'국가 안보'라는 이유로 화천 군민들만 속수무책으로 계속 불이익을 당할 수 없다고 판단한 나는 군민과 더불어 정부를 상대로 항의 시위에 나섰다. 그 후 평화의 댐은 홍수 조절용 댐으로 인정받아 화천군도 470억 원의 보상금을 받으면서 이를 군민을 위해 사용할 종자돈으로 확보할 수 있게 되었다.

화천 군민에게 파로호는 생명의 호수나 마찬가지다. 평화의 댐이 생기기 직전까지만 해도 파로호에는 하루에 1,000명 이상의 낚시꾼들이 몰려들었다. 그러나 평화의 댐이 건설된 이후로는 연간 1,000명도 찾지 않고 있다. 2차에 걸쳐 평화의 댐이 완공된 뒤에 나는 지역 발전을 위해 댐을 활용할 수 있는 방법이 없을까 고민하면서 해법 찾기에 몰두했다.

그러던 차에 우연히 이삼열 유네스코 총장 부인인 손덕수 교수가 이곳에 와서 한참을 둘러보다가 "전쟁이 끝나고 평화가 시작되는 곳Last war, and begin Peace"이라고 평화의 댐에 대해 독특한 정의를 내리는 것을 들었다.

손 교수의 이색적인 정의에 아이디어를 얻어 이곳에 '평화의 종'을 설치하고 각종 상징물을 만든 다음, 평화의 댐을 평화가 시작되는, 평화의 메카로 가꾸기로 했다. 우선 평화의 종에는 이데올로기적, 인종적, 종교적 분쟁이 있는 나라들로부터 탄피를 거둬서 이를 녹여 평화의 종에 담기로 하고 각계의 협조를 요청했다. 아울러 열두 명의 노벨평화상 수상자들에게는 평화의 메시지를 보내달라고 부탁했다.

그러자 영국성공회 첫 대주교인 데스몬드 투투가 동영상을 만들어 보내왔고, 달라이 라마와, 러시아의 고르바초프 전 대통령, 얼마 전 서거하신 고故 김대중 전 대통령도 평화의 메시지를 보내왔다. 한승수 국무총리를 비롯하여 노벨평화상을 받은 북아일랜드 출신의 마거릿 여사, 고르바초프, 김대중 전 대통령의 손을 핸드 프린팅하여 통일을 염원하는 악수의 손도 제작하여 설치했다.

드디어 5월 26일 화천군은 평화의 댐에 만관 규모의 평화의 종을 설치하고 역사적인 준공식을 치렀다. 평화의 댐과 평화의 종은 국민들에게 안보정신을 되새겨보는 소재로 사용하는 동시에, 화천을 전쟁이 끝나고 평화가 시작되는 새로운 안보 관광지로 발돋움하도록 할 것이다.

자치단체장은 중지를 모으는 사람이 되어야

나는 정책을 결정하기에 앞서 남의 의견을 많이 듣는 편이다. 그러나 아무리 여러 사람의 이야기를 들어도 정책을 결정해야 하는 최종 순간에는 직접 판단을 내린다. 그래서 때로는 독선적이라는 비판도 종종 듣는다. 지도자라면 누구나 마찬가지겠지만 특히 자치단체를 이끌어가는 단체장들은 중지衆智를 잘 모을 줄 알아야 한다.

중지란 여러 사람의 지혜이다. 배우려는 자세를 갖고 늘 자신이 부족하다고 생각하는 지도자들은 다른 사람들의 의견을 경청하는 겸손한 자세를 보인다. 지혜가 부족하다고 느끼는 지도자일수록 정책 결정을 오히려 잘하는 것도 그런 이유 때문일 것이다. 이들은 자기가 부족함을 알기에 여러 사람이 모여서 이야기하도록 함으로써 중지를 모으려고 한다.

지도자는 때로는 동물적 감각을 가지고 정책을 결정할 수 있다. 나도 이따금 그렇게 결정할 때도 있지만 어디까지나 동물적인 감각일 뿐이다. 이보다는 많은 사람들의 지혜를 모으고 이를 통해 정책을 결정해 나가는 것이 오류에서 벗어날 수 있는 길이다.

나는 행정을 추진하는 동안 새로운 사업을 시작하게 되면 공무원들을 적당히 긴장시키고 경쟁을 많이 유도하는 편이다. 변화의 시대에 앞서가려면 무엇보다도 변화를 이끌어갈 공무원들이 먼저 변해야 하고, 그러기 위해서는 책도 많이 읽어야 한다고 생각한다. 그래서 나는 공무원들에게 책 돌려 읽기를 생활화하고 이들의 독후감을 받아 1등을 한 사람에게는 배낭여행이라는 상품을 주고 있다. 군정 시책 아이디어를 모집하면 1등을 한 사람에게도 역시 배낭여행의 기회를 준다.

이들에게 다른 상품보다도 배낭여행을 할 기회를 주는 것은 이를 통해 견문을 넓힐 수 있도록 하려는 의도에서다. 사람이 어떤 장소를 가본 것과 가보지 않은 것, 벤치마킹을 한 것과 하지 않은 것 사이에는 엄청난 차이가 난다. 이 때문에 일부 직원들은 새로운 사업이 시작되면 "군수가 또 경쟁을 시키는 것 아니냐?"면서 잔뜩 긴장을 한다. 그러나 경쟁을 통해서 공무원들이 잠재력을 개발하도록 하는 것은 단체장의 매우 중요한 역할이다.

공무원의 잠재력은 무한하지만 단체장들이 어떻게 대처하느냐에 따라 사고방식이 상당히 긍정적으로 변할 수도 있고, 미온적인 태도로 일관할 수도 있기 때문이다.

차별화만이 살 길이다

화천군 상서면 '토고미 마을'은 화천군은 물론 전국에서도 농촌 체험 마을의 선두주자로 알려져 있다. 우리나라 농촌의 새로운 발전 모델을 제시한 토고미 마을은 산과 계곡 등 자연환경이 잘 보존되어 있는 지역이다.

1999년부터 친환경 오리농법을 시작한 토고미 마을은 농림부 녹색 농촌 체험 마을, 행정자치부 정보화 마을 등 농촌 가꾸기 국책 사업에도 적극 참여한 결과 농림부 마을 가꾸기 경진 대상, 농촌진흥청 세계농업기술 대상도 받았다.

곤충 체험관, 수확 작업과 트랙터 마을투어 등 다양한 농촌 체험, 당나귀 타기 등 문화 체험, 그리고 자연환경을 이용한 물놀이 등은 농촌 체험 마을인 토고미 마을을 상징하는 대표적인 체험 프로그램들이다. 토고미 마을에서는 여름철이 되면 깨끗한 산천어 밸리의 물놀이, 별자리 관찰, 오리 잡기, 다슬기 줍기, 옥수수 등 농산물 수확 체험, 체험 학교 같은 프로그램들이 운영된다. 대표적인 체험 프로그램으로 오리 농군 체험, 현미 가공 체험, 허수아비 만들기, 인절미 만들기, 장 담그기 등이 있다.

토고미 마을은 2002년 가을부터 삼성전기와 결연을 맺고 농촌 체험 프로그램 운영을 시작했다. 삼성전기는 토고미 마을의 폐교를 사들여 강의실, 숙박 시설, 식당을 고루 갖춘 자연학교를 조성하고, 여름이면 이곳에서 각종 교육과 체험 학습을 진행하고 있다. 덕분에 유기농 농산물 판로를 고민하던 토고미 마을은 삼성전기 수원 본사가 구내식당 직원 급식에 유기농 식단을 운영하면서 연간 1억 원의 농산물 판매 소득을 올리는 등 기업과 농촌 마을이 상생하는 모습을 보여주고 있다.

그린 투어리즘의 선두주자인 토고미 마을은 쌀로 친환경 농업을 시작했지만 친환경 농업은 이미 전국에 보편화된 지 오래다. 그래서 화천군은 일곱 개 마을을 새롭게 선정하여 색다른 차별화를 시도하고 있다.

토고미가 농촌 체험을 집중적으로 하고 있다면 동촌리는 농·산·어촌이 복합된 마을로, 광덕리는 산간 마을과 농촌이 어우러진 공간으로 차별화를 해나가고 있다. 이밖에도 한쪽에서는 블루베리나 크랜베리를 심어서 현대인들이 선호하는 잼과 식초를 만들고, 한쪽에는 산채단지를 조성해 신선한 산채를 수도권에 공급하는 차별화된 농법을 구사할 계획을 추진하고 있다.

네트워크의 가치는 차별화가 부각될 때 효력을 발휘한다. 화천군이 2004년부터 목재과학단지를 만든 것도 여기서 나오는 부산물인 목초액이나 목탄을 보급하여 농촌을 친환경적으로 가꾸어나가기 위해서였다.

화천군은 다른 지역보다 농토가 상대적으로 적어 유기농과 친환경으로 승부를 걸지 않는 한 다른 지역과의 경쟁에서 이길 수 없다.

새로운 도전은 새로운 고통을 낳고, 더 많은 인내를 필요로 한다. 화천군은 일교차가 커서 영양분이 꽉 찬 '찰 토마토'가 생산된다. 이를 명품으로 브랜드화하기 위한 토마토 축제가 해마다 열리고 있다.

에스파냐의 작은 도시 부뇰Bunol이라는 곳에서는 해마다 8월이면 수백만의 인파가 모여들어 토마토 축제의 프로그램 중 하나인 '토마토 전쟁'을 즐긴다. 토마토 전쟁은 1944년 토마토 값 폭락에 분노한 농부들이 시의원들에게 분풀이로 토마토를 던지면서 유래된 축제이다. 오전 11시가 되면 세계 각국에서 모여든 관광객들과 주민들은 대광장Plaza Mayor과 주변 거리에 모여 있다가 트럭으로 운반된 토마토를 한 움큼씩 쥐고는 두 시간 동안 던지며 쌓였던 스트레스를 날리는 토마토 전쟁놀이에 흠뻑 젖어든다. 이처럼 에스파냐의 부뇰은 축제 기간 동안 수백만의 관광객을 끌어들이는데 이보다 더 좋은 토마토를 생산하는 화천군이 토마토 축제를 성공시키지 못하라는 법도 없다.

화천군은 2009년 처음으로 정부 지원을 받아 토마토 공원을 만들었고, 오뚜기식품과 함께 이곳에 대형 조형물도 세웠다. 광덕리 찰 토마토를 재료로 케첩을 생산하는 오뚜기식품은 축제 기간 동안 1,000명분의

화천의 찰 토마토를 명품으로 브랜드화하기 위해 연 토마토 축제에 몰려든 인파들

스파게티를 제공해서 호평받기도 했다. 지방자치단체의 축제는 역시 차별화된 축제로 가지 않으면 성공할 수 없다.

지역 발전을 위한 인재 양성

강원도 도청에서 14년 동안 근무하면서 나는 학연, 혈연, 지연 등 인맥의 중요성을 절감하게 되었고 이를 계기로 지역의 인재를 많이 키워야겠다는 결심을 굳히게 되었다. 화천군은 여름과 겨울 방학을 활용해 1년에 32명씩 해마다 관내 중·고등학생들을 캐나다에 3주간 영어 연수를 보내고 있다.

화천군에서 근무할 때에는 몰랐는데 외지에 나가서 근무해 보니 화천군의 교육 여건이 얼마나 열악한지 피부에 절실하게 와 닿았다. 그래서 제일 먼저 시작한 사업이 학생들을 대상으로 해외 연수를 보내는 일이었다. 3주간의 해외 연수는 짧다면 짧은 편이다. 그러나 연수를 받은 학생들이 국제적인 감각을 갖고 돌아와서 더욱 열심히 공부해야겠다고 생각하게 된다면 이들이 장차 커서 훌륭하고 유능한, 화천군을 생각하는 인재가 되지 않을까?

화천 출신의 학생이 고등학교 때부터 외지로 나가서 공부하면 고향 화천의 정을 느끼지 못할 수 있다. 이에 신활력 사업으로 학습관을 지어 중학교 3학년과 고등학교 1~3학년까지 4개 학급 60명의 학생들에게 숙식을 제공하는 집중 교육 프로그램도 시작했다. 시골에서도 수도권 대학에 입학할 수 있는 학습 여건을 만들어주기 위해서였다. 화천군의 인구가 줄어드는 것도 따지고 보면 학습 여건이 열악하기 때문이다. 이는 화천군에서 고등학교를 다닌 학생들이 명문대학에 들어갈 수 있도록 여건을 만들어준다면 공부를 잘하는 학생들이 무조건 외지로 나가지 않을 것이라는 기대감을 갖고 시작한 사업이다.

2008년부터 벌인 사업이어서 아직 효과가 나타날 시점은 아니다. 그러나 중학교에서 성적이 상위 10% 정도인 우수한 학생 15명 가운데 13명이 화천고등학교로 진학해서 열심히 공부하고 있기 때문에 성공 가능성은 높다고 보고 있다. 앞으로 2~3년 뒤에 이들이 명문대학에 진학한다면 춘천이나 서울로 공부하러 나가지 않아도 명문대학에 갈 수 있다는 본보기가 된다. 이들이 서울대, 연대, 고대에 입학하면 학자금의 50%를 지원해 줄 계획이다.

1995년에 5억 원을 가지고 시작한 장학 사업은 현재 금액이 20억 원으로 늘어났으며, 앞으로 2014년까지 40억 원 모금을 목표로 추진하고 있다. 장학기금이 60억 원을 넘으면 화천에 있는 학생들이 대학에 진학할 경우 전액 장학금을 지급하는 일도 가능하게 될 것이다.

자전거 이야기

나는 화천군에서 근무하는 동안 항상 자전거를 타고 다녔다. 자전거 출퇴근은 나의 일상적인 삶 자체였고, 자전거를 생활 속에서 즐겨 타다 보니 자연스럽게 자전거 마니아가 되었다. 녹색 성장을 위해 자전거를 탄 것이 아니다. 그런데 작년 말부터 정부가 자전거 타기 운동을 전국적으로 추진하면서 자전거 타기 붐이 조성되고 있다.

시골에서는 공무원이 자전거를 타면 주민과의 소통 채널이 넓어진다. 군민들 중에는 일이 바빠 군청에 방문하기 어려운 분들도 있다. 괜스레 관청을 어렵게 생각하는 사람들도 있다. 자전거를 타고 다니다 보면 자연스럽게 이런 분들을 만나 허심탄회하게 의견을 들을 수 있다. 자전거는 이렇듯 주민 의사를 직접 들을 수 있는 기회를 제공한다.

서울에서 퀵서비스 업체들이 자주 사용하는 오토바이가 자동차 사이에서 틈새시장 역할을 하는 것처럼 시골 읍내에서도 차량이 붐빌 때 자전거는 나름대로 틈새시장의 역할을 훌륭하게 해낸다. 한 번은 헬기를 타고 산천어 축제 현장을 돌아보아야 하는데 도로가 차량들로 꽉 막혀서 갈 수 없었다. 그런데 막힌 도로의 차량 사이로 자전거를 타고 가니 5분도 안 되어서 헬기가 있는 곳에 도착할 수 있었다.

자전거는 편리한 점들이 많다. 우선 비용이 들지 않는다. 관용차를 이용하면 기사가 있어야 하고 기름도 넣어야 한다. 그러나 자전거를 이용하면 기사를 부르지 않아도 된다. 기름도 들지 않는다. 그저 몸만 가면

출퇴근할 때나 일할 때나 자전거를 즐겨 타고 다니는 정갑철 화천군수

되고 덤으로 건강까지 챙길 수 있다.

자전거는 또 공간적 제약을 받지 않으며 차가 다닐 수 없는 좁은 길도 갈 수 있다. 자전거는 이처럼 편리하기 때문에 타는 것이다. 편하게 동네 사람들을 만나 대화를 하기에 가장 좋은 운송 수단이 자전거다.

화천부군수로 처음 부임해 왔을 때에도 자전거를 타고 다니자 일부에서는 "부군수가 왜 자전거를 타고 다니느냐?"며 품위가 떨어진다고 했다. 그러나 내게 있어서 자전거는 생활 그 자체였지 남에게 보이기 위한 전시용이 아니었다. 지역적 여건이나 주변 상황을 고려하지 않고 전국에 자전거 도로를 개설하는 것은 생각해 볼 문제라고 본다. 이동 거리가 보통 20~30km 이상씩 되는 서울과 같은 대도시에서 자전거 도로를 개설하는 것이 효과가 있을지도 의문이다.

산 좋고 물 맑은 청정 지역인 화천군은 자전거 타기에 적합한 곳이다. 이곳에 42.195km(100리) 구간의 자전거 도로를 개설하면 자전거 트레킹뿐만 아니라 호수 주변을 달리는 마라톤 코스로도 활용할 수 있다.

3년 전부터 구상했던 자전거 트레킹 코스가 조금씩 완성되어 가고 있다. 예산이 없어서 1km씩 개설하다 보니까 어려움도 많았다. 아직은 준비 단계에 있어서 장담할 수 없지만 언젠가는 화천을 '자전거의 메카'로 만들고 싶은 것이 나의 꿈이다.

100리 길의 자전거 전용도로가 개설된다면 화천군은 자연을 벗 삼아 심신의 에너지를 축적할 수 있는 최적의 자전거 트레킹 장소로 활용할 수 있다. 그때가 되면 이곳에 자전거 엑스포 컨벤션을 만들어 관련 제품을 망라해 놓고, 자전거 타기 대회와 산악자전거 경주대회도 열고, 자전거에 대한 모든 것을 이곳에서 이야기할 수 있도록 자전거 엑스포를 개최하고 싶다.

그렇게 된다면 화천군은 새로운 스포츠 마케팅을 통해 지역경제의 활성화도 도모할 수 있고, 현직에서 은퇴한 노부부들이 100리 길 자전거 트레킹 코스를 따라 대자연과 호흡하는 동안 건강도 되찾을 수 있게 될 것이다.

군수 선거는 바람 선거가 아닌 낙엽 선거

나는 공무원 생활 32년 가운데 17년을 화천군에서 보냈고, 화천부군수로 근무하다가 출사표를 던져 민선 군수에 당선되었다. 지역에서 공무원 생활을 오래 했다는 것은 유권자들에게는 그리 내세울 경력이 못 된다.

그럼에도 내가 지금까지 유권자들의 선택을 받을 수 있었던 것은 서민과 항상 함께하는 이미지를 심어준 덕분이다. 나는 공직에 발을 들여놓기 전에 재래시장의 경비원부터 시작했다.

또한 공직생활을 하는 동안 언제나 자전거를 타고 다녔다. 강원도 도청에서 서기관으로 승진한 후 금의환향하여 고향 화천에 부군수로 영전해 왔을 때에도 자전거를 타고 다니면서 사람들을 만났다. 이런 모습들이 유권자들에게는 '고위공직자가 아닌 서민, 주민 옆에 늘 있는 우리의 이웃, 지역 발전을 위해 뭔가를 해보려고 노력하는 친근한 공직자'라는 이미지와 신뢰감을 심어주었던 것 같다.

2002년 화천군수 선거에는 네 명이 출마했는데 내가 5534표로 40.26%를 득표하여 3815표를 득표한 2위 후보를 압도적으로 누르고 당선되었다. 그러나 선거전은 예상외로 치열했었다. 선거가 본격적으로 시작되자 나 역시도 14년 동안 화천군을 떠나 강원도 도청에서 근무하는 동안 생긴 공백으로 인한 서먹서먹함 때문에 유권자들과 대화를 나누는 데 어려움이 많았다. 상대 후보도 중앙에서 공무원 생활을 오래한 탓인지 지역 주민과 정서적인 면에서 나보다도 더 잘 어울리지 못했던 것 같다.

그 바람에 나는 상대 후보가 나온 지역의 투표구 세 곳 중 두 군데에서만 지고, 한 군데에서 이겼으며, 나머지 네 개 읍면에서는 줄곧 우위를 지키며 민선 3기 군수로 영예롭게 당선될 수 있었다.

2006년 민선 4기 선거에서는 세 명의 후보가 출마했다. 나는 현직 군수여서 선거 운동을 하는 데에도 어려움이 많았다. 그러나 산천어 축제의 성공적 개최 등 가시적인 성과 덕분에 69.4%라는 압도적인 표를 얻어 재선될 수 있었다.

시골의 군수 선거에는 바람 선거가 없다. 오로지 낙엽 선거만 있을 뿐이다. 시골의 유권자들은 대체로 보수적이다. 길거리에서 열 번 인사를 해도 자기 집으로 찾아가지 않으면 못 봤다고 하는 것이 시골 유권자들이고 이들의 표심이다.

따라서 시골에서 선거에 당선되기를 바란다면 출마자들은 바람에 의존하려는 전략보다는 낙엽을 하나하나 줍는다는 마음으로 유권자들을 일일이 찾아다니며 표밭을 다져야 한다.

작게 시작해서 단계적으로 키워나간다

수년 전의 일이다. 한 친구가 내게 "좌우명이 뭐냐?"고 묻기에 "좌우명이 없다"고 답했더니 "그러면 너는 공무원으로서 생각도 없이 살아가느냐?"며 핀잔을 주는 것이었다. 무의식적으로 "작게 시작해서 단계적으로 키워가는 것이 나의 인생관"이라고 했더니 "그렇다면 이소성대以小成大가 좌우명이네?"라고 정리를 해주어 그때부터 나의 좌우명은 이소성대가 되었다.

이소성대란 작은 일에서부터 시작하여 큰일을 이루는 것을 뜻한다. 세상일은 모든 것이 작은 것에서부터 시작하여 한 걸음 한 걸음 성실하게 나아갈 때 큰일도 이루게 되어 있다. '티끌 모아 태산'이라는 속담처럼 계곡의 물이 모이면 강물을 이루고, 다시 강물이 모여서 바다를 이루는 법이다.

어리석은 노인이 산을 옮겼다는 『열자列子』 「탕문편湯問篇」에 등장하는 우공이산愚公移山의 이야기나, 민족주의자 도산 안창호의 점진주의도 이

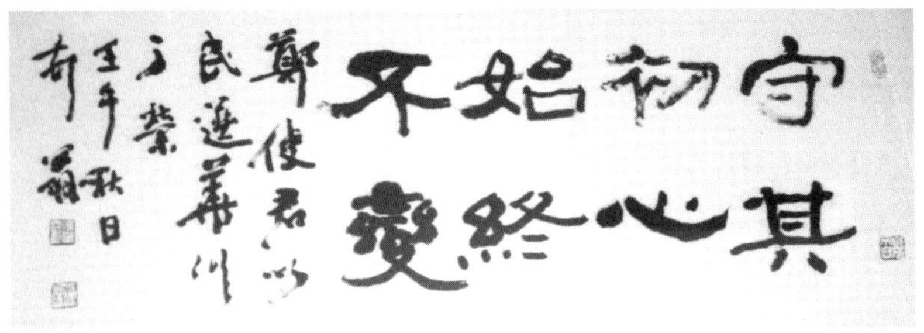

여초 김응현 선생이 정갑철 화천군수에게 직접 써준 '수기초심 시종불변' 글귀

소성대의 정신과 맥을 같이 한다. 사업도 작은 것에서부터 출발하여 점차 큰 것을 성취하는 것이다. 성불成佛도 하루아침에 이루어지지 않는다.

작은 것을 정성껏 잘하면 큰 것은 절로 이루어진다. 큰 것만을 바라보다가 작은 것에 걸려 넘어지는 일이 얼마나 많은가. 무슨 일이든 작은 일에서부터 출발하여 점진적으로 큰일을 이루려고 해야지 일확천금의 요행을 바라거나, 부당한 투기로 많은 돈을 모으려 하고, 폭리를 취하려는 것은 이소성대의 정신에 어긋난다.

'비록 그 시작은 미미하지만 그 끝은 창대하리라.'

성경 말씀처럼 큰 사업이나 큰 기업들도 처음의 시작은 미미했었다. 그러나 작은 힘이 쌓이고 쌓여서 세력이 확장되고 힘이 한데로 모아지면서 차츰 결실을 이루게 된 것이다.

나는 지금까지 군정을 추진하면서 작게 시작해서 조금씩 확대해 나가는 이소성대 주의로 일관해 왔다. 처음부터 일을 크게 벌였다가 용두사미가 되는 것보다 이소성대의 원칙에 따라 작게 시작해서 하나씩 추진해 나가며 차츰차츰 외형을 키우는 것이 훨씬 효과가 있다고 판단했다.

실제로 산천어 축제도 이소성대의 원칙에 따라 기반들을 하나하나 구축하면서 외형을 키워온 결과, 이제는 아시아 3대 겨울 축제로 발전할 정도로 자리매김할 수 있었다. 자전거 도로 개설도 처음에는 주민들의 안전을 위해 산과 호수 사이에 난 좁은 도로를 활용한다는 생각으로 시작했다. 그러던 것이 이제는 100리 길의 도로 개설과 더불어 웰빙 시대와 녹색 성장에 걸맞은 자전거 엑스포를 추진하는 문제로 구상을 점차 키워가고 있다.

좌우명은 아니지만 곡운구곡 김수증 선생의 13대 후손인 여초 김응현 선생이 써서 내게 준 '수기초심 시종불변守基初心 始終不變'이라는 글귀가 있다. 여초 선생의 작품은 1점 당 500만 원씩에 팔릴 정도로 고가이며, 선생은 중국에서도 알아주는 서예가로 인정을 받았던 분이다.

그가 인제에서 살고 있을 때 네 번이나 찾아가 큰절까지 하고 곡운구곡 복원 사업을 추진하겠다고 했더니 눈물을 흘리며 내게 작품을 써주고는 "군수가 되었을 때의 초심을 잃지 말라"고 당부하셨다.

그는 이미 고인이 되었지만 나는 지금도 그가 남긴 '수기초심 시종불변'의 글과 '이소성대'라는 좌우명을 담은 족자를 머리맡에 두고 자기 전에 한 번씩 읽어보면서 하루 일과를 반성하고 있다.

내가 그리는 화천의 미래

내 전 재산은 1억 4,000만 원이다. 재산 순위는 강원도 시군 자치단체 장 중에서 거의 꼴찌 수준이다. 2003년에 공직자 재산 등록을 할 때에는 마이너스였는데 6년 동안 번 돈은 아파트 값이 올라가서 1억 원이 된 것이 전부다.

청렴을 자랑하자고 꺼낸 이야기가 아니다. 이것은 정갑철 화천군수의 현주소다. 어찌 보면 자원이 없는 화천군 전체의 현주소일 수도 있다.

그렇다면 21세기 미래의 화천은 어떤 모습을 담아야 할까. 화천군의 인구는 전체 6만 명 중에서 약 60%인 3만 6,000여 명이 군인이다. 순수한 군민은 2만 4,000명뿐이다.

전체 면적에서 임야가 차지하는 비중이 86%다. 활용 가능한 면적은 9%에 불과하다. 따라서 화천군이 새로운 활로를 개척해 나가려면 새로운 관광자원을 찾아나서는 길밖에 없다. 이를테면 6·25의 상흔을 담은 〈비목〉과 수만 명의 아군과 적군의 목숨을 앗아간 파로호, 곳곳에서 치열한 격투가 벌어졌던 백암산 기슭, 아직도 남과 북이 대치하고 있음을 상징적으로 보여주는 평화의 댐과 연계된 것들이다.

'구슬도 꿰어야 보배'라는 말이 있다. 각각의 자원은 흩어져 있으면 그 빛을 발하지 못하지만 이를 하나하나 묶어서 스토리텔링 작업을 시도하면 시너지 효과를 발휘할 수 있다. 그래서 나는 모래알처럼 흩어져 있는 지역의 숱한 사연들을 되살려 이를 하나의 이야깃거리로 묶고 교육과 관광의 자료로 활용하는 방안이 필요하다고 본다.

지방자치가 성공하려면 중앙정부의 지원보다도 지방자치를 이끌어가는 구성원들이 지역의 열세를 극복하려는 의지와 자세가 더 중요하다. 조직의 리더나 구성원들이 개인적인 욕심만 내지 않는다면 분명히 성공할 수 있는 일이다.

화천에는 조경철 천문과학관과 시조시인의 대가인 동촌리 이태극 문학관, 역사를 복원하는 곡운구곡이 있고, 작가 이외수가 사는 감성마을이 있다.

이들을 파로호와 연계된 안보문화 관광권과 호수문화 관광권으로 묶어서 화천군을 에코 파라다이스를 지향하는 수상 특성화 도시로 이미지를 바꾸고, 물에서 할 수 있는 모든 활동과 스포츠들을 엮어서 1박 2일, 또는 2박 3일의 관광 코스를 체계적으로 만들어가자는 것이다.

허황되다 할지 모르나 나는 이러한 에코 파라다이스 화천을 꿈꾸고 있다. 아직은 구상 단계 수준에 머물러 있지만 이것이 현실화되면 화천은 건강하고 청정무구한, 그러면서도 스토리텔링이 있는 새로운 관광명소로 변신하게 될 것이다. 에코 파라다이스 화천군이 지혜로운 고장이 된다면, 화천군은 작지만 가장 강한 군으로, 전국에서도 가장 잘 사는 군으로 탈바꿈할 수 있다.

그러나 이보다 중요한 것은 지역 주민들로부터 신뢰를 확보하고 공감대를 형성해 나가는 일이다. 자치단체장이 지역민들로부터 신뢰를 받기란 생각만큼 쉽지가 않다. '악화가 양화를 구축한다'는 이야기처럼 아무리 잘해도 반대파는 있게 마련이고, 이로 인해 때로는 본의 아니게 곤혹스러움을 느낄 때도 있다.

단체장의 역할은 지역민들이 무엇을 필요로 하는지, 그 욕구를 파악해서 그들에게 도움이 되는 방향으로 마스터플랜을 수립하고 이를 실천해 나가는 것이다. 이 과정에서 지역의 비전을 주민들과 공유하고 함께 추진할 수 있다면 지역 발전은 한층 더 앞당겨질 수 있을 것이다.

정갑철 화천군수

1945년 1월 5일 출생(강원도 횡성)

학 력

1957.	횡성 성남초등학교
1960.	화천중학교(5회)
1962.	서울 성동공고(12회 전기과) 중퇴

경 력

1970. 8. 1.	지방행정서기보(9급) 임용 / 화천면 공직 시작
1977. 11. 1.	지방행정주사(6급) 승진 / 복지, 경리, 행정계장
1979. 5. 4.	내무과 행정계장
1986. 10. 13.	지방행정사무관(5급) 승진 / 김화읍 부읍장
1987. 1. 23.	화천군 문화공보실장
1987. 4. 21.	강원도 치악산관리소장
1988. 1. 11.	보건환경연구소 총무과장
1989~1997. 7. 24.	강원도 청소년시설계장, 노인복지계장, 광무계장, 체육시설계장
1997. 7. 25.	지방서기관 승진 / 강원도 탄광지역개발과장
1998. 9. 9.	강원도 총무과장
2001. 1. 18.	화천군 부군수
2002. 3. 15.	지방 부이사관 승진 / 명예퇴직(32년 6개월 재직)
2002. 6. 13.	민선 3기 화천군수 당선
2006. 5. 31.	민선 4기 화천군수 당선

상 훈

2004.	제1회 지역혁신박람회 지자체분야 국무총리상(행정자치부)
2006.	행정혁신 우수지자체 선정(행정자치부)
2006.	접경지역 지원사업 우수상(행정자치부)
2006.	지방재정조기집행실적평가 우수상(행정자치부)
2007.	신활력사업 추진실적 우수기관 표창(행정자치부 국균형발위)
2007.	지방자치단체 복지 종합평가 표창(보건복지부)
2007.	2007균형발전우수지자체평가(행정자치부)
2008.	지방자치단체 복지종합평가 최우수상(보건복지가족부)
2008.	살기 좋은 지역 만들기 평가 최우수상(행정안전부)
2008.	신활력사업 추진평가 최우수상(농림수산식품부)
2008.	제49회 한국민속예술축제 동상(문화체육관광부)
2008.	농어촌 의료서비스 개선사업 평가 우수상(보건복지가족부)
2009.	지역농업발전선도인상 수상 농협중앙회

■ 사단법인 에이플러스성공자치연구소가 하는 사업

1. 지방자치 발전을 위한 각종 세미나, 학술회의 개최 및 국내외 연수

2. 지방자치 발전을 위한 단체 및 개인을 대상으로 한 교육사업

3. 본 연구소의 설립목적 달성을 위해 필요한 강사 양성사업

4. 국내외 연구기관과의 공동 연구 및 협력·교류

5. 공공기관 및 기업체 등의 연구용역

6. 지방자치 관련 저서, 월간지 등 각종 자료의 발간 및 배포

대한민국을 움직이는

자치단체 CEO

초판 1쇄 인쇄 2009년 10월 15일
초판 1쇄 발행 2009년 10월 20일

지은이   정문섭
펴낸이   김환기
펴낸곳   도서출판 이른아침

주 소   서울시 마포구 마포동 324-3 경인빌딩 3층
전 화   02-3143-7995
팩 스   02-3143-7996
등 록   2003년 9월 30일 제 313-2003-00324호
이메일   book@booksorie.com

ISBN   978-89-93255-36-2 03340